锦天城法律实务丛书

ALLBRIGHT
LAW OFFICES
锦天城

中国企业赴欧盟投资法律实务指南

LEGAL PRACTICE GUIDELINE
FOR
CHINESE ENTERPRISES
TO INVEST IN THE EU

王清华　王　彬　施　珵／著

法律出版社 LAW PRESS · CHINA | 北京

图书在版编目(CIP)数据

中国企业赴欧盟投资法律实务指南 / 王清华等著
. -- 北京:法律出版社,2022
(锦天城法律实务丛书)
ISBN 978 - 7 - 5197 - 6654 - 2

Ⅰ. ①中… Ⅱ. ①王… Ⅲ. ①对外投资-涉外经济法-中国-指南 Ⅳ. ①D922.295 - 62

中国版本图书馆 CIP 数据核字(2022)第 070128 号

锦天城法律实务丛书	**中国企业赴欧盟投资法律实务指南** **ZHONGGUO QIYE FU OUMENG TOUZI FALÜ SHIWU ZHINAN**	王清华 等著	策划编辑 薛晗 田浩 责任编辑 薛晗 田浩 装帧设计 汪奇峰

出版发行 法律出版社
编辑统筹 法商出版分社
责任校对 王 丰
责任印制 胡晓雅
经　　销 新华书店

开本 710 毫米×1000 毫米 1/16
印张 19.75 **字数** 327 千
版本 2022 年 7 月第 1 版
印次 2022 年 7 月第 1 次印刷
印刷 三河市龙大印装有限公司

地址:北京市丰台区莲花池西里 7 号(100073)
网址:www.lawpress.com.cn
投稿邮箱:info@lawpress.com.cn
举报盗版邮箱:jbwq@lawpress.com.cn

销售电话:010 - 83938349
客服电话:010 - 83938350
咨询电话:010 - 63939796

书号:ISBN 978 - 7 - 5197 - 6654 - 2
定价:88.00 元

凡购买本社图书,如有印装错误,我社负责退换。电话:010 - 83938349

目·录

第一章 中国企业赴欧盟投资概述

第一节 中国企业对欧盟直接投资的现状

一、中国对欧盟直接投资现状

（一）投资规模世界领先

1. 对外直接投资稳步增长，流量位居世界首位

商务部统计，2020 年我国对外直接投资流量逆势增长（见图 1），对外直接投资流量首次位居全球第一，连续 9 年位列全球对外直接投资流量前 3 名。2020 年，我国对外直接投资流量 1537.1 亿美元，同比增长 12.3%，是 2002 年 27 亿美元的 57 倍，增势强劲，对外投资整体保持健康有序发展。[①]

---

① 商务部于 2003 年开始建立对外直接投资的统计制度，随后每年发布《中国对外直接投资统计公报》。

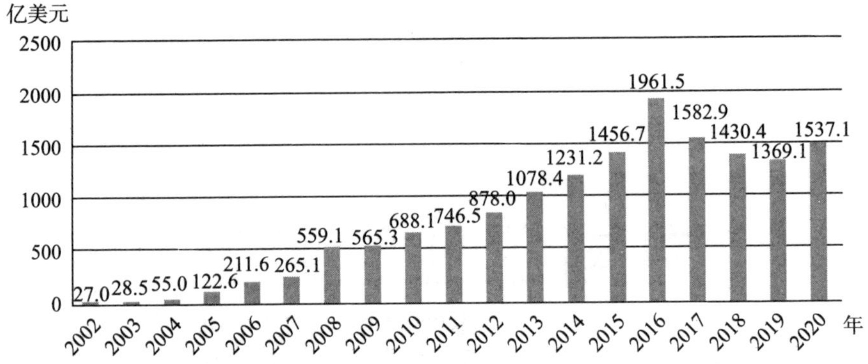

图 1　中国对外直接投资流量情况

资料来源：历年《中国对外直接投资统计公报》。

2020 年年末，我国对外直接投资存量 25,806.6 亿美元，连续四年位居全球前 3 位，较上年年末增加 3817.8 亿美元，是 2002 年年末存量的 86.3 倍（见图 2）。

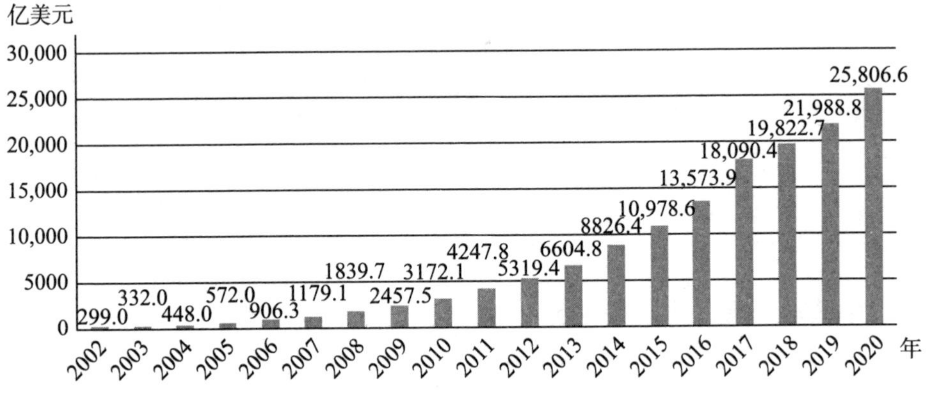

图 2　中国对外直接投资存量情况

资料来源：历年《中国对外直接投资统计公报》。

（1）对外直接投资规模居世界前列

联合国贸易和发展会议（UNCTAD）发布《2021 年世界投资报告》显示，2020 年，全球对外直接投资流出流量 0.74 万亿美元；截至 2020 年年底，全球对外直接投资存量 39.25 万亿美元。以此为基数计算，2020 年我国对外直接投资分别占全球当年流量、存量的 20.2% 和 6.6%，流量位列全球国家（地区）排名的第 1 位；存量列第 3 位，仅次于美国（8.1 万亿美元）和荷兰（3.8 万亿美元）。

（2）对外非金融类直接投资为主导

2020年，我国对外金融类直接投资流量196.6亿美元，同比下降1.5%，降幅放缓；对外非金融类直接投资流量1340.5亿美元，同比增加14.6%。截至2020年年末，对外金融类直接投资存量2700.6亿美元；对外非金融类直接投资存量23,106.0亿美元（见表1）。

表1　2020年中国对外直接投资流量、存量分类构成情况

分类	流量			存量	
	金额/亿美元	同比增长/%	比重/%	金额/亿美元	比重/%
金融类[1]	196.6	-1.5	12.8	2700.6	10.5
非金融类	1340.5	14.6	87.2	23,106.0	89.5
合计	1537.1	12.3	100.0	25,806.6	100.0

资料来源：《中国对外直接投资统计公报》。

〔1〕金融类，指境内投资者直接投向境外金融企业的投资；非金融类，指境内投资者直接投向境外非金融企业的投资。

（3）对外投资构成中收益再投资创历史最高

2020年，中国境外企业经营情况良好，超7成企业盈利或持平，当期收益再投资的规模和整体占比较上年均有提高，创历史新高。《2020年度中国对外直接投资统计公报》显示，2020年中国非金融类对外直接投资流量中，当期收益再投资（新增留存收益）716.4亿美元，较上年增加110.2亿美元，占比46.6%，投资占比创历史最高；新增股权投资630.3亿美元，较上年增加146.8亿美元，占比41.0%；债务工具投资（仅涉及对外非金融类企业）190.4亿美元，较上年减少89亿美元，占比12.4%（见表2）。

表2　2006—2020年中国对外直接投资流量构成

年份	流量金额/亿美元	新增股权投资		当期收益再投资		债务工具投资	
		金额/亿美元	比重/%	金额/亿美元	比重/%	金额/亿美元	比重/%
2006	211.6	51.7	24.4	66.5	31.4	93.4	44.2
2007	265.1	86.9	32.8	97.9	36.9	80.3	30.3
2008	559.1	283.6	50.7	98.9	17.7	176.6	31.6
2009	565.3	172.5	30.5	161.3	28.5	231.5	41.0
2010	688.1	206.4	30.0	240.1	34.9	241.6	35.1

续表

年份	流量金额/亿美元	新增股权投资		当期收益再投资		债务工具投资	
		金额/亿美元	比重/%	金额/亿美元	比重/%	金额/亿美元	比重/%
2011	746.5	313.8	42.0	244.6	32.8	188.1	25.2
2012	878.0	311.4	35.5	224.7	25.6	341.9	38.9
2013	1078.4	307.3	28.5	383.2	35.5	387.9	36.0
2014	1231.2	557.3	45.3	444.0	36.1	229.9	18.6
2015	1456.7	967.1	66.4	379.1	26.0	110.5	7.6
2016	1961.5	1141.3	58.2	306.6	15.6	513.6	26.2
2017	1582.9	679.9	42.9	696.4	44.0	206.6	13.1
2018	1430.4	704.0	49.2	425.3	29.7	301.1	21.1
2019	1369.1	483.5	35.3	606.2	44.3	279.4	20.4
2020	1537.1	630.3	41.0	716.4	46.6	190.4	12.4

资料来源：《中国对外直接投资统计公报》。

2. 对欧投资的增速较快

欧盟是中国对外直接投资的重要目的地。2008 年金融危机以来，中国对欧盟直接投资显著增加。2020 年，我国对欧盟的投资流量达 100.99 亿美元，同比[①]增长 5.2%，占流量总额的 6.6%。截至 2020 年年底，我国对欧盟的投资存量为 830.16 亿美元，占我国对外直接投资存量的 3.2%（见表 3）。[②]

表 3　2020 年中国对欧盟投资情况

地区	流量			存量	
	金额/亿美元	同比增长/%	比重/%	金额/亿美元	比重/%
欧盟	100.99	5.2	6.6	830.16	3.2

资料来源：《中国对外直接投资统计公报》。

（二）投资主体多元化

从我国对外直接投资整体形势来看，投资主体呈现多元化特征，非公有经济控股主体投资规模与公有经济大体相当。在 2020 年中国对外非金融类直接投资流量中，公有经济控股企业当年对外直接投资 668.9 亿美元，同比增长 15.1%，

① 2020 年，中国对欧盟投资的统计数据的“同比”计算依据不包含英国。

② 2020 年，中国对欧盟投资的统计数据的“同比”计算依据不包含英国。

占当年对外非金融类直接投资总额的49.9%；非公有经济控股的对外投资671.6亿美元，同比增长14.1%，占比50.1%（如图3所示）。

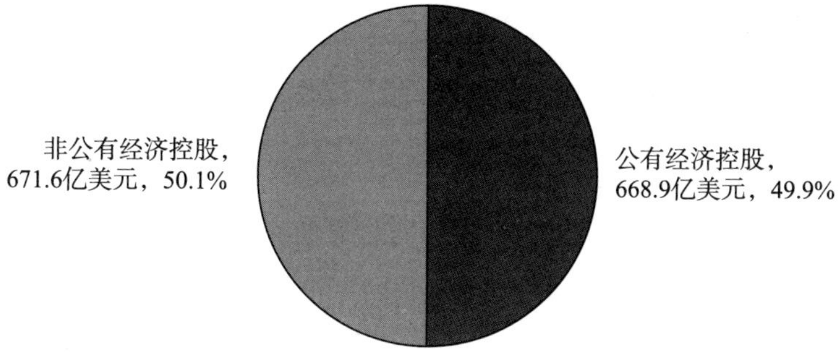

图3　2020年不同企业类型对外非金融类直接投资

资料来源：《中国对外直接投资统计公报》。

2020年，中央企业和单位对外非金融类直接投资492亿美元，占非金融类流量的36.7%。其中，中央企业对外投资470.5亿美元，同比增长26.3%。

2020年，地方企业对外非金融类直接投资848.5亿美元，同比下降5.4%。地方企业中，广东、上海、浙江、江苏、山东、北京、福建、湖南、四川、天津位列2020年地方对外直接投资流量前10名，合计740亿美元，占地方对外直接投资流量的87.2%（如表4所示）。

表4　2020年地方对外直接投资流量前10位

地区名称	流量/亿美元	占地方企业比重/%
广东	235.3	27.7
上海	125.5	14.8
浙江	107.4	12.7
江苏	61.4	7.2
山东	61.0	7.2
北京	59.9	7.1
福建	33.4	3.9
湖南	21.9	2.6
四川	18.8	2.2
天津	15.4	1.8
合计	740.0	87.2

（三）投资地区全面覆盖

1. 欧洲是主要目的地

从流量上看，中国对欧洲直接投资呈现大幅增长趋势，欧洲是 2020 年我国对外直接投资的主要流向目的地，仅次于亚洲。2020 年度《中国对外直接投资统计公报》显示，2020 年，我国对外直接投资流向欧洲 126.9 亿美元，同比增长 20.6%，占我国当年对外直接投资流量的 8.3%。

从存量上看，截至 2020 年年底，我国 2.8 万家境内投资者在全球 189 个国家（地区）设立对外直接投资企业 4.5 万家[①]，全球 81.1% 以上国家（地区）都有来自中国的投资，年末境外企业资产总额 7.9 万亿美元。截至 2020 年年底，我国对外直接投资存量及境外企业在各洲分布情况如表 5 所示。

表 5　2020 年年末我国对外直接投资存量各洲分布情况

洲别	存量 / 亿美元	比重 /%
亚洲	16,448.9	63.7
拉丁美洲	6298.1	24.4
欧洲	1224.3	4.7
北美洲	1000.2	3.9
非洲	434	1.7
大洋洲	401.1	1.6
合计	25,806.6	100.0

资料来源：《中国对外直接投资统计公报》。

2. 对欧投资的国别分布集中

从流量上看，2020 年，我国对欧盟投资主要流向荷兰（49.4 亿美元）、瑞典（19.3 亿美元）、德国（13.8 亿美元）等国家。有关 2020 年中国对欧投资流量前 3 位国家名单如图 4 所示。

① 对外直接投资企业，指境内投资者直接拥有或控制 10% 或以上股权、投票权或其他等价利益的境外企业。

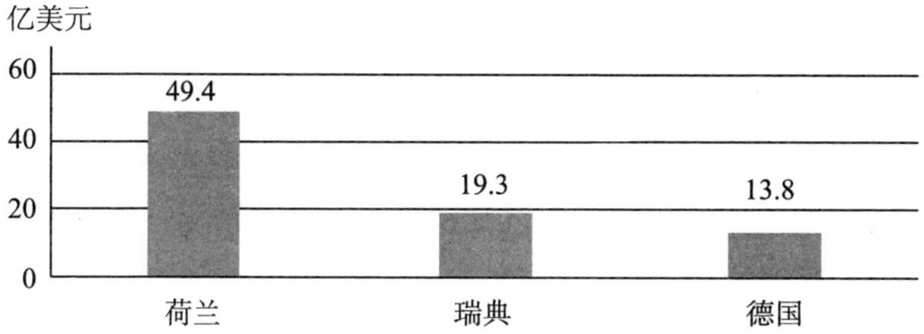

图 4　2020 年中国对欧盟投资流量国别前 3 位

表 6　2020 年中国对欧盟投资流量情况

成员国家	流量 / 亿美元	占欧盟投资流量 /%	占对外投资总流量 /%
荷兰	49.4	48.9	3.2
瑞典	19.3	19.1	1.3
德国	13.8	13.7	0.9

资料来源 :《中国对外直接投资统计公报》。

从存量上看，截至 2020 年年末，我国企业在欧盟全部 27 个成员国设立了近 2800 家直接投资企业，覆盖率达 100%。投资存量上百亿美元的国家是荷兰、卢森堡、德国、瑞典（见表 7）。我国对欧盟各成员国直接投资流量及存量的详细情况请见附录一。

表 7　中国对欧盟投资存量情况

成员国家	存量 / 亿美元	占欧盟投资存量 /%	占对外投资总存量 /%
荷兰	260.41	31.4	1.0
卢森堡	159.95	19.3	0.6
德国	145.50	17.5	0.6
瑞典	106.00	12.8	0.4

（四）投资领域高度集中

截至 2020 年年底，我国对欧盟直接投资存量上百亿美元的国家依然是荷兰、卢森堡、德国等，我国对上述国家投资的主要行业如表 8 所示。

表 8　中国对欧盟投资存量国别前 3 位的行业情况

成员国家	存量 / 亿美元	占欧盟投资存量比例 /%	主要行业
荷兰	260.41	31.4	采矿业、制造业、信息传输 / 软件和信息技术服务业、批发和零售业、租赁和商务服务业等
卢森堡	159.95	19.3	金融业、租赁和商务服务业、制造业等
德国	145.50	17.5	制造业、金融业、租赁和商务服务业、交通运输 / 仓储和邮政业、批发和零售业等

资料来源：《中国对外直接投资统计公报》。

从存量的行业分布来看，中国企业在欧盟的投资均主要分布在制造业、金融业、采矿业、批发和零售业以及租赁和商务服务业等服务业（如图 5 所示）。

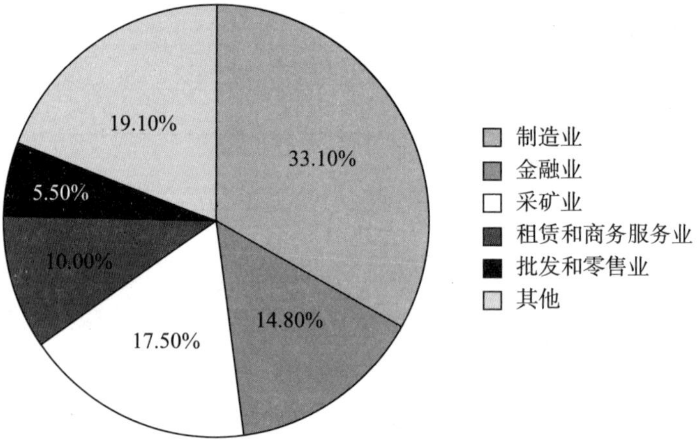

图 5　2020 年年末中国对欧盟直接投资的主要行业（存量）

资料来源：《中国对外直接投资统计公报》。

2020 年中国对欧盟直接投资的主要行业的流量和存量及其占比情况如表 9 所示。

表 9　2020 年中国对欧盟直接投资的主要行业

主要行业	流量 / 亿美元	比重 /%	存量 / 亿美元	比重 /%
制造业	311,059	30.8	2,876,060	34.7
采矿业	265,929	26.3	1,543,147	18.6
金融业	43,773	4.3	1,186,807	14.3
租赁和商务服务业	69,125	6.9	760,672	9.2

续表

主要行业	流量 / 亿美元	比重 /%	存量 / 亿美元	比重 /%
批发和零售业	87,099	8.6	502,712	6.1
信息传输 / 软件和信息技术服务业	179,687	17.8	489,469	5.9
科学研究和技术服务业	14,111	1.4	243,679	2.9
电力 / 热力 / 燃气及水的生产和供应业	5273	0.5	221,179	2.7
交通运输 / 仓储和邮政业	6062	0.6	127,396	1.5
住宿和餐饮业	929	0.1	92,450	1.1
农林牧渔业	–3952	–0.4	69,951	0.8
文化 / 体育和娱乐业	29	0	60,094	0.7
居民服务 / 修理和其他服务业	14,820	1.5	52,916	0.6
房地产业	2272	0.2	43,215	0.5
建筑业	7942	0.8	19,607	0.2
其他行业	5725	0.6	12,210	0.2
合计	1,009,883	100.0	8,301,564	100.0

资料来源：《中国对外直接投资统计公报》。

（五）投资并购方式稳步发展

1. 对外投资并购交易数量增加

2020 年，中国对外投资并购稳步发展，项目数量继续增加。《2020 年度中国对外直接投资统计公报》显示，2020 年我国企业共实施对外投资并购项目 513 起（较上年增加 46 起），涉及 61 个国家和地区（较上年减少 4 个）。受新冠肺炎疫情影响，我国企业对外投资并购总体规模下降，实际交易总额 282 亿美元，同比下降 17.7%。其中，直接投资[①]164.8 亿美元，占并购总额的 58.42%，占当年中国对外直接投资总额的 10.7%；境外融资 117.2 亿美元，占并购金额的 41.6%。

2020 年，中国企业对外投资并购分布在全球 60 多个国家（地区），从并购金额看，秘鲁、美国、智利、开曼群岛、加拿大、法国、巴西、尼日利亚和阿曼位列前茅。

2020 年，中国企业对外投资并购涉及电力 / 热力 / 燃气及水的生产和供应业、制造业、交通运输 / 仓储和邮政业、采矿业、信息传输 / 软件和信息技术服务业

① 指境内投资者或其他境外企业收购项目的款项来自境内投资者的自有资金、境内银行贷款（不包括境内投资者担保的境外贷款）。

等16个行业大类。从并购金额看，电力/热力/燃气及水的生产和供应业97.5亿美元，位居首位，涉及27个项目；制造业69.7亿美元，位居次席，涉及152个项目；交通运输/仓储和邮政业33.1亿美元，居第3位，涉及17个项目（见表10）。

表10 2020年中国对外投资并购行业构成

行业类别	数量/个	金额/亿美元	金额占比/%
电力/热力/燃气及水的生产和供应业	27	97.5	34.6
制造业	152	69.7	24.7
交通运输/仓储和邮政业	17	33.1	11.7
采矿业	12	27.5	9.8
信息传输/软件和信息技术服务业	87	20.0	7.1
科学研究和技术服务业	81	14.3	5.1
租赁和商务服务业	34	7.4	2.6
农林牧渔业	19	4.1	1.5
批发和零售业	62	3.8	1.4
建筑业	5	2.8	1.0
教育	3	0.6	0.2
居民服务/修理和其他服务业	6	0.4	0.1
文化/体育和娱乐业	3	0.4	0.1
其他	5	0.4	0.1
合计	513	282.0	100

2. 对欧投资并购活跃

近年来，欧洲地区是我国企业投资并购的主要目的地之一。中国在欧洲的大型投资项目不断涌现并先后落地，如中国远洋海运集团有限公司收购希腊最大港口比雷埃夫斯港67%股权、北京建工集团有限责任公司承建曼彻斯特机场空港城项目、中国投资有限责任公司先后收购英国泰晤士水务公司8.68%股份和伦敦希思罗机场10%股份、中国化工收购意大利轮胎制造商倍耐力26.2%股权、美的集团收购德国库卡集团后共持有其94.55%股权。①

我国企业对欧盟的重大投资并购项目详情请见附录一。

① 参见刘一展、张海燕:《欧盟外商直接投资审查条例改革对中国的影响及对策》,载《区域经济评论》2019年第5期。

二、新冠肺炎疫情对欧盟外商直接投资流入量的影响

1. 外国直接投资流入大幅下降

新冠肺炎疫情的全球蔓延使得欧洲的外国直接投资流入大幅下降。根据联合国贸易和发展会议发布的《2021 年世界投资报告》，2020 年全球外国直接投资额约为 1 万亿美元，较 2019 年的约 1.5 万亿美元下降 35%。新冠肺炎疫情对欧盟及全球的绿地投资和跨境并购产生了巨大的负面影响。仅 2020 年上半年，全球新增绿地投资下降 37%，跨境并购下降 15%。①

欧洲地区 2020 年外国直接投资流入总额同比下降 80%，仅为 730 亿美元。欧洲主要经济体均受到疫情冲击，法国下降 47%，德国下降 34%。流入欧盟的外商直接投资额下降 73%，为 1030 亿美元。2019—2020 年全球按区域划分外商直接投资流入量如图 6 所示。

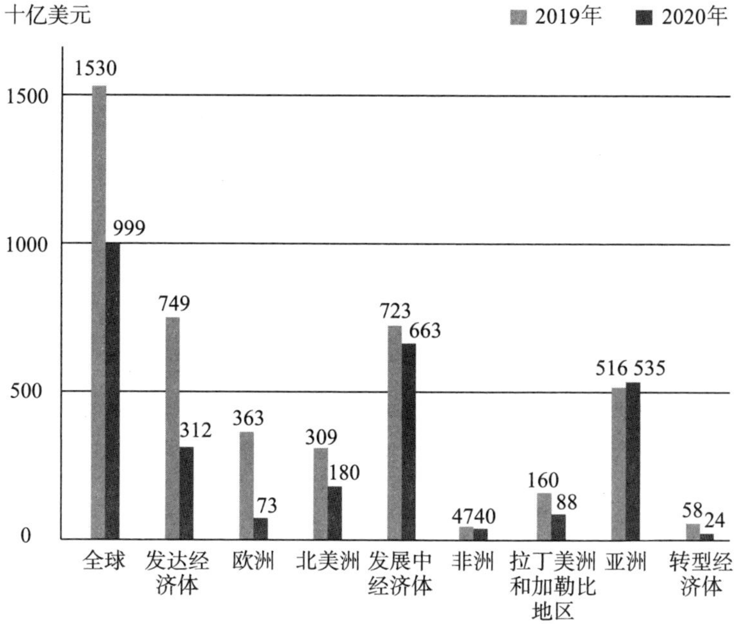

图 6　按区域划分外商直接投资流入量

资料来源：《2021 年世界投资报告》。

① 参见中国银行研究院：《全球经济金融展望报告》，载 https：//pic.bankofchina.com/bocappd/rareport/202011/P020201130353297814347.pdf，最后访问日期：2022 年 2 月 8 日。

亚洲地区成为2020年外商直接投资最大的流入地区，占全球2020年外国直接投资额的一半以上，也是唯一实现正增长的地区，增长4%。其中，中国的外国直接投资1490亿美元，增长6%，是全球第二大外国直接投资流入国（仅次于美国）。同时，中国也是2020年全球最大投资国，得益于跨国企业积极开展跨境并购，中国对外直接投资额稳定在1330亿美元。①2019年至2020年全球排名前20位的国家和地区外商直接投资流入量如图7所示。

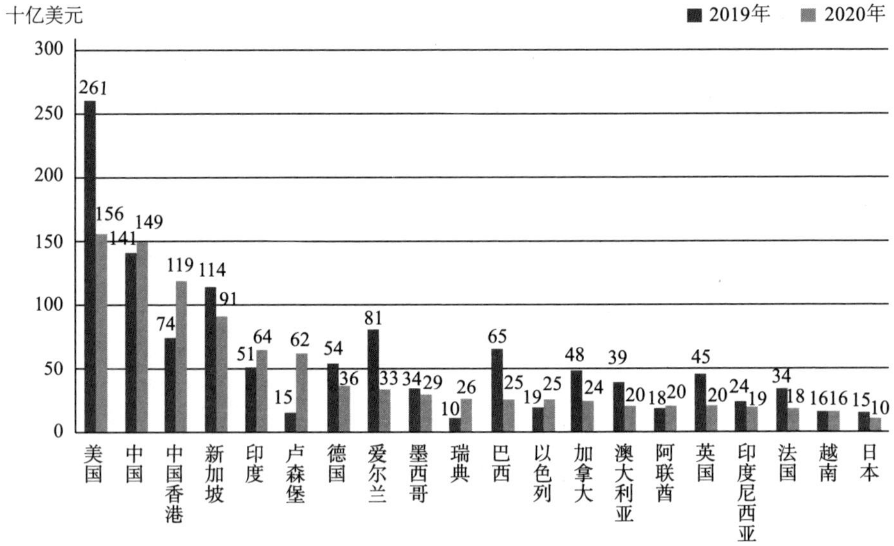

图7 2019—2020年全球排名前20位的国家和地区外商投资流入量

资料来源：《2021年世界投资报告》。

2. 绿地投资和跨境并购急剧下降

新冠肺炎疫情对各类外商直接投资均产生了相当大的负面影响。2020年全年，披露的绿地投资项目价值降至5640亿美元，较2019年的8460亿美元减少33%；项目数量降至12,971个，较2019年的18,261个减少29%。2020年，跨境并购交易净额降低6%，交易数量下降13%。2020年第四季度的大幅增长基本上抵消了2020年上半年的急剧下降。2011年至2020年披露的绿地项目和跨境并购的交易价值和数量如图8所示，已披露绿地投资项目按行业部分划分情

① 参见联合国贸易和发展会议《2021年世界投资报告》，发布日期：2021年6月21日。

况请见附录一。

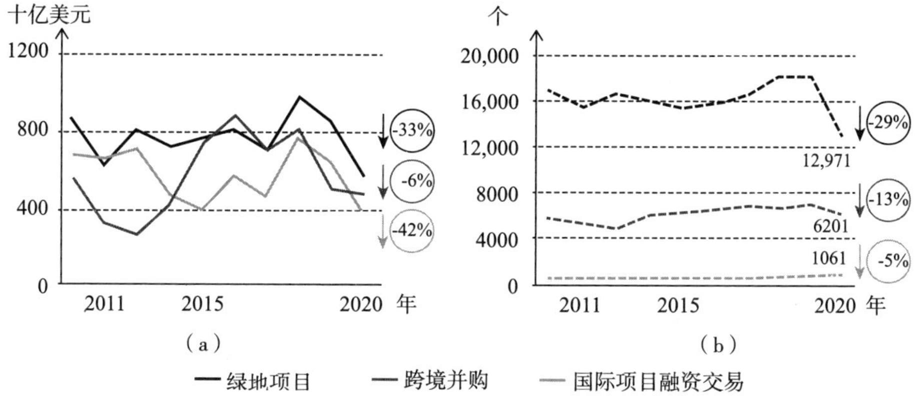

图 8　绿地项目和跨境并购的交易价值和数量

资料来源：《2021 年世界投资报告》。

第二节
中国对欧直接投资的挑战与展望

一、中国对欧直接投资的挑战

1. 新冠肺炎疫情加剧的全球经济下行

亚洲开发银行（ADB）2020 年 5 月发布的一项调查报告显示，新冠肺炎疫情预计在 2020 年给全球带来 5.8 万亿美元到 8.8 万亿美元的经济损失，相当于全球 GDP 减少 6.4% 至 9%，其中占全球产出三成的亚太地区预计将损失 2.5 万亿美元。[①] 各经济体疫情防控过程中实施的边境关闭、旅行限制和防疫隔离措施，造成就业岗位减少 1.58 亿个到 2.42 亿个。

联合国贸易和发展会议发布报告认为，2020 年全球直接投资预计暴跌 40%，跌破万亿美元规模，遭遇 2005 年以来最低值，虽然 2021 年全球外商直接投资强

① 参见全毅：《新冠肺炎疫情对世界经济政治格局的影响》，载《和平与发展》2020 年第 3 期。

劲反弹，但全球复苏，呈现极不均衡状态，持续的疫情仍然是全球外商直接投资面临的主要下行风险。[①] 此外，经济合作组织（OECD）预计 2020 年全球经济将下跌 4.5%，即使 2021 年可能有 5% 的回升，但总体仍然低于 2019 年年底的发展水平。疫情带来的需求不振或将引发交通、娱乐等服务业企业的倒闭和大规模的失业。

2. 严格外商投资审查机制带来的投资项目不确定性

受新冠肺炎疫情重创，全球各国采取的封闭隔离政策及外商投资限制措施，对投资项目的评估决策和落地实施造成障碍，进而给我国对欧直接投资带来挑战和不确定性因素。

此外，在疫情及全球外资限制措施压力下，2020 年全球对外直接投资大幅缩减，跨境企业对外投资信心疲软。联合国贸易和发展会议统计显示，全球绿地投资和跨境并购在 2020 年一季度同比下滑双双超过 50%，全球项目融资中新的交易数量同比下降超四成。全球外国直接投资资金来源超过五成来自跨国企业的收益再投资，作为外国直接投资最大主体的全球 5000 家领先的跨国企业已将 2020 年的平均盈利较上年下调了 40%，一些行业甚至出现了亏损，预期利润的下滑将影响和制约跨国企业收益的再投资和全球外国直接投资的规模增长。

二、中国对欧直接投资的展望

1. 全球投资政策环境整体向好

考虑到境外投资对世界经济复苏的积极作用，包括 G20 在内的多个国际组织呼吁各国出台政策以鼓励境外投资。

外商直接投资流量方面，联合国贸易和发展会议《投资趋势监测》发布报告，2021 年全球外商直接投资总额强劲反弹，比 2020 年增长 77%，从 9290 亿美元增至 1.65 万亿美元，超过新冠肺炎疫情前水平。[②] 而 2022 年外商直接投资将进一步增加，按照预测的上限，将回到 2019 年 1.5 万亿美元的水平。[③]

---

① 参见梁咏、侯初晨：《后疫情时代国际经贸协定中环境规则的中国塑造》，载《海关与经贸研究》2020 年第 5 期。

② 参见《贸发会议报告：新冠大流行导致对弱势经济体的可持续发展供资“出现倒退”》，载 https：//news.un.org/zh/story/2021/06/1086432，最后访问日期：2021 年 8 月 30 日。

③ 参见《2021 年世界投资报告》。

绿地投资和跨境并购方面，2021年年初的早期指标显示，跨境并购与绿地项目之间偏向了不同的复苏轨迹。已披露的绿地投资在2020年大幅收缩之后，2021年年初仍然疲软，尚未显示出复苏的迹象。而跨境并购在2020年下半年全面复苏，并在2021年年初基本保持稳定，数据显示2021年第一季度并购交易数量和价值都在增加，预测2021年年底可能会激增。

2. 中欧合作不断深化，投资机遇涌现

2019年，中欧双方高层的互访频繁，双方政治互信和合作机制进一步加强，为双方经贸合作打下坚实基础。①同时，德国、法国等多个欧洲国家领导人访华，为中欧国家间经贸合作和中国企业对欧投资提供新的机遇。

此外，我国推进"一带一路"国际合作以来，与欧盟在亚欧互联互通对接方面具有广阔合作空间。目前，我国已与匈牙利、卢森堡、希腊、意大利、葡萄牙、马耳他等22个欧洲国家签署了"一带一路"合作谅解备忘录，推动中欧合作关系进一步深化。

中欧合作前景持续向好。例如，2019年，中国对欧洲直接投资增长近60%。虽然受到新冠肺炎疫情的冲击，但中欧企业仍保持着紧密合作和往来，维护供应链的基本稳定。又如，2020年10月，欧盟统计局发布的数据显示，2020年前7个月，欧盟27个成员国与中国进出口总额为3287亿欧元，同比增长约2.6%。中国首次成为欧盟第一大贸易伙伴。②近年来，中资企业在欧业务实现了数量与规模上的双重提升。2013年至2019年，中资企业在德、意、荷等欧盟主要国家的企业数量年均复合增长率超过10%，中资企业在德、意等国的投资对应经济产值复合增长率已超过30%。③

3. 中国经济稳步回升，持开放包容新格局

在有效控制新冠疫情扩散的同时，我国发布支持性政策帮扶企业摆脱疫情困境，促进就业并提振消费。国家统计局数据显示，2020年前三季度国内生产总值722,786亿元，经济增长由负转正，同比增长0.7%，为中国企业开展对欧投资

① 参见《中欧经贸合作2019年回顾》，载 http://www.eucjic.cn/index.php?id=117，最后访问日期：2021年8月30日。

② 参见《中国首次成为欧盟第一大贸易伙伴，中欧各界对双边经贸合作充满信心》，载 http://www.gov.cn/xinwen/2020-10/28/content_5555176.htm，最后访问日期：2021年9月23日。

③ 欧盟中国商会与罗兰贝格企业管理咨询公司联合发布2020年报告《迅捷行动，共创未来》。

合作带来实力保障和信心支持，也给深陷衰退境地的世界经济注入复苏的正能量。

面对全球化逆流，我国积极维护多边贸易机制，坚持开放包容，持续出台支持性政策引导和保障有实力、信誉好的中国企业开展跨境投资合作（具体政策措施请见附录二）。根据商务部数据，2020年，中国对外非金融类直接投资1340.5亿美元，同比增长14.6%，中国对外投资合作整体平稳有序发展。

4. 中国对欧投资产业优化，服务业占比提升

经过多年对欧投资与合作，我国企业“走出去”队伍不断壮大，对欧投资项目质量提升，结构不断优化。未来，通过创新发展、“双循环”相互促进，我国对欧投资将更加注重跨国产业体系建设，利用国内国际两个市场、两种资源，依托强大国内市场的吸引力优势，“走出去”攻关关键核心技术，弥补技术薄弱环节，解决“卡脖子”问题，提升国际产业链供应链地位；在优势产业领域，以“走出去”加强国际合作，带动技术、装备、产品和服务输出，巩固国际供应链市场份额。

根据我国建设国内大循环为主体、国内国际双循环相互促进新发展格局的指导策略，“十三五”期间，中国服务业作为我国经济高质量增长的重要推动力量，增加值显著提高，服务业在三大产业中的占比从2016年的51.6%提高到2019年的53.9%。商务部统计显示，2020年前三个季度，中国对外非金融类直接投资主要流向服务业，其中租赁和商务服务业对外投资309.3亿美元，同比增长18.6%，批发和零售业对外投资120.1亿美元，同比增长41.1%。[①]

① 参见商务部：《1—9月我国企业对一带一路沿线国家投资增长29.7%》，载http://finance.people.com.cn/n1/2020/1019/c1004-31896412.html，最后访问日期：2021年9月23日。

第二章 欧盟外商投资政策概述

第一节 欧盟外商直接投资政策

一、整体趋势

全球范围内，多国加大对外商直接投资的安全审查和监管力度。新冠肺炎疫情暴发后，各国出台更多限制性外商直接投资法规文件，就外商直接投资采取更多的监管。仅 2020 年，全球 67 个经济体共出台 152 项投资政策，较 2019 年的 107 项增长约 42%，其中限制性投资政策共计 50 项，较 2019 年的 21 项增加一倍多，占全部投资措施的比例高达 41%，为 2003 年以来最高，而自由化、促进或便利外国投资政策的占比则位于历史最低谷。2003 年至今全球外商直接投资政策变化情况，如图 9 所示。

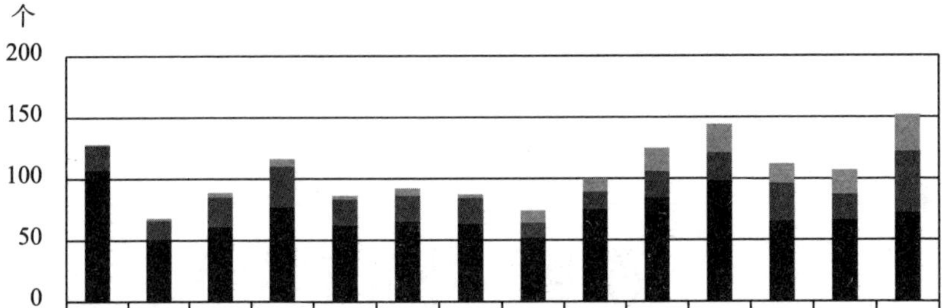

	2003—2007	2008	2009	2010	2011	2012	2013	2014	2015	2016	2017	2018	2019	2020 年
中性	1	2	4	6	3	6	3	10	11	19	23	16	20	30
限制性	20	15	24	33	21	21	21	12	14	22	23	31	21	50
促进性	107	51	61	77	62	65	63	52	75	84	98	65	66	72

图 9　全球外资新政策及限制性外资新政数量（2003—2020 年）

资料来源：联合国贸易和发展会议《2021 年世界投资报告》。

二、欧盟层面

欧盟层面，基本确立了成熟稳定的外商直接投资法律体系，并逐步收紧对外商直接投资的审查制度。2019 年至今，欧盟陆续出台《一般数据保护条例》[①]（GDPR）、《欧洲议会和欧盟理事会关于制定欧盟外商直接投资审议条例以建立欧盟外商直接投资审查框架的规定》（以下简称《欧盟外商直接投资审查条例》）[②]、《数字服务法》[③]（DSA）、《数字市场法》[④]（DMA）及配套文件，并发布《针对扭曲内部市场的外国政府补贴的条例建议稿》（以下简称《外国政府补贴条例（草案）》）[⑤]，

① 英文全称：Corrigendum to Regulation（EU）2016/679 of the European Parliament and of the Council of 27 April 2016 on the protection of natural persons with regard to the processing of personal data and on the free movement of such data, and repealing Directive 95/46/EC（General Data Protection Regulation）。

② 英文全称：REGULATION（EU）2019/452 OF THE EUROPEAN PARLIAMENT AND OF THE COUNCIL establishing a framework for screening of foreign direct investments into the Union。

③ 英文全称：Digital Services Act。

④ 英文全称：Digital Markets Act。

⑤ 英文全称：Proposal for a REGULATION OF THE EUROPEAN PARLIAMENT AND OF THE COUNCIL on foreign subsidies distorting the internal market。

授权欧盟委员会从外商直接投资审查、反垄断审查、反补贴审查三方面对外商直接投资活动进行事前监督，与此同时保留投资目的地成员国对该交易进行国家安全审查和反垄断审查等程序性审查的权力。有关欧盟外商直接投资审查制度的详细内容，请见第四章第二节“欧盟外商投资审查制度”。

为应对新冠肺炎疫情带来的冲击，2020 年 3 月 25 日，欧盟委员会发布《关于欧盟成员国关于外商直接投资审查的指导意见》（以下简称《指导意见》），呼吁成员国充分利用外商直接投资审查制度，并敦促没有审查制度的成员国尽快建立这一制度，加强欧盟境内对包括健康、医药研究、生物技术、基础设施等领域在内的欧盟关键或重要的资产和技术的保护力度，以防止新冠疫情期间外资趁机“抄底”欧盟优质资产。

由此，提醒中国企业注意，趋严的外商直接投资审查政策将导致中国企业对欧盟投资的不确定因素增加，而投资项目时间可能因更深入的审查制度而显著延长。

三、欧盟成员国层面

1. 鼓励性投资政策

新冠肺炎疫情的发生，促使部分欧盟成员国发布了关于促进外国投资的政策，这些政策重点集中在医疗技术和医疗设备制造领域，也覆盖农业、制造业、采矿业、国防、金融服务、运输、数字媒体等行业。例如，罗马尼亚延长国家援助计划的时限至 2028 年，通过创造就业促进区域发展的投资。

在医疗领域，部分欧盟成员国家推出鼓励性投资措施，通过拨款或贷款等方式吸引国内和国外投资进入卫生部门，以促进数字医疗技术（远程医疗和电子保健应用）、医疗设备和用品（防护装备等）制造、与新冠肺炎疫情有关的医疗和制药研究。例如，意大利在其发展合同计划中拨出特别资金，支持对生物医学和远程医疗活动的投资，特别是与医疗设备和装置的生产有关的活动，以及预防卫生紧急情况的技术和服务。又如，捷克的 COVID 技术计划为那些愿意通过购买新技术装置和设备使其生产多样化的公司提供补贴。此外，“崛起”计划支持引进或扩大生产卫生设备的能力，如通风器和呼吸器。[①]

---

① 参见《2021 年世界投资报告》。

尽管如此，上述鼓励性投资政策占欧盟成员国家投资新政的比例极小，而出于保护敏感的本国企业免于外商并购的目的，欧盟地区绝大多数投资措施都引入了新的规定或强化了现有规制，此类限制性投资措施占比高达 81%。

2. 限制性投资政策

2020 年至 2021 年第一季度，根据欧盟委员会《指导意见》，欧盟成员国出台了更多有关国家安全的限制性投资政策，不断提高本国对外商直接投资的审查力度。例如，德国出台《对外经济法》及其实施条例，确立了国家安全审查制度。意大利将外资审查范围扩展至“所有与战略性活动相关的企业”。法国发布临时措施以扩大审查范围，即降低需要政府事先审查的外国并购门槛，外资占比从 25% 降至 10%。此外，欧盟各成员国均修订或完善本国外商直接投资审查制度，与欧盟《欧盟外商直接投资审查条例》相一致。有关欧盟成员国为应对新冠肺炎疫情出台外商直接投资审查政策的详细内容，请见附录二。

受疫情影响，欧盟成员国在卫生领域发布的投资政策措施大幅增加，包括强化投资审查和投资激励措施。联合国贸易和发展会议统计，欧盟层面以及奥地利、捷克、法国、德国、匈牙利、意大利、马耳他、波兰、斯洛伐克、斯洛文尼亚、西班牙等国家制定了投资审查机制，允许政府阻止企业在卫生和生命科学领域的境外收购行为。

当前，欧盟成员国重点审查的行业除疫苗和医疗用品领域外，还包括运输、信息和通信技术、能源、采矿、邮政服务、制药和化工、冶金、保健、水和卫生、金融、媒体和食品安全在内的一系列与公共安全密切相关的部门，因此，以上行业的外商投资活动将受到重大影响。例如，2020 年 12 月 4 日，基于国家安全和公共秩序原因，德国联邦经济和技术部禁止中国企业航天工业发展股份有限公司间接控股的 EMST 有限公司收购雷达专家 IMST 有限公司的交易计划。[①]

① 参见 https：//www.mwe.com/insights/radar-specialist-german-government-prohibits-takeover-by-chinese-investor/，最后访问日期：2021 年 8 月 19 日。

第二节 中欧双边协定

双边投资协定（BIT）是协调两个经济体之间国际投资关系的重要制度安排，为促进和保护投资之目的签署，赋予投资企业法律保护权利，已成为世界各国促进境外投资交易、保障商业活动合法性的国际法制度。[①]

2020年12月底，中国和欧盟就《中欧全面投资协定》（CAI）[②]如期完成谈判，该协定旨在为中欧投资关系建立一个统一的法律框架，拟取代中国同所有欧盟成员国（爱尔兰除外）之间已签署的双边投资协定。

此前，由于欧洲一体化行动较慢，中国需要与欧盟成员国逐一签订双边协定。[③]截至目前，我国同其他国家或地区共签订143项双边投资协定，包含除爱尔兰以外的全部欧盟成员国；对外正式签署共107个避免双重征税双边协定，实现了欧盟成员国全覆盖[④]。有关我国同欧洲国家签署的双边投资协定清单和避免双重征税协定清单，请见附录二。

一、中欧全面投资协定

1. 谈判历程

2020年12月30日，中国与欧盟领导人共同宣布，历时7年共35轮，双方就中欧全面投资协定如期完成谈判。中欧双方的第一轮谈判在2014年1月21日举行，随后保持每年进行3次至5次谈判的频率直至2018年，2019年以后双方

① 韩永辉、王贤彬、韦东明、况丽文：《双边投资协定与中国企业海外并购——来自准自然实验的证据》，载《财经研究》2021年第4期。

② 英文全称：EU-China Comprehensive Agreement on Investment，简称CAI。

③ 参见https://www.law.tsinghua.edu.cn/info/1177/12703.htm，最后访问日期：2021年8月20日。

④ 参见https：//investmentpolicy.unctad.org/international-investment-agreements/countries/42/china，最后访问日期：2021年8月20日。

谈判步伐加快，最终在2020年12月举行的第35轮正式谈判中达成原则上一致（见图10）。

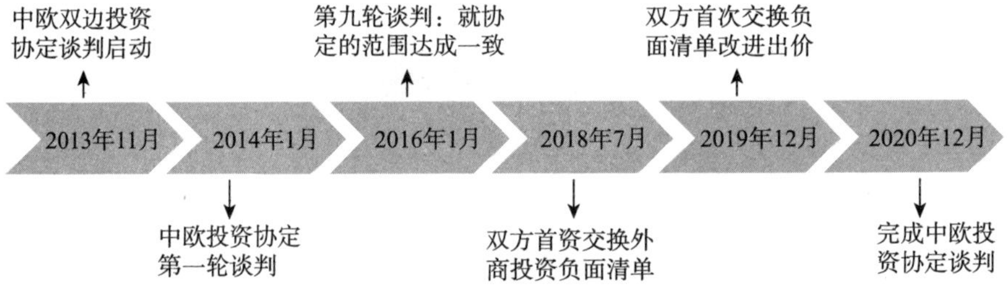

图10　中欧谈判历程

商务部条约法律司表示，下一步，中国与欧盟双方将开展文本审核、翻译等工作，尽快形成可供签署的法律文本，《中欧全面投资协定》将在双方完成各自内部批准程序后生效。[①] 截至2021年8月，《中欧全面投资协定》尚未生效。

中欧全面投资协定赋予了中国企业在欧盟东道国开展投资的自由权和投资保护，并通过争端解决机制形成完善的双边投资合作体系。如果投资所在的东道国违反投资保护等相关义务，使中国投资者遭受损失，中国投资者可以依据中欧全面投资协定的争端解决机制维护自身合法权益。[②]

2. 核心内容

根据中国同欧盟成员国间现有的双边投资协定，由于中国在相当长的时间内一直是在单向地吸引外国直接投资，故该类双边投资协定更侧重于保护和促进欧盟国家来华直接投资，而涉及中国企业对欧盟直接投资的内容则相对较少。[③]

考虑到中国企业赴欧盟直接投资的数量迅速增加，而当前的中欧双边投资协定不再满足中国企业境外投资的现实需求，故中欧双方在本次中欧双边投资协定

① 参见《中欧要签投资协定“含金量”为何这么高？》，载 http：//m.news.cctv.com/2020/12/31/ARTIVhdRRawf8emoOccmCfFr201231.shtml。

② 参见卢进勇、李秀娥：《中国双边及区域投资制度安排：特点、作用及建议》，载《亚太经济》2013年第1期。

③ 参见李玉梅、桑百川：《国际投资规则比较、趋势与中国对策》，载《经济社会体制比较》2014年第1期。

的谈判中，将谈判达成双边投资协定（BIT）的目标调整为《缔结全面且富有雄心的综合性投资保护协定》(《中欧全面投资协定》或CAI)，以更加平衡、全面地照顾到双方在对方投资的保护和促进。[①]

与仅涉及准入后投资保护[②]的现有双边投资协定不同,在《中欧全面投资协定》的谈判中新增的主要内容有：投资自由化、公平竞争规则、争端解决和可持续发展等，重点关注准入前国民待遇和负面清单制度、国有企业竞争中立原则、高端服务行业高层次开发等焦点问题。[③]具体如下所述。(1）投资自由化：包含市场准入条款[④]和准入前国民待遇条款，中国首次在包括服务业和非服务业在内的所有行业以“负面清单”的管理模式作出承诺，进一步与《外商投资法》确立的外资负面清单管理体制全面对接。[⑤]（2）公平竞争规则：为营造公平法治化的营商环境，中欧双方就国有企业、补贴透明度、技术转让、标准制定、行政执法、金融监管等与企业运营密切相关的议题达成一致。[⑥]（3）争端解决：在违反承诺的情况下，允许欧盟依据《中欧全面投资协定》诉诸争端解决机制。当前，中欧双方在争端解决机制的设计上仍存在分歧，例如，是否引入投资者—国家争端解决

---

① 参见张焕波、宁留甫：《中欧双边投资协定完成谈判具有重要战略意义》，载中国国际经济交流中心官网，http：//www.cciee.org.cn/Detail.aspx?newsId=18646&TId=233，最后访问日期：2021年8月25日。

② 主要涉及外资在设立后的保护，包含公平与公正待遇、非歧视待遇、征收以及征收补偿和资本的转移等。其中，征收既涵盖了直接的征收，也涉及实践中较为普遍的间接征收，也即不转移所有权的征收形式。

③ 参见http：//www.chinatradenews.com.cn/content/202103/31/c130136.html，最后访问日期：2021年8月20日。

④ 参见《欧洲委员会发布中欧投资协定的市场准入条件附件》，载https：//eeas.europa.eu/delegations/rwanda/95467/%E6%AC%A7%E6%B4%B2%E5%A7%94%E5%91%98%E4%BC%9A%E5%8F%91%E5%B8%83%E4%B8%AD%E6%AC%A7%E6%8A%95%E8%B5%84%E5%8D%8F%E5%AE%9A%E7%9A%84%E5%B8%82%E5%9C%BA%E5%87%86%E5%85%A5%E8%A6%81%E7%BA%A6_zh-hans，最后访问日期：2021年8月20日。

⑤ 参见http：//www.gov.cn/xinwen/2021-01/01/content_5575984.htm，最后访问日期：2021年8月20日。

⑥ 参见《对标国际高水平经贸规则 着眼制度型开放 中欧投资协定将惠及全球企业》，载http：//www.gov.cn/xinwen/2020-12/31/content_5575662.htm，最后访问日期：2021年8月20日。

机制（ISDS）、是否有必要设立专门的投资法院作为常设审判机构。[①]（4）可持续发展：引入例外条款，同时关注企业社会责任、环境、气候和劳工等内容。[②]

二、避免双重征税协定

《欧洲经济共同体条约》（EEC，以下简称《欧共体条约》）[③]是欧盟委员会制定和执行税收政策的法律基础，明确了欧盟委员会在贸易中财税中立的原则[④]，各成员国仍保留除关税外其他税收政策的制定权和行使权。目前，欧盟地区部分成员国增值税标准税率如表 11 所示。[⑤]

表 11　欧盟地区部分成员国增值税标准税率　　单位：%

国家	增值税标准税率
卢森堡	17
马耳他	18

① 当前中欧双方就替代性争端解决机制的分歧在于，是否引入 ISDS，即欧盟主张仲裁员都是由缔约方任命，而我国则主张保留投资者作为争端一方任命仲裁员的权利。对此，中欧在第 20 轮谈判中就 ISDS 展开了讨论，并取得了一些进展，随后的谈判似乎并未再涉及这一主题。在分析产生这一分歧的原因时，伦敦玛丽女王大学全球法副教授指出，一方面，根据欧盟法律，外商直接投资属于欧盟专属职能范围之内的事项，而 ISDS 属于欧盟和其成员国共同享有权能的事项；另一方面，欧盟对 ISDS 缺乏透明度且效率低下产生担忧，故不愿意采用这一机制。假如 CAI 今后引入了 ISDS 将对 CAI 的生效产生影响，这一点可以参考欧盟与加拿大签署的《综合经济与贸易协定》（CETA），由于 CETA 纳入了 ISDS 以致 CETA 除了要经由欧盟议会批准，还要经由欧盟各成员国国内议会的批准，这就使得 CETA 目前都还没有被批准生效。参见 https：//www.law.tsinghua.edu.cn/info/1177/12703.htm，最后访问日期：2021 年 8 月 20 日。

② 引入了例外条款，包括适用于国民待遇的例外以及一般例外条款。

③ 英文全称：Treaty Establishing the European Economic Community，又称为《罗马条约》。2007 年，欧盟通过《修改“欧盟条约”及“欧共体条约”的里斯本条约》（Treaty of Lisbon Amending the Treaty on European Union and the Treaty Establishing the European Community），于 2009 年生效。生效后，《欧共体条约》更名为《欧盟运行条约》（Treaty on the Functioning of the European Union，TFEU）。与反垄断相关的规定载于《欧盟运行条约》第 101 条、第 102 条。

④ 1992 年，为防止税收差异影响欧盟内部贸易流动，避免形成成员国之间贸易投资壁垒，欧盟委员会统一欧盟增值税最低基本税率标准为 15%，其中社会文化性质产品或服务最低税率为 5%。这个税率只是目标性的，具体执行以成员国规定为主，且各成员国规定各异。

⑤ 参见中国商务部：《对外投资合作国别（地区）指南：欧盟（2020 年版）》。

续表

国家	增值税标准税率
德国、罗马尼亚、塞浦路斯	19
瑞典、丹麦、克罗地亚	25
匈牙利	27

当前，中国与欧盟所有成员国都签署了避免双重征税双边协定。相关协定清单，请见附录二。

第三节 新冠肺炎疫情影响下的欧盟应对政策

受新冠肺炎疫情重创，欧盟成员国家普遍对产业链安全产生担忧，因而采取前文提到的更加严苛的外商直接投资政策。与此同时，欧盟也建议成员国加大投资审查力度，可以在必要时增购重点企业股份，防止优质资产流失。

为了维持欧盟经济秩序稳定，欧盟及各成员国政府也在陆续出台财政刺激政策以及针对国民和企业的帮扶政策，尤其是在基础设施、绿色和数字经济领域。鉴于欧盟成员国保留本国财政、税收的专属，根据欧盟有关帮扶政策，相关资金支持将通过财政支付转移的形式转交各成员国政府并由后者负责最终落地。除政府机构外，欧洲投资银行等金融机构也出台了金融帮扶措施。

欧盟及成员国的各项财政激励和企业帮扶措施，依法面向所有在欧盟境内注册的企业，因此包括外商投资企业在内的企业均可享受上述政策和措施。

一、欧盟层面帮扶措施

2020 年 4 月，欧元区财政部长会议达成协议，同意在已采取措施基础上，再出台总额为 5400 亿欧元的“一揽子”救助方案，建立经济复苏计划。[①]

① 参见中国商务部：《对外投资合作国别（地区）指南：欧盟（2020 年版）》。

1.“一揽子”救助方案

欧盟出台总额5400亿欧元的“一揽子”方案包括三个层面:一是劳动者层面,通过“Sure倡议”[①],以优惠贷款形式向受影响的劳动者和个体经营者提供1000亿欧元失业救助。二是企业层面,通过欧洲投资银行发起的泛欧担保基金计划,为受疫情影响的企业,特别是中小企业提供2000亿欧元融资。三是成员国层面,由欧洲稳定机制向成员国提供不超过GDP2%的信贷支持,预计总额将达到2400亿欧元,相关资金将用于应对疫情的医疗卫生、防治等领域。[②]

2.经济复苏路线图

着眼于新冠肺炎疫情对经济的巨大冲击,欧盟在2020年4月下旬发布经济复苏路线图,聚焦四大关键行动领域:(1)全面运行且充满活力的单一市场,加大清洁和数字技术投资,加强外资有效审查,减少在战略物资、战略价值链方面对外部的依赖,并强化医疗卫生等基础设施建设;(2)大幅增加投资努力,利用多年期财政框架恢复和实现单一市场运转,向欧盟战略目标及成员国经济复苏提供资金支持,并促进欧洲投资银行满足各方融资需求;(3)推动全球行动,与联合国、世贸组织、二十国集团、七国集团一起,形成全球应对方案,并努力重启贸易流动和供应链;(4)完善治理体系,提升欧盟履行行政职责能力和危机应对能力。

二、成员国具体帮扶措施

总体来看,欧盟成员国的帮扶措施种类主要包含:税收减免或延期支付、就业或工资补贴、降低中小企业贷款门槛或担保条件、出口信贷等。部分欧盟成员国出台的刺激及企业帮扶措施如表12所示。

---

① Sure倡议是欧盟委员会为强化疫情应对,保证工人收入和维持企业生计,提出的总额1000亿欧元的团结工具,其资金来源于欧盟预算。Sure倡议包括为最贫困者提供援助的“欧洲最贫困者援助基金”、渔民和农民支持措施、30亿欧元的“紧急支持工具”等。

② 参见驻欧盟使团经济商务处:《欧元区财长会议通过5400亿欧元一揽子救助方案》,载http://eu.mofcom.gov.cn/article/jmxw/202004/20200402958637.shtml,最后访问日期:2021年8月20日。

表 12 部分欧盟成员国出台的帮扶政策

国家	帮扶政策
德国	1. 出台 1560 亿欧元的 2020 年紧急预算，其中 500 亿欧元向无法获得银行信贷的小企业和自雇人员提供直接资助[1] 2. 设立 5000 亿欧元的救助基金，为雇员人数超过 250 人的大公司补充资金 3. 德国复兴信贷银行提供贷款，向出现流动性问题的公司提供无限支持 4. 扩大出口信贷和其他担保计划，帮助企业渡过难关 5. 扩大国家补贴，为因疫情被解雇的劳动者提供 100 亿欧元规模的补助
法国	1. 向受疫情影响的公司和员工提供 450 亿欧元的预算支持 2. 为银行企业贷款提供 3000 亿欧元担保 3. 对国家持股公司进行救助，同时推迟缴纳公司所得税和社保款 4. 成立团结基金，为经营情况困难的企业提供援助
西班牙	1. 为企业提供 1000 亿欧元政府贷款担保 2. 制订 170 亿欧元计划，撬动 2000 亿欧元私人资本援助抗疫 3. 受疫情冲击的个人可暂缓偿还抵押贷款，暂停支付公用事业费账单

〔1〕参见付佳歆、熊琼:《两次危机金融市 场境外救市政策的比较与思考》，载《中国证券期货》2020 年第 3 期。

第四节 欧盟成员国投资环境介绍（以德国为例）

一、中国对德投资现状

德国是中国企业赴欧盟投资的热门国家，中国企业对德投资力度持续增加。据中方数据统计，2010 年以来，中国对德国投资日益活跃，投资合作从单项道转变为双向道（如图 11 所示）。2019 年，中国对德国直接投资的流量金额达 14.6 亿美元。截至 2019 年年底，中国对德国直接投资存量 142.3 亿美元，项目数超过 2000 个，行业分布日益多元。[①]

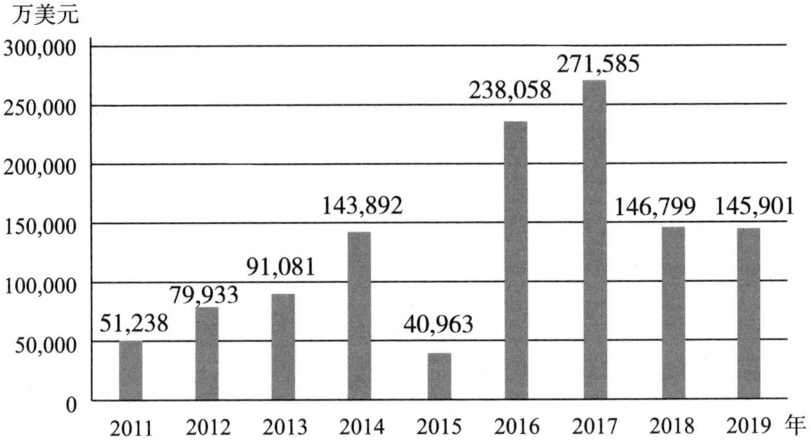

图 11 中国对德国直接投资流量情况

德国联邦外贸与投资署（GTAI）[②] 数据统计，2020 年共有 1684 个绿地投资以及褐地投资（新扩展的项目）落户德国，与 2019 年的 1851 个投资项目相比，减少 9%。其中，2020 年中国对德国投资项目数量为 170 个，与 2019 年的 154 个相比，增长 10%。[③] 中国对德国投资项目数量在所有国家和地区排名第三位，仅次于美国（254 个）和瑞士（219 个）。而跨境并购方面，2010 年以后，中国投资者对德开展并购投资活动数量明显增大，且逐渐将并购的关注点从问题标的向优质资产转移，有关近年来中国企业并购德国公司的著名案例，请见附录一。

就中国对德投资的行业分布来看，中国企业在德投资的主要行业分别为机械制造与设备、消费品食品、电子与半导体行业、健康制药与生物技术、商业与金融服务、信息通信技术与软件（见图 12）。[④] 中国企业投资业务多的领域分别为

① 参见中国商务部：《对外投资合作国别（地区）指南：德国（2020 年版）》，“前言”；《中国对外直接投资统计公报》。

② 德国联邦外贸与投资署是德国联邦政府对外贸易和对内引资的促进机构。该机构为进入德国市场的外国公司提供咨询和支持，并协助在德成立的企业进入外国市场。

③ 参见李前：《在德国寻找“中国的意义”》，载《进出口经理人》2020 年第 6 期。

④ 参见 GTAI：《外国在德国投资最新报告》，载 https：//www.gtai.de/gtai-cn/meta/press/fdi-reporting，最后访问日期：2021 年 8 月 25 日。

销售与市场支持（42%）、制造与研发（19%）、零售业（17%）、商业服务（9%）。①

由于新冠肺炎疫情的暴发，在德国落地的外商投资项目的整体数量有所回落。而中国经济快速从新冠疫情中复苏，使得中国企业相比其他国家更快地返回国际市场，因此 2020 年中国企业在德国投资项目数量得以增长。以上数据显示，尽管有新冠肺炎疫情影响，德国依然保持其作为欧盟热门投资地的极高吸引力。

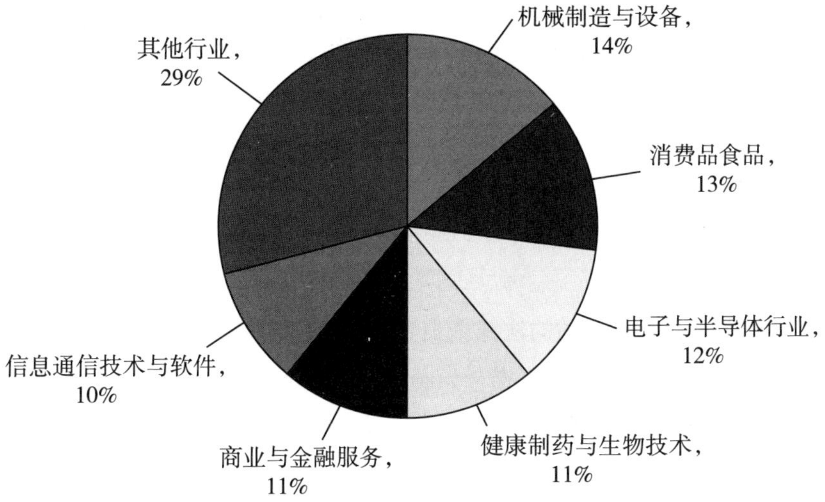

图 12　中国企业在德投资的主要行业

二、中德投资有关协定

德国已和包括中国在内的 130 余个国家和地区签订了双边投资保护协定。其中，中德两国签署的双边协定与协议主要涉及：跨境投资保护、避免双重征税、加强特定行业领域内中德合作等。② 有关中国同德国签署的多项双边协定和协议的名称和签订日期，请见附录二。

三、德国外商投资政策

1. 市场准入

德国对外国投资者的市场准入条件基本与德国内资企业一样，视外国投资者

① 参见德国联邦外贸与投资署：《2020 年外国企业在德国的投资报告》。

② 参见 http：//de.china-embassy.org/chn/，最后访问日期：2021 年 8 月 25 日。

基本等同于国内投资者，几乎不存在任何限制。[①]尽管允许投资者进入的领域不设限制，但是近年来，德国通过立法加强了就非欧盟国家企业对德投资的并购审查力度。

目前德国明确禁止投资者进入的领域只有建设和经营核电站及核垃圾处理项目。[②]而针对武器生产相关投资项目，德国未明确禁止，但非德国籍投资者可能不被批准。[③]

除特殊行业之外，外国投资者无须任何审批即可收购德国企业。而需要审批的行业包括：银行、保险业；金融；拍卖业；出售含酒精饮料的餐饮业；武器、弹药、药品及植物保护剂生产及其销售；炼油及蒸馏设备的生产及销售；发电和供暖厂；动物的批发及零售；需获得经营许可或生产许可运输和出租公司等。[④]

2. 外商投资审查制度

德国管理外商投资活动的法律依据主要是1961年9月1日出台的《对外经济法》（AWG）及同日生效的《对外贸易条例》（AWV）。近年来，德国政府不断修订《对外经济法》和《对外贸易条例》，下调对非欧盟国家企业投资并购德国企业的审查门槛，扩大须审查的领域，延长审查时限。2020年6月，德国批准《对外经济法》修正案草案，进一步收紧针对非欧盟国家对德投资并购的安全审查。[⑤]有关德国就非欧盟企业对德投资的审查范围和流程等内容，详见第四章第五节“中国企业对德国投资实务二、并购控制机制”。

---

① 参见胡大龙：《探究德国外资管理》，载《国际市场》2014年第4期。

② 参见《德国投资与经贸风险分析报告》，载《国际融资》2013年第11期。

③ 参见德国《和平利用核能及核能风险保护法》《武器法》等。

④ 参见《德国的市场准入监管》，载《工商行政管理》2017年第6期。法律依据：《联邦排放保护法》《药品法》《武器法》《旅店法》《监理法》《反限制竞争法》《银行法》《保险法》等。以德国对金融行业的投资限制为例，德国《银行法》（KWG）第32条规定，收购银行或金融服务公司（或10%以上的投资参股），需发出通告，并报联邦金融服务监管局（BaFin）审批。联邦金融服务监管局（BaFin）可以外国公司未被有效监管或其国内监管部门不愿合作为由拒绝批准。德国《保险法》第5条对收购德国保险公司作出了类似的规定。

⑤ 参见中国商务部：《对外投资合作国别（地区）指南：德国（2019年版）》，“前言”。

另外在欧盟层面，2019年4月《欧盟外商直接投资审查条例》[①]正式生效，从而开启了欧盟层面的外资并购审查制度。此后，一项投资交易的审批工作并非由德国联邦经济和能源部（BMWi）单独作出。德国联邦经济和能源部除应当征询德国国防部、信息技术安全等其他政府部门的意见外，其征询范围扩大至欧盟层面，即还需要同欧盟其他成员国相关部门进行联系，如果欧盟委员会或其他成员国有任何反馈，则讨论程序启动并可能要求收购方提供补充资料。这将导致只有确认其他成员国和欧盟委员会不会发表意见或评论后，德国联邦经济和能源部才可能会通过审批，最终的审批时间将需要6个月至1年。

新冠疫情的蔓延给德国乃至欧盟的经济造成巨大冲击，因此从德国到欧盟层面关于提高外资并购门槛，保护重点领域和企业的呼声持续上升。2020年3月25日，欧盟委员会发布《指导意见》，建议成员国充分利用外商直接投资审查制度，加强对欧盟关键或重要的资产和技术的保护力度。而放眼德国，联邦政府发布《"德国制造"工业战略2030》等政策文件，旨在稳固并重振德国经济和科技水平，而对非欧盟企业对德投资将更为谨慎。

紧缩的国家安全审查政策直接反映在中企在德国并购交易数量的减少。2016年中国企业在德国的并购数量为68件，而2018年下跌至34件。[②]未来，中国企业赴德国投资的不确定性增加，同时投资项目的审批时间也将延长，因此投资者应当关注德国外商直接投资政策动向，降低潜在政策风险。

---

① 参见王清华、施珵、孙小梅：《欧盟新的外商直接投资国家安全审查规则》，载《人民法治》2019年第8期。REGULATION（EU）2019/452 OF THE EUROPEAN PARLIAMENT AND OF THE COUNCIL establishing a framework for screening of foreign direct investments into the Union（https：//eur-lex.europa.eu/eli/reg/2019/452/oj）。

② 参见寇蔻、李莉文：《德国的外资安全审查与中企在德并购面临的新挑战》，载《国际论坛》2019年第6期。

第三章 中国企业对欧投资战略和基本流程

第一节 中国企业对欧投资主要方式

一、概述

中国企业对欧投资的方式包括绿地投资、跨境并购和对外总承包工程。其中，绿地投资是指在其他国家或地区采用合资或独资方式新设一个实体或开展一个新项目。[①] 投资方式的具体特点如表 13 所示。

① 独资经营，是指境内企业全资在东道国建立新实体并独立开展经营管理活动；而合资经营是指境内企业和东道国企业共同出资新建实体，在遵守东道国法律政策的基础上，基于利润同享、亏损共担的原则，共同经营企业。

表 13 投资方式的具体特点

投资方式	优势	缺点
绿地投资	对于新建企业的投资成本，可以作出较为准确的估价； 较少受到东道国产业保护政策的限制； 带动东道国相关产业发展和就业，有机会享受东道国制定的优惠政策	项目筹建时间长，投产速度慢； 开发阶段资金需求量大，企业资金压力较大； 建立全新的企业，组织管理难度和经营风险大
跨境并购	筹建时间相对较短，投入运营的工作量较少； 企业资金压力较小； 无须新建企业，可以获取被并购企业的技术、销售渠道、品牌等优势资源	准确评估被并购企业的真实价值的难度较大，存在一定程度的并购风险； 企业易受到东道国法律政策的影响
对外承包工程	（早期）中国企业劳动力成本优势； 中国企业基础设施制造水平世界领先； 中国企业的项目建设速度快、效率高、经验丰富； 工程总承包（EPC）模式[1]为对外承包工程的主流模式，EPC 的优势体现为：节约工期、成本可控、责任明确、管理简化和降低风险等	对企业资金实力和在境外投融资能力要求高； 合同的延迟履行和付款问题、土地权利和施工许可相关问题，加大了企业对东道国的投资风险； 企业易受到东道国法律政策、政府和司法机关的影响； EPC 模式下总承办商的责任和风险加大； 后期变更工期或追加费用的弹性较小

〔1〕工程总承包（EPC）模式，是指在项目决策阶段以后，从设计开始，经招标，委托一家工程公司对设计—采购—建造进行总承包。在这种模式下，按照承包合同规定的总价或可调总价方，由工程公司负责对工程项目的进度、费用、质量、安全进行管理和控制，并按合同约定完成工程。（参见 https://kknews.cc/zh-sg/news/9z6aa3j.html，最后访问日期：2021 年 8 月 30 日。）

需要注意的是，中国企业开展对欧直接投资，均需要经过商务部门、发改部门审批 / 备案，并最终通过外汇管理部门（权限已下放至银行）办理外汇登记。如果涉及国有企业境外投资的，还受到国资部门的监管。例如，根据国家发改委《企业境外投资管理办法》（11 号令），境内企业拟设立境外子公司，则应当在为境外子公司投入资产、权益或提供融资、担保之前取得项目核准文件或备案通知书。实践中，境内企业可以先注册境外子公司，但在实际出资前（实缴注册资金、为并购或绿地投资投入资产权益等）应当取得项目核准文件或备案通知书。[①] 中国企业对欧投资的境内审批程序详见第四章第一节“中国企业赴欧盟投资的境内监管”。

对外承包工程是十多年前我国企业“走出去”的主要方式，集中表现为施工、土建项目，企业扮演着“总承包商”的角色。[②] 铁路和核电是我国企业对外承包工程项目投资的优势领域。例如，2015 年 12 月 23 日，匈塞铁路[③] 塞尔维亚段正式启动，标志着中匈塞铁路合作进入实施阶段；又如，2015 年 1 月，中国广核集团有限公司与法国电力公司签署了在核电站设计领域的合作协议。[④] 目前，虽然中国企业承揽的国际承包工程项目规模屡创新高，其中不乏单体合同额超过百亿美元的超大型项目[⑤]，但该等业务的市场集中于亚洲和非洲地区，根据《2020 年度中国对外承包工程统计公报》数据，2020 年我国对亚洲和非洲的新签合同额达 2108.7 亿美元，占 82.6%，而在欧洲地区的新签合同额 208.9 亿美元，仅占 8.2%。

随着经营能力和技术水平的提高，中国企业对欧投资方式的选择逐渐从承包工程为主转为以绿地投资和跨境并购方式为主。[⑥] 跨境并购方式可以帮助企业在

① 参见 https：//services.ndrc.gov.cn/ecdomain/portal/portlets/bjweb/newpage/answerconsult/interactiveinfo.jsp?itemcode=0101234&idseq=&code=&state=123，最后访问日期：2021 年 8 月 17 日。

② 参见《“一带一路”倡议纵深发展背景下对外投资的趋势和解决方案》，载 https：//www2.deloitte.com/content/dam/Deloitte/cn/Documents/ser-soe-br/deloitte-cn-belt-and-road-white-paper-issue1-zh-180328.pdf，最后访问日期：2021 年 8 月 17 日。

③ 匈塞铁路是匈牙利首都布达佩斯至塞尔维亚首都贝尔格莱德铁路的简称。

④ 参见《我国对外工程承包企业参与“一带一路”建设遇到的问题及建议》，载 http：//www.cacem.com.cn/n15/n69/n82/c25697/part/74122.pdf，最后访问日期：2021 年 8 月 30 日。

⑤ 参见《中国对外承包工程商会房秋晨：“基建狂魔”走向“中国建设”》，载 http：//www.cea.org.sg/%E4%B8%AD%E5%9B%BD%E5%AF%B9%E5%A4%96%E6%89%BF%E5%8C%85%E5%B7%A5%E7%A8%8B%E5%95%86%E4%BC%9A%E6%88%BF%E7%A7%8B%E6%99%A8%EF%BC%9A%E5%9F%BA%E5%BB%BA%E7%8B%82%E9%AD%94%E8%B5%B0%E5%90%91/，最后访问日期：2021 年 8 月 17 日。

⑥ 参见《“一带一路”倡议纵深发展背景下对外投资的趋势和解决方案》，载 https：//www2.deloitte.com/content/dam/Deloitte/cn/Documents/ser-soe-br/deloitte-cn-belt-and-road-white-paper-issue1-zh-180328.pdf，最后访问日期：2021 年 8 月 17 日。

较短的时间内集中行业内的技术、销售渠道、品牌等优势资源，但也是基于此东道国可能出于国家安全原因对该并购交易实施较为严格的并购审查。中国企业选择绿地投资方式可以避免欧盟针对投资并购的安全审查等风险，此外包括匈牙利等欧盟成员国还出台投资优惠政策以鼓励外国投资者开展绿地投资。[①] 中国企业对欧绿地投资的典型案例有药明生物在爱尔兰的制造基地和疫苗厂、宁德时代在德国的电池工厂等。[②]

下文将主要就绿地投资和跨境并购两种境外投资方式的风险管控和应对措施进行阐述。

二、绿地投资

（一）主要方式

在对欧直接投资的初期阶段，中国企业通常选择在境外设立办事处、子公司或分公司等法律形式的实体，一方面可以接触当地市场并收集相关市场和产品销售情况，另一方面可以直接与当地客户建立联系，如提供物流和售后服务等。

绿地投资比较适合市场饱和度仍然不太高的国家或地区，通常是发展中国家或欠发达地区，这是基于：一方面，由于发展中国家或欠发达地区为了吸引外资从而带动本国经济发展，对欧商投资表现宽容或欢迎态度；另一方面，在这些地区进行绿地投资具备先发优势，可以比较早地占据市场先机。[③]

一般来说，中国企业拟在欧盟以新设实体方式进行投资，应当遵循成员国本国相关规定。有关中国企业在德国设立实体的法定形式、门槛条件等具体内容请

① 华为选择绿地投资形式在匈牙利直接设厂：2005 年成立华为匈牙利代表处，2009 年在匈牙利设立华为供应中心；2012 年，斥资 15 亿美元扩大投资，2013 年华为在布达佩斯建立了欧洲物流中心，对位于北非、中东地区及欧洲 55 个国家供货。2015 年，华为再次扩大投资发展匈牙利宽带网络，并扩大其在匈牙利的新区域创新中心，绿地投资的方式符合华为以匈牙利作为物流和设备供应中心向欧洲地区扩大影响力的发展战略。同时，绿地投资能够避免欧盟的反倾销、技术壁垒、关税和非关税壁垒等风险。匈牙利政府也支持鼓励绿地投资并给予一定投资优惠政策。（贸促会《企业对外投资国别（地区）营商环境指南：匈牙利（2020 年版）》。）

② 参见商务部：《2020 年世界主要经济体外商投资政策变化与影响分析》，载 http：//www.mofcom.gov.cn/article/i/jyjl/e/202012/20201203026765.shtm，最后访问日期：2021 年 8 月 30 日。

③ 参见 http：//www.ccpit.org/Contents/Channel_4126/2019/0411/1152531/content_1152531.htm，最后访问日期：2021 年 8 月 17 日。

见第四章第五节“中国企业对德国投资实务 三、德国公司类型和治理结构”。

（二）风险管控

1. 政治环境

政治稳定是企业正常运营的前提，中国企业对欧开展绿地投资时应当关注东道国政治环境状况。包括党派斗争、领土争端等在内的政治因素都会给对欧投资活动带来巨大风险。例如，2014 年希腊政府开启比雷埃夫斯港私有化进程，中国某集团成为比雷埃夫斯港 67% 股份的最有竞争力的潜在买家，但是，希腊新政府于2015年1月27日宣誓就职当天就叫停了比雷埃夫斯港私有化计划。[①] 又如，中国港湾工程有限责任公司在斯里兰卡投资 14 亿美元填海造地，建造科伦坡港口城，但斯里兰卡政府换届后，新政府表示要对该项目进行重新评估。因此，中国企业对欧投资时，应充分考虑其在东道国可能面临的政治风险以及对投资活动造成的影响，采取防范措施，确保企业经营活动的正常进行。

2. 经济状况

东道国的经济环境同样是影响绿地投资的重要因素。经济风险可以通过国内生产总值（GDP）增长率、通货膨胀率以及汇率等要素进行评价。

（1）GDP 增长率

GDP 是衡量一个国家经济状况的重要指标，反映该国在一定时期内全部生产活动的最终成果，GDP 及其增长率可以基本反映一个国家总体经济增长水平和发展趋势。[②]

（2）通货膨胀率

通货膨胀，是指流通中的货币数量超过经济实际需要而引起的货币贬值和物价水平全面持续的上涨。一般认为，居民消费价格指数（CPI）、商品零售价格指数（RPI）、工业生产者出厂价格指数（PPI）等指标都可以从不同角度反映通货膨胀的程度。[③]

---

① 陈曦：《中国企业海外投资的“拦路虎”——透过失败案例看风险》，载《国际工程与劳务》2015 年第 12 期。

② 参见《十届全国人大常委会法制讲座第九讲：国民经济指标和经济形势分析方法》，载 http://www.npc.gov.cn/zgrdw/npc/xinwen/2004-06/25/content_1383237.htm，最后访问日期：2021 年 8 月 17 日。

③ 参见 http://www.stats.gov.cn/tjfw/tjzx/tjzxbd/201810/t20181015_1627786.html，最后访问日期：2021 年 8 月 17 日。

通货膨胀率可以反映东道国外币贬值的程度。如果通货膨胀率过高，一方面，利率将上升，则中国企业在东道国投资的贷款随之成本增加；另一方面，原材料、交通、水电费等物价将上涨，劳动力成本随之增加。①

（3）汇率

中国企业对欧投资业绩不仅取决于东道国市场收益情况，还取决于人民币与当地货币间汇率变动情况，即汇率变动会增加中国企业对欧投资活动的不确定性，使以外币计价的资产价值和投资收益遭受损失的可能性增加。②银行的现汇卖出价是指银行卖出外币时的价格，数值越高，说明该东道国外币较人民币来说越贬值；反之，为升值。如果人民币贬值，将会给中国企业对欧投资的收益造成损失。

3. 法律风险

法律风险方面，具体体现在：法律信息不对称，各国家法律体系不同，在外商投资、基础设施建设、招投标等方面法律法规差别较大；立法不够完备，部分国家法律条款经常修改，在执法力度上也常常对欧国投资企业有所歧视。③因此，中国企业应当关注东道国法规动态，否则可能导致投资活动以失败告终。

此外，中国企业应当关注东道国与工作签证相关的规定，如果境外新设公司或新建项目需要国内员工出境提供支持，则工作签证办理结果和时间会直接影响投资项目的进度。

4. 其他风险

除以上风险外，东道国的劳动力情况和自然环境状况对中国企业绿地投资也有很大的影响。

劳动力情况可以反映出企业开展绿地投资的劳动力成本。劳动参与率是衡量东道国劳动力情况的重要因素。劳动参与率较低，代表当地居民相较于勤劳工作更愿意选择休闲。如果东道国的劳动参与率呈下降趋势，虽然可能表示居民生活

---

① 参见《我国企业对外绿地投资方式的财务风险探析》，载 http：//www.investgohn.com/baseDetail.do?articleId=A9E57AD9E29C5BBDE053650310AC2942，最后访问日期：2021 年 8 月 17 日。

② 参见《汇率变动对中国境外投资业绩的影响及对策》，载 https：//h5.drcnet.com.cn/docview.aspx?version=finance&docid=2179072&leafid=18042&chnid=4688，最后访问日期：2021 年 8 月 17 日。

③ 参见杜广庆：《中国向“一带一路”沿线国家直接投资中的风险及应对》，载《大陆桥视野》2017 年第 8 期。

水平提升，但是对于中国企业来说，需要花费更高的劳动力成本以吸引劳动力就业，从而给企业运营增加负担。

（三）应对措施

1. 全面了解东道国实际情况

在对欧投资战略制定之前，企业应当对目标公司所在国做一个投资环境调查，其中法律环境是一个重要的指标，详细内容请见第二章第二节“中国企业跨境并购的基本流程一、前期准备阶段（一）投资环境调查”。企业应根据东道国的实际情况，结合企业自身特点和需求，制定投资战略并根据可预见的风险做出相应调整。

2. 完善企业风险评估机制

企业要建立和完善风险评估和监测系统，有效防控绿地投资项目可能在东道国遇到的风险。必要时，企业可以成立一个独立的部门专门应对风险管理。同时，企业应不断提升风险辨别能力和风险应急能力，以减轻甚至有效地化解企业经营可能遇到的风险。

三、跨境并购

（一）主要方式

伴随中国企业国际化进程加快，其跨境并购交易发展迅猛，逐步成为对欧直接投资的主导方式，并购途径主要分为合并和收购，其中合并包括新设合并和吸收合并；收购包括股权收购和资产收购。[①]

（二）风险管控

除上文提到的政治风险、经济环境风险、法律风险等，跨境并购交易还可能面临以下风险。

---

① 参见汤欣：《我国并购法规中的基础性规定及其检讨——公司法和证券法上的视角》，载《证券市场导报》2009 年第 11 期。

1. 被投资企业 / 合作企业不存在的风险

中国企业境外投资的时候，轻信被投资企业 / 合作企业的陈述，不对项目做深入的尽职调查。该等风险可能是灾难性的，包括收购的资产的合法性以及权属问题——有可能收购的公司有巨大的隐藏债务或者诉讼风险，甚至公司本身已经不再合法存在。①

2. 境内监管风险

中国企业去境外投资，必须经国家发改部门、商务部门审批或备案，并在国家外汇管理局进行备案。根据投资企业情况和投资领域的情况，一些项目还需要报备国资、国土资源等相关部门。②若企业急于在境外拿到项目，逃避境内审批，将可能由于不合规导致被处罚的风险，以及在项目准备上市或者转让时，可能由于存在瑕疵而延缓上市或者给转让造成困难。

此外，如果跨境交易可能对中国境内的市场竞争产生负面影响，则不论该交易是否发生在中国境内，均可能受到中国反垄断法律规制，因而需要进行中国境内反垄断申报。③

3. 境外监管风险

境外审批要求视不同国家存在不同的要求，但一般包括反垄断审查和国家安全审查（外商投资审查）。外商直接投资审查和反垄断审查都可能导致投资协议履行的不确定性，即如果协议中涉及的投资不能获得外商直接投资许可和反垄断许可，投资协议将无法继续履行。

在欧盟层面，中国企业在欧盟开展投资并购业务将面临多重申报义务，包括外商直接投资申报、经营者集中反垄断申报以及即将生效的外国政府补贴申报。与此同时，欧盟成员国同样对外商直接投资行为设置严格的审批程序。尤其是部分具有国有企业性质的企业，将成为东道国外商投资审查的重点审查对象。欧盟层面外商直接投资审查制度的详细内容，请见第四章第二节“欧盟外商投资审查制度”。

① 参见张亚军、彭剑波：《我国企业境外投资的现状、法律风险及对策》，载《法制与经济》2016年第1期。

② 参见王国杰：《银行视角下的企业境外合规建设》，载《国际工程与劳务》2018年第6期。

③ 参见《跨境交易观察之反垄断申报实操指引》，载 http://www.zhonglun.com/Content/2018/10-10/1057134345.html，最后访问日期：2021年8月30日。

（三）应对措施

1. 对被投资企业 / 合作伙伴进行尽职调查

在境外的尽职调查方面，尤其是当涉及发展中国家、法制不健全的国家的项目时，中国企业一定要高度重视进行尽职调查。尽职调查的形式不局限于对资料的审查,还包括深入访谈等。[①] 中国投资者通过与被投资企业 / 合作企业的管理层、员工进行访谈，特别应当与投资国的政府部门进行访谈，从而发现项目本身可能存在的问题。[②] 尽职调查的详细内容请见第三章第二节“中国企业跨境并购的基本流程二、尽职调查阶段”。

2. 掌控合同签订程序

企业对欧投资应当有严格的项目流程管理意识,从一开始接触签署保密协议、独家谈判协议到组织尽职调查、企业内部审批，以及到交割，应当具备严格和周密的计划，以提高组织和决策的效率。[③]

3. 境内外监管风险的应对

考虑到境内审批的过程较长，建议企业在交易文件有效签署之前，提前准备其他资料，并在资料提交后，多与相关部门进行沟通，掌握审批进程，预留国内监管部门核准、备案的时间。

针对境外监管程序，我国企业应避免签订“赴汤蹈火条款”（Hell or High Water）。该条款指如果投资交易被政府机构否决或附条件批准，则收购方需要不惜一切代价按照相关政府机构的要求进行整改以取得相关政府审批。[④] 可能的整改措施包括剥离收购方资产、拆分等，此种条款极大地加剧了我国企业的投资风险，应当极力避免。

---

① 参见张亚军、彭剑波：《我国企业境外投资的现状、法律风险及对策》，载《法制与经济》2016 年第 1 期。

② 参见王少华：《能源企业海外投资的法律风险及对策》，载《能源》2017 年第 4 期。

③ 参见高弘：《哈电国际公司电站项目投资决策研究》，哈尔滨工程大学 2015 年硕士学位论文。

④ 参见王清华、施理、孙小梅：《收购德国企业：德国国家安全审查面面观》，载：https://www.allbrightlaw.com/CN/10475/2fb51a9bd09af3a2.aspx，最后访问日期：2021 年 8 月 30 日。

第二节
中国企业跨境并购的基本流程

近年来，中资企业在欧盟开展跨境并购的数量和金额明显增多，逐步形成一套较为成熟的并购规则和程序，主要分为：前期准备（投资战略制定和交易项目筛选）、尽职调查、并购谈判和文件签署、政府审批、项目交割五个重要阶段。其中，在前期准备、谈判阶段引入专业机构和咨询人员进行深入调查，有助于避免东道国可能存在的政治、经济、文化、劳工等方面的潜在风险，也有利于保证整个投资项目过程的安全和利益最大化。以跨境并购为例，中国企业对欧投资的基本流程如图 13 所示。

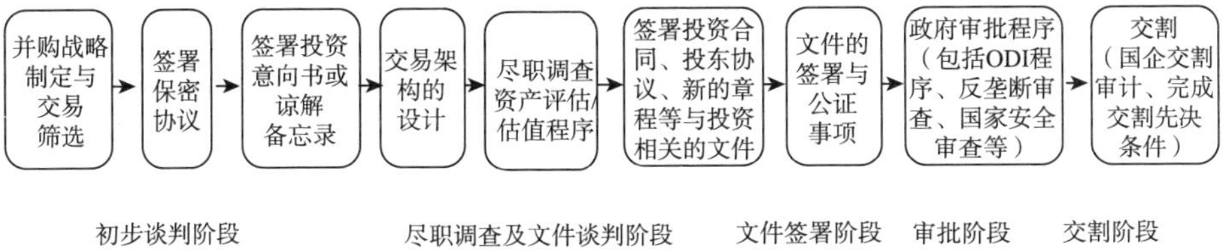

图 13　跨境并购流程

有关中国企业对欧直接投资的各阶段重点内容，将在本章及第四章进行分别介绍，主要包括：项目前期的投资环境调查和投资战略制定、投资方式和交易结构确定、目标公司尽职调查、投资项目境内和境外审查（第三章第一节及第二节），以及与对欧投资相关的境外融资方式（第四章第三节）、并购保证保险（第四章第四节）等。

一、前期准备阶段

（一）投资环境调查

在制定对欧投资战略的过程中，企业应当对目标公司所在国进行投资环境调查，尤其是对其法律环境进行全面调查。目标公司所在国的市场准入等相关法律规定，决定了企业是否应进行投资及如何投资。

1. 调查内容

一般而言，需要从东道国以下方面着手调查：（1）调查东道国投资环境，包括：资本准入制度、投资促进政策、产业负面清单、投资壁垒问题、外汇管理制度；[①]（2）熟悉东道国法律规范，包括：公司类型和公司治理模式、劳动法律制度、环保政策、税收政策；（3）研究中国与东道国签署的双边合作协定，包括双边投资协定、避免双重征税协定等。双边合作协定的签署有利于为中国企业对欧直接投资提供便利的市场准入和透明的市场规则。

以纷美包装对德国绿地投资项目[②]为例。2012 年，纷美包装在德国哈雷市建立的首家境外包装材料工厂"纷美无菌包装制造有限公司"投产，随后于 2013 年追加 3800 万欧元的投资建立第二条生产线。目前，纷美包装在德国拥有两条生产线，占地面积扩大到了 225 亩，年产能提升到 80 亿包，雇用员工人数为 242 人。2017 年 11 月，纷美包装荣获"在德中资企业优秀投资奖"之"中型（绿地）投资奖"。在作出绿地投资决策前，纷美包装的团队先后前往欧洲多国进行长达一年半的前期调研和实地考察工作。经考察，德国是欧洲最大的经济体且拥有欧洲最大的无菌包装市场；地理位置处于欧洲的中心，而位于德国东部的哈雷市具备更为便捷的地理位置，可以将产品分别延伸到东欧、西欧、南欧市场；高素质劳动力和精益求精的职业精神，符合纷美包装作为技术密集型企业对熟练技工的要求，可以确保产品的质量和持久的国际竞争力；德国政府承诺提供高达投资额 20% 的投资补贴、哈雷市较西部地区更低的工资成本。最终，纷美包装决定落地德国东部城市哈雷，经过近十年的运营发展，其国际市场的份额不断扩大。[③]

2. 欧盟成员国投资环境和趋势

有关欧盟层面的投资环境，中国对欧盟的直接投资主要集中在新能源、房地

---

① 参见程军：《海外投资与法律风险》，载《中国外汇》2016 年第 1 期。

② 参见《纷美包装对德国的绿地投资》，载 https：//greatviewpack.com/zh/company/news/2019-05-06/，最后访问日期：2021 年 8 月 23 日。

③ 参见《纷美包装 5000 万欧元 在德建立无菌包装制造工厂》，载 https：//www.yicai.com/news/1113111.html，最后访问日期：2021 年 8 月 23 日。

产、数字电子三大领域。[①] 国家发展改革委对外经济研究所研究人员预计，欧洲在环保、新能源、数字行业的投资有望进一步降低门槛。

关于欧盟成员国内部的投资环境，在 2021 年年初举办的“中欧投资合作新机遇”论坛上，部分欧盟成员国官员向中国企业介绍了本国的投资机会，如表 14 所示。[②] 需要注意的是，鉴于东道国的投资环境是一个动态变化的过程，中国企业在做出投资决策前，仍需要对东道国进行全面和客观的调查，了解东道国的政治经济形势、市场竞争环境、市场准入和投资政策、金融和外汇管理情况等。

表 14　欧盟主要成员国投资环境和领域机会

国家	投资环境和特色	外商投资主要领域
德国	强大的经济实力和较高的国际地位； 高生产率； 高素质劳动力； 强大的创新能力； 一流的基础设施； 极具吸引力的激励机制及极具竞争力的税收政策； 安全稳定的投资框架	能源和机械、汽车领域的环保项目、绿地投资等领域
意大利	欧盟区工业机械第二大生产国，食品、纺织、珠宝、家具、皮具等方面优势明显； 基础设施完善； 产业工人技术水平世界领先，“意大利制造”享誉全球； 汽车产业链完整，适合中国企业布局拓展欧洲汽车市场； 对外国投资者提供便利和支持，出台激励政策[1]	航空航天、制造业、数字技术、生命科学等领域
法国	法国是欧盟第二大市场； 市场开放程度高； 法律体系健全，投资者的合法权益有保障； 交通、通信、能源等基础设施十分发达； 劳动力素质高，劳动生产率高[2]	金融业、化工、制造业（金属、玻璃、陶瓷制品）、汽车制造、农副食品、机械设备、电子信息、运输等

① 参见《中欧全面投资协定将使全球供应链衔接更完善》，载 https://www.ciie.org/zbh/cn/19news/dynamics/focus/20210224/25910.html，最后访问日期：2021 年 8 月 23 日。

② 参见《中欧全面投资协定将使全球供应链衔接更完善》，载 https://www.ciie.org/zbh/cn/19news/dynamics/focus/20210224/25910.html，最后访问日期：2021 年 8 月 23 日。

续表

国家	投资环境和特色	外商投资主要领域
荷兰	经济发达，地理位置优越，基础设施齐全，物流网络先进，语言环境和人才优势明显； 金融、法律、会计等服务业水平较高； 投资政策开放，除涉及国防安全等少数领域外，其他行业和部门均对外资开放； 不断加大引资力度，出台了一些便利和优惠政策，包括派出人员所得税减免、研发和创新企业工资税抵扣，研发企业利润所得税减免、高技术移民便利等[3]	贸易、物流、金融、电子、化工、机械、能源及ICT等领域
卢森堡	卢森堡地处欧洲中心位置，辐射近5亿欧盟客户，交通物流网络发达； 拥有掌握多种语言的高素质人才； 税收政策优惠； 经济开放，重视自由贸易和保护投资[4]	汽车配件设计生产、新材料技术、信息通信、电子商务、媒体、物流、生命科学和节能环保产业等
瑞典	政局稳定，法律健全，市场开放，信用体系完备，经营环境良好，经济社会高度发达； 工业门类齐全，传统制造业和新兴产业竞争力强； 创新研发能力居世界前列； 奉行自由贸易政策，强调公平竞争； "一带一路"倡议和"中国制造"2025战略重要的合作伙伴[5]	信息通信、生命科学、金融、节能环保等领域
葡萄牙	地理位置优势，可辐射欧洲和葡语国家市场； 社会治安良好、欧盟区和平指数位居第一； 基础设施完善； 创新能力与德国、法国持平； 训练有素、多语言能力的劳动力； 工资成本在欧盟成员国中处于较低水平	能源、金融、保险、通信、水务、环保、建筑、商贸、民航、餐饮
比利时	劳动力素质高，生产效率高，普遍掌握多种语言； 政府为员工提供终身社保； 拥有安特卫普港等四大港口； 便宜的房租价格有利于中国企业落户[6]	生命科学、空间科技、农业科技、汽车、物流、建筑、石化、化工、环保、食品加工、健康技术、信息通信及服务业等

〔1〕根据意大利对外贸易委员会对外投资部中国区负责人闻敏介绍，意大利针对大型工业投资出台补贴和免税政策、对于投资研发，中小企业获得的补贴可达总支出的80%、对于在制造业、农业、旅游业和环境保护方面比较突出的投资，出台激励措施。

〔2〕参见国家税务总局《中国居民赴法国投资税收指南》。

〔3〕参见商务部《对外投资合作国别（地区）指南：荷兰（2020年版）》。

〔4〕参见商务部《对外投资合作国别（地区）指南：卢森堡（2020年版）》。

〔5〕参见商务部《对外投资合作国别（地区）指南：瑞典（2020年版）》。

〔6〕根据《对外投资合作国别（地区）指南——比利时（2020年版）》，比利时房地产费用相对低廉。与欧洲其他城市相比，房产购买和租赁有价格优势，布鲁塞尔办公楼租价比阿姆斯特丹低10%、比法兰克福低48%、比巴黎低175%，是伦敦的1/4。

（二）跨境并购的交易结构设计

交易结构是投资主体为协调与实现交易最终利益关系的一系列安排，需要平衡风险、税收及各方面的权利义务。对于跨境并购交易，投资者在前期准备阶段设计交易结构时，通常会选择设立特殊目的公司（SPV）。

1. SPV的设立原因

投资者在设计交易结构时，通常会基于以下原因决定设立SPV：（1）税务节省，通常是设置SPV公司进行投资的重要的原因之一，因此设置SPV时应当考虑其所在国与标的公司所在国之间的税收政策，不能盲目选择。（2）风险隔离，通过设置SPV隔离责任，是企业计划在境外投资项目的考量要素之一。（3）灵活出售，企业可以根据商业计划事先设置多级SPV，以更加灵活地出售资产（可以选择出售不同层的公司的股权）。

2. SPV常用设立地

实践中，SPV的常用设立地有：开曼、英属维尔京群岛（The British Virgin Islands，BVI）、卢森堡、新加坡等。此外，也可以选择迪拜、毛里求斯等地区。

3. 保密协议签署

在跨境交易谈判的初期，包括交易双方以及专业机构和咨询人员等在内的并购团队可以接触到交易的基础性协议，因此为保护信息披露方（卖方）免予恶意收购的风险，也为了确保信息接收方（买方）争取到更好的对价，在对境外目标公司开始尽职调查前，交易相关方会签署一份保密协议（Non-disclosure Agreement，NDA），明确缔约方各自的权利义务、责任和风险分配，而不是仅约束买方的单项保密义务。

保密协议的缔约方除境外并购目标公司或持有目标资产的公司外，还包括聘请的专业机构和外部顾问（法律顾问、财税顾问、技术顾问、公关顾问、政府关系顾问等）。如果在项目初期启动融资工作，保密协议的缔约方还应当包括融资机构相关方。

在对保密协议进行审查时，中国投资者应当明确是否使用另设的 SPV 作为保密协议的缔约方，以确认当违反保密义务时的被追溯方实体。由于 SPV 一般没有实质性资产，一旦违约，守约方难以对 SPV 主张权利。[①] 如果中国企业坚持使用 SPV 作为缔约方，则其有偿付能力的控股股东或最终受益人可能被要求提供担保。

二、尽职调查阶段

对欧直接投资是一个复杂的交易过程，由于欧盟具备系统的对外商直接投资的审查体系，要求中国企业投资者在法律、财务、人事、管理、税务、金融、技术等方面具备综合能力和知识储备，因此聘请专业且经验丰富的中介机构（律师事务所、会计师事务所等）有利于帮助企业熟悉掌握并购规则，及时应对潜在风险。

（一）法律尽职调查

1. 法律尽职调查的目的

投资者开展法律尽职调查的目的是识别风险从而选择适当的风险控制措施。尽职调查可以降低甚至消除由于交易双方信息不对称造成的法律风险，如消极配合交易、信息披露瑕疵等。此外，投资者也可以通过对目标公司的尽职调查，设计更加合理的交易架构，从而降低交易成本。

风险识别和有效规避是决定跨境并购交易顺利进行的重要因素。投资者缺乏法律风险意识，未开展有效的法律尽职调查，将面临极高的投资失败风险乃至巨额损失。

2. 法律尽职调查的实施阶段

法律尽职调查的方式包括：向境外目标公司发送尽职调查清单并核查其提供相关资料，对境外目标公司的核心人员（实际控制人、法务、财务、人力资源等）进行现场访谈，以全面、准确地了解公司的实际经营状况。

3. 法律尽职调查的范围

中国企业赴欧盟投资所涉及的交易文件内容复杂多变，需要的尽职调查往往

---

① 参见《跨境并购中的风险防范简述》，载 http：//www.sinotf.com/GB/News/1003/2016-10-25/1MMDAwMDIxMjY1MQ.html，最后访问日期：2021 年 8 月 30 日。

涉及多国法律法规。跨境并购对中国投资者的商业团队及为其提供法律服务的专业人员有较高的要求，因此建议中国企业审慎选择富有经验的律师事务所进行充分咨询和审慎调查。根据实务经验，我们总结了有关法律尽职调查中的常见问题清单和关键人员访谈提纲，请见附录四，仅供参考。

一般来说，法律尽职调查的范围包含：公司的结构：公司设立、增资、股权转让以及与公司经营相关的协议、合同、支付凭证等；公司的资产情况：土地、房产、固定资产、无形资产（请见下文“知识产权尽职调查”）等；公司的债权债务状况；公司的经营情况；公司的财务和税务状况；公司的法律纠纷情况。

在确定法律尽职调查范围的时候，需要考虑以下因素：投资者的商业目的和重点关注风险；境外目标公司所属行业；具体时限要求；投资者的成本预算。

4. 知识产权尽职调查

知识产权尽职调查主要适用于包括医药等具备高科技属性的领域。由于该类行业的资产价值多集中在专利、技术秘密、商标等知识产权上，因此投资者希望投资相关行业的，在尽职调查过程中应当重点关注对知识产权状况的调查。

知识产权所涵盖的内容较广，而一般的知识产权尽职调查主要针对专利、商标、著作权、商业秘密等。知识产权尽职调查的主要目的有二：一是详细了解目标公司知识产权状况，包括权利内容、权利归属、法律状态、权利来源、权利负担、权利价值等；二是评估目标公司知识产权的风险，包括实施风险、交易风险、管理风险等。[①]

知识产权尽职调查的方式与常规的法律尽职调查无异，包含文件审阅、访谈、实地调查等。其中，文件审阅的资料来源除公开渠道外，主要由目标公司根据调查清单主动提供。有关知识产权尽职调查的文件清单，请见附录四。

一般来说，知识产权尽职调查的范围包含以下四个方面。[②]

（1）权利内容。著作权：发表、修改、署名等人身权以及复制、发行、出租、表演、广播、改编、信息网络传播等财产权；专利权：制造、使用、销售、许诺销售、进口等内容；商标权：专有使用权、禁止权、许可使用权等内容。

（2）权属状况。原始取得：知识产权权利证书上的登记状况；知识产权权属

---

① 参见刘艾曼：《浅析技术并购中的知识产权尽职调查》，载《装备机械》2018 年第 4 期。

② 参见《中华全国律师协会知识产权尽职调查操作指引（2017）》。

关系的实际情况，如是否涉及职务作品 / 发明、委托作品 / 发明、合作作品 / 发明，有无共有人等；知识产权是否存在权利负担；知识产权有无授予第三人许可使用等。继受取得：知识产权转让方和受让方之间签订的转让合同是否真实合法；知识产权转让手续是否合法齐备，转让是否进行了备案登记；所转让的知识产权是否有效；知识产权是否存在禁止权利转让的情形；知识产权转让前是否已许可他人使用，以何种方式许可他人使用等。许可方式：知识产权进行许可或被许可是通过独占许可、排他性许可、普通许可中的哪一种方式实现的；知识产权许可或被许可使用的范围是如何约定的，包括地域范围、商品或服务范围、权限范围等；知识产权许可是否允许转许可或分许可；许可或被许可的知识产权的使用期限；许可或被许可的知识产权是否已经到期或即将到期；知识产权的许可费用；知识产权许可实施合同是否在相关部门进行了备案登记；知识产权许可合同中是否存在可能因目标公司变动等原因导致其终止的条款，或存在可能会对预期商事计划或交易价值产生重大影响的条款等。①

（3）法律状态。知识产权在申请、公告、授权、无效等各环节中的相关情况；知识产权有效状态、剩余保护期限、缴费情况。

（4）法律风险。涉诉情况调查：已有的诉讼对目标公司的正常运营是否有影响及影响范围是多大。诉讼风险分析：对于目标公司发生的诉讼进行分析，并结合目标公司及其代理律师的分析意见，如实进行报告。未涉诉风险分析：目标公司享有的知识产权是否有可能被他人主张权利，如雇用的员工是否与先雇主之间存在竞业限制或利用他人商业秘密、技术秘密等内容；目标公司是否会因职务发明成果、合作发明成果和委托发明成果权属约定不明而引发权属争议；目标公司的知识产权是否会与在先权利或他人合法权利存在冲突，如目标公司的商标与他人的商号、域名间是否会发生冲突；目标公司的知识产权是否存在被撤销或无效的可能性，如商标、域名等是否因被抢注等原因被无效或撤销，专利因不符合授予专利权的法律要求而被无效等；因目标公司生产经营活动与竞争对手产生冲突而侵犯其知识产权的可能性有多高，侵权风险有多大，侵权赔偿额是多少，是否存在规避侵权的方案等。②

---

① 参见《中华全国律师协会知识产权尽职调查操作指引（2017）》。

② 参见《中华全国律师协会知识产权尽职调查操作指引（2017）》。

鉴于知识产权本身是一个集合法律、技术、管理、经济等知识的专业性领域，因此需要专业的机构和咨询人员对目标公司的知识产权情况进行审慎、专业、客观的判断。因此，投资者应当选择具备专业知识和丰富经验的知识产权尽职调查团队，尽可能选择具有跨专业背景的复合型人才，以对目标公司的知识产权状况及风险评估作出准确科学的调查。

5. 中国律师在境外尽职调查中的协助作用

虽然境外的尽职调查往往由客户委托境外律师事务所完成，但是中国律师团队仍然能在跨境投资的尽职调查中起到居中协调与沟通的作用。一方面，中国律师可以做好客户与各中介机构之间的沟通，这是因为境外律师、会计师、估值师等境外中介机构工作人员的工作模式和工作节奏不同于国内相关服务人员，国内客户有时很难适应或者很难与其对接，而境外的中介机构又不了解内地企业的情况。另一方面，中国律师也要协助客户配合境外中介机构的核查，提供适合其业务操作、满足其业务需要的资料。①

例如，在中船集团邮轮供应链收购德国 R & M 公司案②中，当德国律师事务所应对德国当局的审查要求时，中国律师团队起到的沟通斡旋作用促成了此次并购案件的顺利交割。该项目于 2019 年 1 月启动，其间中方律所担任牵头律所，在提供上述法律服务的同时，还负责协调德国、芬兰、新加坡以及印度某律所共同开展本次交易的法律工作，并协调德国会计师和税务师负责本次的财务和税务尽职调查和相关工作。③

因此，跨境投资所需要的尽职调查往往涉及多国法律法规，对尽职调查人员的专业素质具有较高的要求。律师团队不仅需要熟悉国际通行惯例，对目标公司所在国的当地法律和规则也要有一定了解。跨境投资中审慎、准确的尽职调查对于帮助客户规避风险，做出明智的商业决策起着不可替代的作用。客户在决定进行跨境投资时，应当选择富有经验的律师事务所提供专业的法律尽职调查服务。

---

① 参见李志强、章丹雯:《论中国律师在海外融资上市中的法律定位、作用和责任》，载《中国司法》2012 年第 12 期。

② 2021 年，中国船舶集团旗下中船外高桥邮轮供应链（上海）有限公司（简称中船集团邮轮供应链）完成对德国 R & M 公司的收购。

③ 参见《锦天城为中国船舶集团下属公司跨境并购提供全程法律服务》，载 https：//www.allbrightlaw.com/CN/10454/de5a06d22aa1808e.aspx，最后访问日期：2021 年 8 月 30 日。

（二）财务尽职调查

1. 财务尽职调查的目的

财务尽职调查，是指财务专业人员根据投资者的委托，针对目标公司的财务情况和各种影响因素等进行调查，通过消除信息不对称，协助投资者增加对目标公司的了解。[①]

财务尽职调查的主要目的是了解目标公司的内部控制和经营管理情况，为投资决策以及制订并购后的整合方案提供必要的依据。[②]

2. 财务尽职调查的实施阶段

财务尽职调查的一般方法包括：实施文件审阅、对目标公司高管及骨干员工进行访谈、对历史财务数据进行比较及趋势分析，并最终以书面形式向并购方报告目标企业的财务及税务风险，以及实际的经营状况。[③]

3. 财务尽职调查的范围

与法律尽职调查的过程近似，会计师会向目标公司提供尽职调查资料清单等，通过审核相关文件以了解目标公司的历史沿革、组织架构、主营业务范围、股权结构和投资结构以及未来发展趋势等，同时基于目标公司的规模和业务复杂程度等，最终确定调查进程和重点工作内容。

一般而言，财务尽职调查主要关注以下几个方面内容，重点针对并购风险点的揭示及报告。

（1）对目标企业总体财务信息的调查（含子公司、关联方）

基本财务情况。通过目标公司的营业执照、验资报告、章程、组织架构图，了解目标企业成立时间、历史沿革、注册资本、股东、投入资本的形式、性质、主营业务等。[④]

税费政策情况。包括：现行税费种类、税费率、计算基数、收缴部门、税收

---

① 参见陈瑛、林世荣、徐海峰、马俊：《浅谈财务尽职调查的风险控制》，载《中国总会计师》2012 年第 6 期。

② 参见张华玮、张丹：《浅析我国企业海外并购财务尽职调查报告——基于审计视角》，载《中国证券期货》2013 年第 6 期。

③ 参见王景烨、腾勇、卜曦云：《尽职调查的正确打开方式》，载《首席财务官》2017 年第 5 期。

④ 参见张春梅：《刍议企业并购中财务尽职调查存在的风险及对策》，载《现代企业教育》2014 年第 2 期。

优惠政策、税收减免及汇算清缴情况。对享受税收优惠的企业，了解优惠期结束后的负担情况；对未全面履行纳税义务企业，定量评析其税务风险。[①]

财务方面。包括：目标公司的会计政策、财务结构、资信程度、资产质量、盈利能力等情况。对目标企业已作提示的抵押、担保、或有事项、未决诉讼等事项进行追踪。[②]

（2）持续经营方面

经营性现金流是了解目标企业持续经营状况最为理想的指标，可结合目标企业接受并购的动机，考察其在持续经营方面所面临的困境。

（3）内部控制方面

目标企业财务报表的可靠性会影响到财务尽职调查结果的可靠性，而财务报表的可靠性与企业本身内控程序是否完善有关。因此了解并评价内控设计的合理性、执行的有效性，可以对其财务状况和盈利能力进行详细调查。[③]

（三）人力资源尽职调查

1. 人力资源尽职调查的目的

有效的人力资源尽职调查可以帮助企业了解目标公司的人力资源管理现状，识别并规避因目标公司核心关键人才流失、大量潜在的人力成本负债、劳动生产率大幅下降等问题带来的重大并购风险。同时，人力资源尽职调查工作可以帮助并购企业了解目标公司与其在人力资源管理上的差距，为并购企业未来的人力资源整合提供信息支持和实施基础。[④]

2. 人力资源尽职调查的实施阶段

人力资源尽职调查的方式同样包括审阅尽职调查清单所列文件，以及对目标公司高级管理人员进行现场访谈，对调查结果进行分析并出具人力资源尽职调查报告。

---

① 参见孙宏：《会计师事务所之财务尽职调查业务》，载《中国财经报》2008 年 1 月 25 日，第 4 版。

② 参见孙宏：《会计师事务所之财务尽职调查业务》，载《中国财经报》2008 年 1 月 25 日，第 4 版。

③ 参见吴霞：《私募股权基金投资的财务尽职调查》，载《会计师》2017 年第 2 期。

④ 参见冀广鹏、李继峥、吴俊毅：《企业横向并购中人力资源尽职调查内容及流程方法——基于北控水务集团的人力资源尽职调查实例》，载《现代商贸工业》2021 年第 29 期。

3. 人力资源尽职调查的范围

人力资源尽职调查的范围主要包括下列内容。

（1）高管团队现状

通过了解目标公司高级管理人员的学历及工作履历，分析高管团队的从业经验、经营能力、凝聚力、创新力、发展潜力、行业知名度等，为评估目标公司的发展前景提供决策依据。①

（2）人力资源质量及结构

基于目标公司的员工数量、学历、服务年限、职称、离职率等要素，判断目标公司的人力资本存量及核心人员情况。②

（3）薪酬管理体系

通过对目标公司的人工成本、各级别员工货币 / 非货币报酬、职位晋升及薪酬调整规则、社会保险及公积金、长 / 短期激励、其他福利政策的掌握，了解目标企业的薪酬管理现状。③

（4）劳动关系

通过对目标公司的劳动合同签署情况、保密协议及竞业限制协议签署情况、劳动纠纷的原因及处理情况等的深入调查，为并购企业避免日后的潜在劳动纠纷。④

---

① 参见冀广鹏、李继峥、吴俊毅：《企业横向并购中人力资源尽职调查内容及流程方法——基于北控水务集团的人力资源尽职调查实例》，载《现代商贸工业》2021 年第 29 期。

② 参见冀广鹏、李继峥、吴俊毅：《企业横向并购中人力资源尽职调查内容及流程方法——基于北控水务集团的人力资源尽职调查实例》，载《现代商贸工业》2021 年第 29 期。

③ 参见冀广鹏、李继峥、吴俊毅：《企业横向并购中人力资源尽职调查内容及流程方法——基于北控水务集团的人力资源尽职调查实例》，载《现代商贸工业》2021 年第 29 期。

④ 参见冀广鹏、李继峥、吴俊毅：《企业横向并购中人力资源尽职调查内容及流程方法——基于北控水务集团的人力资源尽职调查实例》，载《现代商贸工业》2021 年第 29 期。

第四章 中国企业赴欧盟投资法律实务

第一节 中国企业赴欧盟投资的境内监管 *

一般来说，境内企业直接或通过其控制的境外企业，以投入资产、权益或提供融资、担保等方式，获得境外所有权、控制权、经营管理权及其他相关权益的投资活动都被认定为境外直接投资(ODI)。由于 ODI 伴随境内资本的跨境流出入，因此需要取得境内主管机关的审批。

我国对于境内企业开展境外投资采取的是“双线＋多部门”监管模式，即商务部门与发改部门各自核准或备案的两条线同时进行（原则上发改部门与商务部门审批无先后顺序），并最终通过外汇管理部门（权限已下放至银行）换汇出境的方式实施事前监督。此外，如果涉及国有企业境外投资的，还受到国资部门的监管。如果中国投资者是金融、保险、证券机构，且境外投资属于该等行业的，还需要银保监会和证监会的审批。本节将对中国企业赴欧盟投资的境内审批程序

---

* 本节摘录自王清华、施珵、张文瑶 :《中国企业赴德投资的境内审批程序》，载 https : //www.allbrightlaw.com/CN/10475/5a7e6cfed13cd2e3.aspx，最后访问日期 : 2021 年 8 月 30 日。

要求进行简要介绍，并以上海地区为例作详细说明。[①]

一般 ODI 审批 / 备案的流程如图 14 所示。

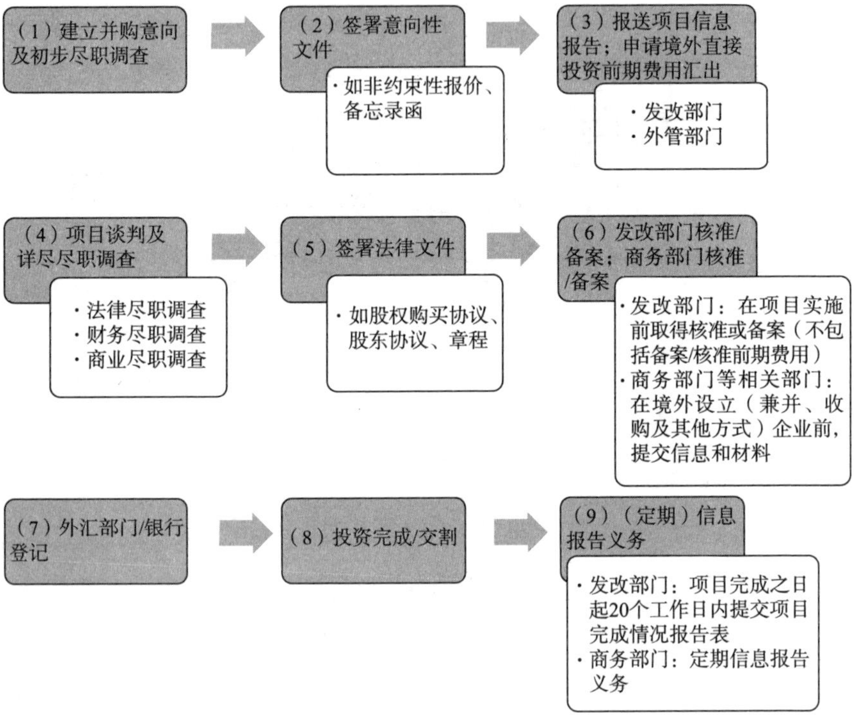

图 14　一般 ODI 审批 / 备案的流程

一、发改部门对境外投资的监管

（一）法律依据

2017 年 12 月 26 日，国家发改委公布了新修订的《企业境外投资管理办法》[②]（国家发展和改革委员会令第 11 号，以下简称发改委 11 号令），自 2018 年 3 月 1 日起施行。发改委 11 号令规定，实行核准管理的范围是投资主体直接或通过

① 王清平、施珵、张文瑶：《中国企业赴德投资的境内审批程序》，载 https：//www.allbrightlaw.com/CN/10475/5a7e6cfed13cd2e3.aspx，最后访问日期：2021 年 8 月 30 日。

② 参见《企业境外投资管理办法》（国家发展和改革委员会令第 11 号）。

其控制的境外企业开展的敏感类项目（包含敏感行业和敏感国家地区）；实行备案管理的范围是投资主体直接开展的非敏感类项目，也即涉及投资主体直接投入资产、权益或提供融资、担保的非敏感类项目。

2018年1月31日，国家发改委发布《境外投资敏感行业目录》（2018年版）[①]，规定一系列限制对外投资行业和敏感行业，其中需要限制企业境外投资的行业包括房地产、酒店、影城、娱乐业、体育俱乐部，以及在境外设立无具体实业项目的股权投资基金或投资平台。同时，武器装备的研制生产维修、跨境水资源开发利用、新闻传媒也被列为敏感行业。

2018年2月9日，为落实发改委11号令推出的系列"放管服"改革举措，指导和便利投资主体履行核准、备案、报告等手续，规范核准、备案机关行政行为，国家发改委研究制定了《企业境外投资管理办法配套格式文本》（2018年版）[②]。境外投资项目的核准、备案相关配套格式文本请见附录四。

发改委11号令、《境外投资敏感行业目录》（2018年版）以及《企业境外投资管理办法配套格式文本》（2018年版）均于2018年3月1日生效。

（二）核准或备案的申报

1. 主管机关及监管范围

根据发改委11号令，发改部门对境外投资项目采取核准和备案两种监管方式。

实行核准管理的范围仅为投资主体直接或间接投资的敏感类项目（涉及敏感国家和地区或敏感行业的项目[③]），核准机关为国家发改委。

实行备案管理的范围是投资主体直接开展的非敏感类项目，并不包括投资主体间接开展的非敏感类项目。备案机关按照投资主体性质（中央企业和地方企业）、投资额规模进行划分，分为国家发改委和投资主体注册地的省级政府发

---

① 参见《境外投资敏感行业目录（2018年版）》（发改外资〔2018〕251号）。

② 参见《国家发展改革委关于发布企业境外投资管理办法配套格式文本（2018年版）的通知》（发改外资〔2018〕252号）。

③ 敏感行业目录由国家发改委发布。

改部门[①]。

监管对象的范围包括境内金融和非金融企业，事业单位、社会团体等非企业组织。此外，监管对象还包括境内企业设在境外的主体以及境内自然人通过其控制的境外企业或港澳台企业对境外的投资行为。

（1）各核准和备案机关的监管范围如表 15 所示。

表 15　各核准和备案机关的监管范围

监管部门	监管方式	监管范围
国家发改委	核准	敏感类项目： 敏感国家和地区 • 与我国未建交的国家和地区； • 发生战争、内乱的国家和地区； • 根据我国缔结或参加的国际条约、协定等，需要限制企业对其投资的国家和地区； • 其他敏感国家和地区。 敏感行业 • 武器装备的研制生产维修； • 跨境水资源开发利用； • 新闻传媒； • 根据我国法律法规和有关调控政策，需要限制企业境外投资的行业
	备案	非敏感类项目： • 投资主体是中央管理企业（含中央管理金融企业、国务院或国务院所属机构直接管理的企业）； • 投资主体是地方企业，且中方投资额 3 亿美元及以上的
省级政府发改部门	备案	非敏感类项目： • 投资主体是地方企业，且中方投资额 3 亿美元以下的

① 省级政府发展改革部门，包括各省、自治区、直辖市及计划单列市人民政府发展改革部门和新疆生产建设兵团发展改革部门。

（2）不同企业类型的监管模式如表 16 所示。

表 16　不同企业类型的监管模式　　　　单位：美元

<table>
<tr><th rowspan="3">企业类型</th><th rowspan="3">敏感类项目</th><th colspan="4">非敏感类项目</th></tr>
<tr><th colspan="2">（境内企业直接开展投资）[1]</th><th colspan="2">（境内企业通过其控制的境外企业开展投资）[2]</th></tr>
<tr><th>中方投资额≥3亿</th><th>中方投资额＜3亿</th><th>中方投资额≥3亿</th><th>中方投资额＜3亿</th></tr>
<tr><td>中央企业</td><td>国家发改委核准</td><td>国家发改委备案</td><td>国家发改委备案</td><td rowspan="2">大额非敏感类项目情况报告表</td><td rowspan="2">无须履行核准、备案、事前情况报告程序</td></tr>
<tr><td>地方企业</td><td>国家发改委核准</td><td>国家发改委备案</td><td>省级发改委备案</td></tr>
</table>

〔1〕涉及直接投入资产、权益或提供融资、担保。
〔2〕通过控制的境外企业，以投入资产、权益或提供融资、担保。

2. 申请主体

实行核准管理的项目，投资主体应当通过“全国境外投资管理和服务网络系统”（以下简称网络系统）① 向核准机关提交《项目申请报告》（相关格式文本请见附录四），并附有关文件。其中，投资主体是中央管理企业的，由其集团公司或总公司向核准机关提交；投资主体是地方企业的，由其直接向核准机关提交。

实行备案管理的项目，投资主体应当通过网络系统向备案机关提交《项目备案表》并附有关文件。其中，投资主体是中央管理企业的，由其集团公司或总公司向备案机关提交；投资主体是地方企业的，由其直接向备案机关提交。

3. 申请时间

关于境外投资项目核准或备案程序的启动时间，投资主体应当在项目实施前取得项目核准文件或备案通知书。“项目实施前”是指投资主体或其控制的境外企业为项目投入资产、权益（已按照发改委 11 号令第 17 条办理核准、备案的项

① 具体网址：http：//jwtz.ndrc.gov.cn/jwtz/home。

目前期费用除外）或提供融资、担保之前。[①] 一般实践中，投资主体是在签署交易文件后即可开始办理 ODI 审批或备案程序。

4. 申请材料 [②]

《项目申请报告》一般应当包括以下内容：（1）投资主体情况，包括注册登记证明文件、追溯至实际控制人的投资主体股权架构图、最新经审计财务报告、投资主体投资决策文件；（2）项目情况，包括项目名称、投资目的地、主要内容和规模、中方投资额、项目尽职调查报告、投资协议及相关文件、目标公司章程和注册证书、投资资金来源真实合规的支持性文件等；（3）项目对我国国家利益和国家安全的影响分析；（4）投资主体关于项目真实性的声明；（5）境外投资项目备案表或申请书（在线填写）。

前述申请材料的相关格式文本，请见附录四。

以上海地区为例，实行备案管理的项目至少应当包括以下申请文件（其中，第 3 项为政府部门核发，其余材料需要申请人自备）:（1）境外投资申报文件（企业申请境外投资项目备案的请示）；（2）境外投资备案申请表；（3）投资主体注册登记证明文件（营业执照）；（4）股权架构图；（5）经审计的财务报表；（6）投资决策文件（董事会决议、股东会决议等）；（7）投资协议或类似文件（具有法律约束效力的协议或类似文件）；（8）资金来源真实合规证明（银行开具的资信证明或验资报告）；（9）境外投资真实性承诺书。

5. 申请程序

（1）核准流程

根据发改委 11 号令，投资主体向发改部门申请境外投资核准的基本流程如图 15 所示，发改部门核准的法定办结时限为 20 个工作日，备案的法定办结时限为 7 个工作日。需要注意的是，投资主体所在地省级发改部门的流程可能有一定差异，实际流程和办结时间以具体受理部门的办理时限为准。

---

① 参见国家发改委《境外投资常见问题解答》，发布时间：2018 年 6 月 19 日。

② 此处提交材料仅供参考，实际应以当地主管部门要求为准。

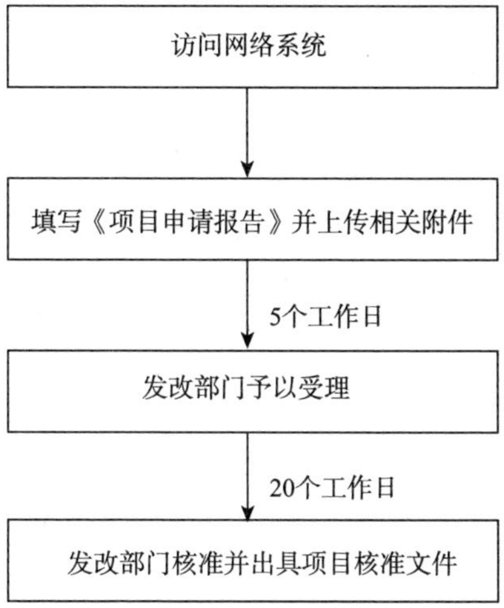

图 15　发改部门境外投资核准流程

（2）备案流程

以上海地区为例，在中国（上海）自由贸易试验区注册的企业，应当向上海市浦东新区发改委备案；而在上海市其他区注册的，报上海市发改委备案。备案流程如图 16 所示。

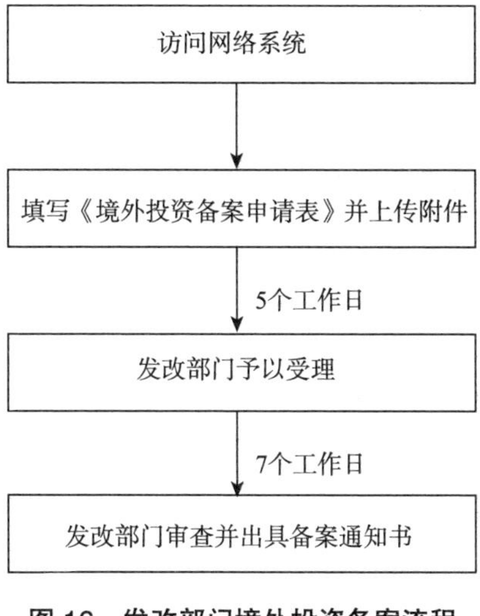

图 16　发改部门境外投资备案流程

（三）申报要点

（1）投资主体需追溯至最终实际控制人

根据国家发改委的申报要求，对公司制的投资主体的股权结构，需披露其前五大股东及持股 10% 以上的股东，对于控股股东为公司的，应追溯其股东，直至追溯至最终实际控制人为自然人或某国资委；若投资主体为合伙企业，应披露所有普通合伙人和出资比例前五大的有限合伙人，若普通合伙人为公司制企业，则应追溯该公司的控股股东，若普通合伙人为合伙制企业，则应继续追溯合伙企业的普通合伙人，直至追溯至最终控制人为自然人。

（2）需层层追溯至投资最终目的地

根据国家发改委的申报要求，对于投资主体通过其控制的境外企业进行投资的，需要按照实质重于形式的原则层层追溯至最终目的地，即不仅要说明控制的境外第一层 SPV 的基本信息等情况，对于中间多层 SPV（若有）也需在备案表中进行说明，并且列明最终投资目的地，即被并购标的注册地。

（3）后续变更申请

需要注意的是，已核准、备案的境外投资项目，发生下列情形之一的，投资主体应当在有关情形发生前向出具该项目核准文件或备案通知书的机关提出变更申请：①投资主体增加或减少；②投资地点发生重大变化；③主要内容和规模发生重大变化；④中方投资额变化幅度达到或超过原核准、备案金额的 20%，或中方投资额变化 1 亿美元及以上；⑤需要对项目核准文件或备案通知书有关内容进行重大调整的其他情形。

（4）再投资

情形一：

境内企业通过向其控制的境外企业（设立时已备案）提供资金再开展境外投资（非敏感类项目）的，若境内企业直接投入资产、权益或提供融资、担保，则需要履行备案手续。例如，注册地在我国上海市的某公司拟通过向其控制的位于我国香港特别行政区的公司提供资金以认购一家境外公司的 2% 股权，鉴于该交易属于权益性投资，应当向上海市发改委申请境外投资项目备案。

情形二：

境内企业控制的境外企业以自有资金认购境外公司的 2% 股权，则无须向发改部门备案。

二、商务部门对境外投资的监管

（一）法律依据

2014年9月6日，商务部发布《境外投资管理办法》（以下简称商务部3号令），商务部门按照企业境外投资的不同情形，分别实行核准和备案管理。企业境外投资，只有涉及敏感国家和地区、敏感行业的，实行核准管理，其他情形的境外投资，实行备案管理。[①] 商务部3号令放宽了中国企业境外投资审批，取消了对特定金额以上境外投资实行核准的规定。需要注意的是，商务部3号令仅适用于非金融企业，金融企业则由其相应的主管金融监管部门履行核准/备案职责。

在发改委11号令发布之后，商务部、中国人民银行、国资委、原银监会、证监会、原保监会及外汇管理局等七部委于2018年1月18日联合发布《对外投资备案（核准）报告暂行办法》[②]，加强各部门间的信息共享和协作机制以及完善各部门之间的内部信息汇总机制，旨在改善我国境外投资的多部门多线监管局面。此外，该暂行办法明确按照"鼓励发展+负面清单"的模式对外投资备案（核准）进行管理，即借鉴我国外商投资的管理体系，在负面清单中明确限制类、禁止类对外投资行业的领域和方向。

（二）核准或备案的申报

1. 主管机关及监管范围

根据商务部3号令，在中国境内依法设立的企业通过新设、并购及其他方式在境外拥有非金融企业或取得既有非金融企业所有权、控制权、经营管理权及其他权益的行为，都属于境外投资，需要到商务部门申请境外投资备案。

根据企业境外投资的不同情形，商务部门对其分别实行核准和备案管理。企业境外投资涉及敏感国家和地区、敏感行业的，实行核准管理。企业其他情形的境外投资，实行备案管理。

---

① 参见商务部3号令第6条。

② 参见《对外投资备案（核准）报告暂行办法》（商合发〔2018〕24号）。

（1）各核准和备案机关的监管范围如表 17 所示。

表 17　各核准和备案机关的监管范围

监管部门	监管方式	监管范围
国家商务部	核准	敏感类项目： 敏感国家和地区 • 与中华人民共和国未建交的国家； • 受联合国制裁的国家； • 商务部公布的其他实行核准管理的国家和地区。 敏感行业 • 涉及出口中华人民共和国限制出口的产品和技术的行业、影响一国（地区）以上利益的行业
	备案	中央企业属于备案类情形
省级商务部门	备案	地方企业属于备案类情形

（2）不同企业类型的监管模式如表 18 所示。

表 18　不同企业类型的监管模式

企业类型	敏感类项目	非敏感类项目
中央企业	商务部核准	商务部核准
地方企业	商务部核准，通过所在地省级商务主管部门向商务部提出申请	省级商务部门备案

2. 申请主体

对属于核准情形的境外投资，中央企业向商务部提出申请，地方企业通过所在地省级商务主管部门向商务部提出申请。但是实践中存在经央企集团批准，中央企业下属子公司通过与地方国企合资设立的子公司向地方商务部门提出申请的情形。

对属于备案情形的境外投资，中央企业报商务部备案；地方企业报所在地省级商务主管部门备案。①

3. 申请时间

虽然商务部 3 号令并未明确指出投资主体必须在境外设立企业前办理备案或

① 参见商务部 3 号令第 9 条、第 10 条。

核准，但《对外投资备案（核准）报告暂行办法》对办理备案 / 核准的时间点作出了规定，要求投资主体在境外设立（包括兼并、收购及其他方式）企业前就必须按规定予以备案 / 核准。

4. 申请材料

根据商务部 3 号令的规定，企业向商务部门申请境外投资核准需提交以下材料，需要注意的是，商务部门与发改部门要求的材料并不完全一致。

（1）申请书，主要包括投资主体情况（章程、投资主体的企业营业执照复印件、投资主体投资决策文件）、境外企业名称、股权结构、投资金额、经营范围、经营期限、投资资金来源、投资具体内容等；（2）《境外投资申请表》，在“境外投资管理系统”填写并打印《境外投资申请表》；（3）境外投资相关合同或协议；（4）有关部门对境外投资所涉的属于中华人民共和国限制出口的产品或技术准予出口的材料；（5）目标公司的注册文件；（6）境外投资真实性承诺书；（7）投资主体资金来源情况说明；（8）前期工作情况说明，如可行性研究报告等；（9）法律尽职调查报告。

前述申请书的格式文本，请见附录四。

针对实行备案管理的项目，以上海地区为例，至少应当包括以下申请文件，其中，第 2、3 项为政府部门核发，其余材料需要申请人自备:（1）境外投资备案表；（2）投资主体营业执照复印件；（3）原境外投资（机构）证书；（4）前期工作落实情况说明；（5）投资主体董事会决议；（6）境外投资真实性承诺书；（7）境外投资并购协议（如有）。

5. 申请程序

（1）核准流程

商务部和省级商务主管部门通过“商务部业务统一平台”（以下简称管理系统）[①] 对企业境外投资进行管理，并征求我国驻外使领馆（经商处室）意见。对予以核准的境外投资，商务部门出具书面核准决定并颁发企业境外投资证书（详见图 17）。

---

① 具体网址：https://ecomp.mofcom.gov.cn/loginCorp.html。

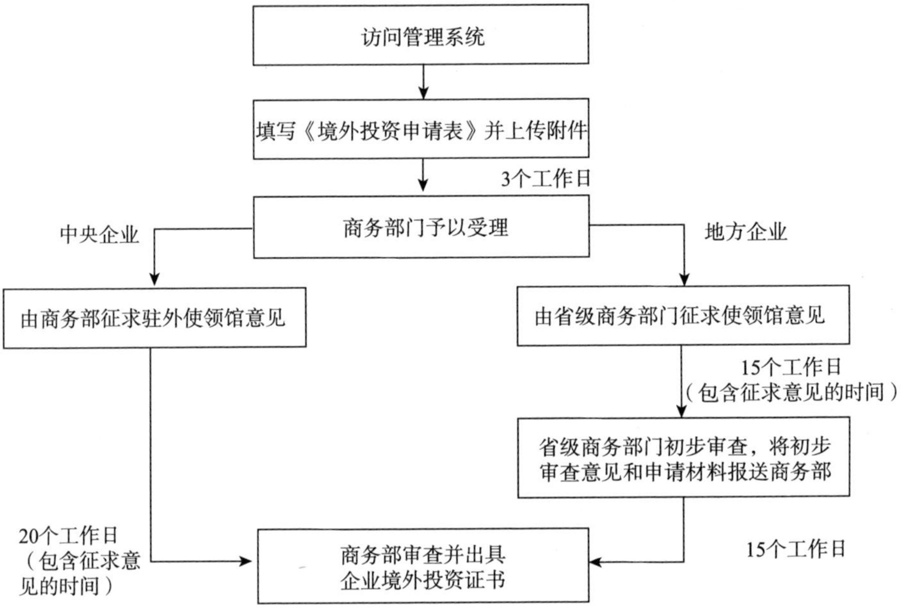

图 17　商务部门境外投资核准流程

（2）备案流程

以上海地区为例，以中央企业为投资主体或涉及敏感类项目的境外投资，应报商务部备案或核准；不涉及前述情形且注册地为上海市的企业，在中国（上海）自由贸易试验区注册的，应当向上海市浦东新区商务委员会备案；而在上海市其他区注册的，报上海市商务委员会备案。备案流程如图 18 所示。

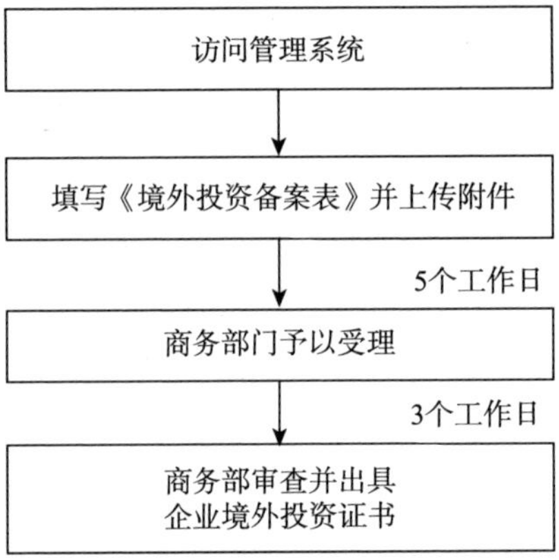

图 18　商务部门境外投资备案流程

（三）申报要点

1. 信息报告制度

根据商务部、人民银行、国务院国资委、原银监会、证监会、原保监会及外汇管理局等七部委发布的《对外投资备案（核准）报告暂行办法》，境内投资主体应按照“凡备案（核准）必报”的原则向为其办理备案（核准）手续的相关主管部门定期报送对外投资关键环节信息，并通报商务部统一汇总，商务部定期将汇总信息反馈给上述部门。

同时，相关主管部门应对所负责的对外投资进行监督管理，对以下对外投资情形进行重点督查:（1）中方投资额等值3亿美元（含3亿美元）以上的对外投资；（2）敏感国别（地区）、敏感行业的对外投资;（3）出现重大经营亏损的对外投资；（4）出现重大安全事故及群体性事件的对外投资；（5）存在严重违规行为的对外投资；（6）其他情形的重大对外投资。

值得注意的是，根据发改委11号令，对于中方投资额等值3亿美元以上、不涉及敏感国别（地区）的对外投资，适用备案管理；但是根据《对外投资备案（核准）报告暂行办法》，该类对外投资被纳入重点督查范围。

2. 再投资

情形一：

根据商务部3号令，商务部门主要以中央或地方企业以及是否涉及敏感国家和地区、敏感行业为标准，划分境外投资项目核准和备案权限。对属于备案情形的境外投资，中央企业报商务部备案；地方企业报所在地省级商务主管部门备案。

境内企业拟通过向其控制的境外企业（设立时已备案）提供资金再开展境外投资（非敏感类项目）的，应当由境内企业所在地商务部门备案。

情形二：

境内企业控制的境外企业以自有资金开展境外投资，则无须办理备案手续，但应当事后报告。例如，境内企业已对我国香港特别行政区公司申请境外投资备案且取得企业境外投资证书，香港特别行政区公司利用其经营利润开展再投资的，不需要办理备案手续，但应当登录管理系统并填写《境外中资企业再投资报告表》，后随同其他证明材料一并报送（邮寄）地方商务部门。

此外，部分地区对企业再投资业务增设审批要求。例如，根据上海市浦东新区商务委员会咨询反馈，境内公司控制的我国香港特别行政区企业拟开展再投资业务的，应当满足“已经盈利”的审批要求，并提供以下证明文件供现场审核：[①]（1）《再投资报告表》;（2）审计报告（证明香港特别行政区公司盈利情况）;（3）董事会决议（或股东会决议，择其一）;（4）境外投资真实性承诺书。

最后需要注意的是，在情形二涉及的再投资业务中，由于商务部门仅对再投资行为要求事后报告，并不涉及商务部门的备案审批以及对该再投资行为的合规性审查，因而当日后公司涉及返程投资，并经外汇管理局与商务部门沟通并判断此前再投资行为仍具有 ODI 性质的，则可能被认定为属于应当办理备案的情形。因此，我们提醒企业注意合规风险，虽然境内企业控制的香港特别行政区公司的再投资行为属于事后报告且无须备案，但是该笔投资资金来源（自有资金、盈利是否最终源于境内企业）以及资金收付行为是否涉及跨境流出入仍是商务部门、发改部门以及外汇管理部门审批的重点。

三、外汇管理部门对境外投资的监管

（一）法律依据

2009 年 7 月 13 日，国家外汇管理局发布《境内机构境外直接投资外汇管理规定》[②]，境内机构境外直接投资获得境外直接投资主管部门核准或备案后，即在投资主体取得了发改部门备案通知和商务部门企业境外投资证书后，需办理境外直接投资外汇登记。

2015 年 2 月 13 日，国家外汇管理局发布《关于进一步简化和改进直接投资外汇管理政策的通知》[③]，取消了境内企业境外直接投资的外汇登记核准，改为“银行办理、外管监督”的模式，即由银行直接审核办理境外直接投资项下外汇登记，外汇管理部门通过银行对境外直接投资外汇登记实施间接监管。

① 根据上海市浦东新区商务委员会咨询反馈，有关境外再投资、注销等事项，企业应当现场提交材料，其余事项（包含企业境外投资项目备案新办）可通过线上途径办理，不需要现场提交材料。

② 参见《境内机构境外直接投资外汇管理规定》（汇发〔2009〕30 号）。

③ 参见《国家外汇管理局关于进一步简化和改进直接投资外汇管理政策的通知》（汇发〔2015〕13 号）。

（二）外汇登记

1. 主管机关

根据《关于进一步简化和改进直接投资外汇管理政策的通知》[①]，现在外汇登记业务已经由外汇管理局下放至银行。

2. 前期费用登记

境内机构在境外投资设立项目或企业前，需要向境外支付与境外直接投资有关的费用，如缴纳保证金和支付租用办公场地等费用的，支付相关费用前需要申请办理前期费用登记。办理前期费用登记需要企业填写《境外直接投资外汇登记业务申请表》并提交营业执照。

需要注意的是，境内机构（含境内企业、银行及非银行金融机构）汇出境外的前期费用，累计汇出额原则上不超过300万美元且不超过中方投资总额的15%。境内机构汇出境外的前期费用，可列入其境外直接投资总额。如确有客观原因，前期费用累计汇出额超过300万美元或超过中方投资总额15%的，境内投资者需提交说明函至注册地外汇局申请办理，外汇局按个案业务集体审议制度处理。

3. 境外直接投资外汇登记

根据《银行直接办理资本项目外汇业务操作指引（二）——境内机构境外直接投资外汇登记》，境内机构办理境外直接投资外汇登记的，需要提交以下材料：[②]（1）《境外直接投资外汇登记业务申请表》。（2）营业执照或注册登记证明（多个境内机构共同实施一项境外直接投资的，应提交各境内机构的营业执照或注册登记证明，尚未办理“五证合一”的境内机构，还需提供组织机构代码证）。（3）非金融企业境外投资提供商务主管部门颁发的企业境外投资证书；金融机构境外投资提供相关行业主管部门对该项投资的批准文件或无异议函。（4）境外投资资金来源证明、资金使用计划和董事会决议（或合伙人决议）、合同或其他真实性证明材料。（5）外国投资者以境外股权并购境内公司导致境内公司或其股东持有境外公司股权的，另需提供加注的外商投资企业批准证书（2016年10月8

① 参见《国家外汇管理局关于进一步简化和改进直接投资外汇管理政策的通知》（汇发〔2015〕13号）。

② 需向注册地银行事先咨询办理外汇登记的相关要求及材料。

日后成立的外商投资企业提供《外商投资企业设立 / 变更备案回执》）和加注的外商投资企业营业执照。（6）其他真实性证明材料。

4.登记程序（如图 19 所示）

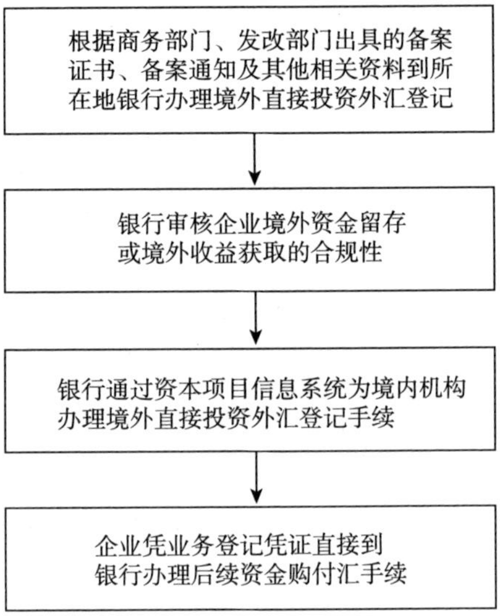

图 19　境外直接投资外汇登记流程

（三）注意事项

（1）需与商务主管部门颁发的企业境外投资证书中的投资总额一致

境内机构在向境外出资前，应到注册地银行申请办理境外直接投资外汇登记。在外汇局资本项目信息系统登记商务主管部门颁发的企业境外投资证书中所记载的投资总额，同时允许企业根据实际需要按现行规定对外放款。金融类境外投资根据行业主管部门的批复或无异议函等进行相应登记。同时应登记境内机构投资的第一层级境外企业，当境内主体通过给第一层级企业增资以便再投资其他境外企业时，要将这部分增量投资叠加在第一层级的中方投资总额中。

一般情况下银行会审核企业填写的《境外直接投资外汇登记业务申请表》信息，如与企业境外投资证书或其他相关主管部门的批复文件或合作合同相关约定信息不一致，原则上不能办理相关业务。如有特殊原因，企业应提交相关材料予以说明，建议投资主体与所在地银行进行沟通。

鉴于此，企业在境外投资时，除了考虑股权投资款或增资款外，还应当考虑其他成本，比如托管账户费用、公证人费用以及其他费用，以避免出现投资总额无法覆盖投资成本的情况。

此外投资总额的货币往往使用的是外币单位，如美元，因此投资者在写金额的时候需要考虑汇率差的问题，尽量按照较为宽松的汇率来换算。

（2）多个境内机构共同实施一项境外直接投资的问题

多个境内机构共同实施一项境外直接投资的，由约定的一个投资主体向其注册地银行申请办理变更登记，其他境内机构无需重复申请。银行通过外汇局资本项目信息系统完成境外直接投资外汇登记后，其他境内机构可分别向注册地银行领取业务登记凭证。

（3）境外设立分公司

境内机构设立境外分公司，参照境内机构境外直接投资管理。境内机构应到注册地银行办理境外直接投资外汇登记。在外汇局资本项目信息系统中，开办费用应纳入投资总额登记。境内机构设立境外分公司每年应按规定办理境外直接投资存量权益登记。

（4）再投资

情形一：

境内企业拟通过向其控制的境外企业（设立时已备案）提供资金再开展境外投资（非敏感类项目）的，应当在取得了发改部门、商务部门对境外投资事项的备案文件后，到注册地银行申请办理境外直接投资外汇登记，并向注册地银行事先咨询办理外汇登记的相关要求及材料。

情形二：

境内机构控制的境外公司以自有资金再投资，在无须办理商务部门、发改部门备案的情况下，不需要办理外汇手续。根据国家外汇管理局上海市分局相关部门反馈，若境外再投资的资金收付行为不涉及跨境流出入，则不需要办理外汇登记。

四、中央企业的特别审查程序

除上述程序外，对于中央企业，根据《中央企业境外投资监督管理办法》[1]的要求，列入中央企业境外投资项目负面清单禁止类的境外投资项目，中央企业一律不得投资；列入负面清单特别监管类的境外投资项目，中央企业应当在履行企业内部决策程序后、在向国家有关部门首次报送文件前报国资委履行出资人审核把关程序。同时，中央企业原则上不得在境外从事非主业投资，有特殊原因确需开展非主业投资的，也应当报送国资委审核把关。并且，中央企业应当在投资行为完成后及时进行境外国有资产产权登记。

五、小结

为确保境外投资项目的真实性，并且项目不会因风险因素流失而造成境外输出资本的灭失，我国建立了中国企业对境外直接投资的政策体系，由商务部门、发改部门以及外汇管理部门等负责管理和执行。

需要注意的是，根据《国务院办公厅转发国家发展改革委商务部人民银行外交部关于进一步引导和规范境外投资方向指导意见的通知》（以下简称国务院 74 号文），我国禁止企业参与危害或可能危害国家利益和国家安全等的境外投资，因而商务部门和发改部门将不予核准或备案以下行业的境外直接投资：（1）涉及未经国家批准的军事工业核心技术和产品输出的境外投资；（2）运用我国禁止出口的技术、工艺、产品的境外投资；（3）赌博业、色情业等境外投资；（4）我国缔结或参加的国际条约规定禁止的境外投资；（5）其他危害或可能危害国家利益和国家安全的境外投资。

因此，中国企业赴欧盟直接投资的，应当重点关注上述禁止性规定，同时结合商务部等部门发布的《中国禁止出口限制出口技术目录》等文件，密切关注以上政策法规的时效性，积极与监管部门沟通和确认，以争取最有利的审查结果。

---

① 参见《中央企业境外投资监督管理办法》（国有资产监督管理委员会令第 35 号）。

第二节 欧盟外商投资审查制度

欧盟认可良性竞争是市场经济的基本机制，并通过颁布反垄断相关政策维护市场良性竞争。欧盟委员会在反垄断政策执行中起主导作用，各欧盟成员国竞争政策不得与欧盟政策相违背。欧盟竞争立法主要包括：禁止限制竞争协议、禁止滥用市场支配地位、并购控制（反垄断与经营者集中申报）、国家补贴等。除以上传统反垄断规制外，欧盟通过制定新法，以规范数字经济时代下大型互联网平台企业（“看门人”，gatekeeper）的垄断行为，同时监督数据主体收集和使用用户数据的行为。欧盟委员会是欧盟反垄断政策的主要立法与执法机构，例如，“具有欧盟层面影响力”的经营者集中应当向欧盟委员会申报，由欧盟委员会为申报方公司提供“一站式”审查且具有排他管辖权，申报企业无须在多个成员国分别申报。仅当交易低于欧盟委员会审查门槛时由交易所在的成员国国内主管机构进行审查。

欧盟于 2019 年通过《欧盟外商直接投资审查条例》，构建了一个合作框架，加强欧盟与成员国间的信息互换。与欧盟反垄断执法的“一站式”审查不同，该条例并没有建立欧盟层面的外商直接投资审查机制，仍保留各成员国对外商直接投资审查的最终决定权。各成员国在决定是否批准某项外商直接投资时，欧盟委员会和其他成员国有权出具无拘束力的咨询意见，可能增加该项投资获批的不确定性。该法与欧盟当前的反垄断规范制度并行，相互独立。

据此，欧盟委员会在外商投资审查领域发挥了双重作用：一方面，对反垄断审查进行实质性决策；另一方面，对欧盟成员国就本国外商直接投资的审查具有一定影响力。

本节将介绍欧盟外商投资直接审查制度的重点内容，提请中国企业关注在欧洲开展投资时可能会遇到的反垄断法律风险、外国补贴监管风险和数据合规风险等，同时提醒企业关注 2021 年欧盟立法的新动态以及英国脱欧对外商投资审查的影响。

一、欧盟外商直接投资审查 *

中国贸促会研究院发布的《欧盟营商环境报告 2019/2020》显示，截至 2018 年年底，中国共在欧盟设立直接投资企业超过 3200 家，覆盖欧盟全部成员国，雇用外方员工近 26 万人。在我国持续扩大对欧盟国家投资的背景下，来自中国企业的投资越来越得到欧盟的关注，尤其是中国企业越来越多地投资于先进工业机械行业、信息技术行业、交通和基础设施行业以及能源领域。欧盟认为外国国有企业或政府控制的公司通过境外并购，接触关键技术或敏感信息，不仅损害欧盟的产业竞争优势，还可能威胁其安全和公共秩序。为了在外国投资者进入欧盟投资时能够维护东道国当地安全、公共秩序和战略性利益，欧盟及其成员国均加大了对中国以及其他外国投资者直接投资的审查力度。[①]

2019 年 3 月，欧盟发布《欧盟外商直接投资审查条例》[②]，允许欧盟委员会审查（但无权否决）"影响欧盟利益"的特定投资，并向投资涉及的成员国出具无约束力的意见。

（一）欧盟层面外商直接投资审查

1. 法律依据

2019 年 3 月 19 日，欧洲议会和理事会发布《欧盟外商直接投资审查条例》，在欧盟层面正式确立针对外商投资的审查框架，以协调当下各成员国分散的审查制度，于 2020 年 10 月 11 日起正式施行，各成员国均需遵照条例执行。

《欧盟外商直接投资审查条例》适用于外国（非欧盟）投资者为在欧盟成员国进行经济活动而建立或为了维持外国投资者与在欧盟成员国国内开展经济活动

---

* 本部分摘录自王清华、施珵、孙小梅:《欧盟新的外商直接投资国家安全审查规则》，载《人民法治》2019 年第 8 期。

① 参见刘一展、张海燕:《欧盟外商直接投资审查条例改革对中国的影响及对策》，载《区域经济评论》2019 年第 5 期。

② 英文全称：REGULATION（EU）2019/452 OF THE EUROPEAN PARLIAMENT AND OF THE COUNCIL establishing a framework for screening of foreign direct investments into the Union。

的目标企业之间的“持久和直接联系”的任何类型的投资，包括使其能够有效参与公司管理或控制的经济活动的投资。可见，《欧盟外商直接投资审查条例》适用于外国（非欧盟）投资者以任何形式进行的投资，此处的外国直接投资包括绿地投资和跨国并购，但不包含证券投资。

《欧盟外商直接投资审查条例》主要规定了成员国或者欧盟委员会在进行安全审查时，可能需要重点关注的投资领域；成员国及欧盟委员会在审查外资是否影响“安全或公共秩序”时可以参照的考量因素；成员国外资安全审查机制必须遵守的最低标准，如比例原则、透明原则与非歧视原则；以及成员国与成员国之间、成员国与欧盟之间的合作机制。

2. 重点关注领域

《欧盟外商直接投资审查条例》列出了一份帮助各成员国和委员会判断投资是否会影响安全或公共秩序的提示性清单，规定了成员国或者欧盟委员会在进行安全审查时，可能需要重点关注的投资领域，具体包括：（1）关键的基础设施，无论是实体的还是虚拟的，包括能源、运输、水资源、卫生、通信、媒体、数据处理或存储、航空航天、国防、电力或金融基础设施、敏感设施，以及对使用这些基础设施至关重要的土地和房地产；（2）理事会规则（欧洲共同体）第428/20091号第2条第1款所界定的关键技术和双重用途项目，包括人工智能、机器人、半导体、网络安全、航空航天、国防、能源存储、量子和核技术、纳米技术和生物技术；（3）关键性投入，包括能源或原材料以及粮食安全；（4）取得敏感资料，包括个人资料，或有能力控制这些资料信息；（5）媒体的自由和多元性。

3. 考量因素

《欧盟外商直接投资审查条例》赋予成员国决定哪些因素可以触发审查的自由裁量权，未对“安全”或“公共秩序”作出统一定义，而是提出了在决定外商直接投资是否有可能影响安全及公共秩序时的考量因素，规定了成员国必须考虑的因素和可以考虑的因素。

（1）必须考虑的因素

必须考虑的因素包括以下几点：①外国投资者是否由政府直接或间接控制，或是否是国家引导项目，或是否是第三国致力于取得或转让关键技术的经济或政治战略；②外国投资者是否已参与影响安全的活动或影响成员国的公共秩序的活动；③是否存在可能影响成员国或欧盟的风险，包括供应干扰、供应失败、损失或毁坏。

（2）可以考虑的因素

除了必须考虑的因素外，还列举了成员国及委员会可以考虑的因素，具体包括：①外国投资的一般情形；②是否违反国际人权法和劳动权，或者投资者是否从事非法或违法犯罪活动（如洗钱）；③外国投资是否可能引起垄断；④外国投资者母国是否提供互惠待遇；⑤外国投资者与成员国或欧盟委员会的过去关系情况。

4. 审查机制与最低标准

《欧盟外商直接投资审查条例》认为，是否设立审查机制或者是否审查某一特定外商直接投资是成员国自主决定的范围，所以该条例并未将设立或者保持外资安全审查机制作为成员国的义务。但是，该条例规定了成员国基于安全或公共秩序的外资安全审查机制必须满足的最低标准，具体包括：①与审查机制有关的规则和程序，包括相关时限、透明度原则、不得在第三国之间有所歧视。特别是成员国应规定触发审查的情况、审查的理由和适用的详细程序规则。②成员国应在其审查机制下设置一定的审查时限，并考虑其他成员国的评论以及委员会的意见。③成员国因进行审查而获得的机密信息，包括商业敏感信息应受到保护。④有关外国投资者和企业应获得针对成员国当局的审查决定寻求追索权的可能性。⑤已建立审查机制的成员国应保持、修订或采取必要措施，以识别和防止规避审查机制和审查决定的行为。⑥成员国应在新通过的审查机制生效或对现有审查机制的任何修正生效后 30 天内，将任何新通过的审查机制或对现有审查机制的任何修正通知欧盟委员会。

5. 合作机制

《欧盟外商直接投资审查条例》本质上建立了协调合作机制与框架，并被更多定位于咨询角色，各成员国保留其各自的国家安全审查职责和权限。因此，《欧盟外商直接投资审查条例》引入了“合作机制”，加强了欧盟委员会与欧盟成员国、欧盟成员国与其他成员国之间的合作，具体包括成员国通知义务、评议机制以及信息共享机制。

（1）通知义务

根据通知义务，当成员国对外商直接投资开展国家安全审查时，该成员国应当通知欧盟委员会以及其他成员国，通知的成员国可以包括安全或公共秩序可能受到该外国直接投资影响的那些成员国，并提供《欧盟外商直接投资审查条例》第9条第2款所述信息。[①]

大多数成员国触发国家安全审查的门槛较低，收购一家公司10%或更多的表决权就会触发通知义务。此外，一些国家会根据交易所涉及的领域设置特别的安全审查门槛。例如，德国针对关系国家公共秩序或安全的关键基础设施领域的交易，当住所地在欧盟境外的投资者拟收购以德国为住所地的企业10%或以上的表决权股份时，德国联邦经济事务和能源部就可对交易予以审查；而针对除关键基础设施收购之外的交易，则继续适用原有的25%表决权门槛。

（2）评议机制

根据评议机制，成员国如有正当理由认为其境内外商直接投资可能影响自身安全或公共秩序，可要求欧盟委员会发表意见或其他成员国发表评论。虽然欧盟委员会和成员国的意见都不具有约束力，但是如果成员国作为东道国决定不遵守欧盟委员会的意见，其必须提出正当理由予以抗辩。

（3）信息共享机制

根据信息共享机制，成员国应当于每年3月31日向欧盟委员会提交一份年度报告。在该报告中应当根据所获得的信息对上一年度在本国领域内进行的外国直接投资情况进行汇总报告。年度报告义务并不以成员国国内设有外资审查机制为前提。即便没有针对外国投资设立审查机制的成员国也应当根据其掌握的信息向欧盟委员会履行年度报告义务。国内法设有外资审查机制的成员国还应当在每一年度报告中报告其审查机制的实施情况。[②]

---

① 该等信息包括：(a)外国投资者和计划或已经完成外国直接投资的企业的所有权结构，包括关于最终投资者和资本参与情况的信息；(b)外国直接投资的价值；(c)外国投资者的产品、服务和经营活动，以及计划或者已经完成外国直接投资的经营活动；(d)外国投资者所在的成员国和计划或已完成外国直接投资的企业开展相关业务；(e)根据成员国掌握的信息，投资的资金及其来源；(f)外国直接投资计划完成或已经完成的日期。

② 参见王清华、施珵、孙小梅：《收购德国企业：德国国家安全审查面面观》，载https://www.allbrightlaw.com/CN/10475/2fb51a9bd09af3a2.aspx，最后访问日期：2021年8月30日。

（二）欧盟成员国层面外商直接投资审查

虽然新冠肺炎疫情加剧了欧盟成员国对外商直接投资审查的讨论，但各成员国在全球疫情暴发前就已展现收紧外商直接投资管控的趋势。事实上，早于《欧盟外商直接投资审查条例》出台前，欧盟的 14 个成员国已建立了国家层面的外商直接投资审查机制，[①] 但各国在审查的范围、方式、标准及关注领域上均有所差异：包括审查范围仅针对非欧盟国家投资或所有外国投资；采用事后审查或事先授权；基于定性标准或定量阈值；关注领域仅限于战略部门或相关部门；以及仅考虑国防安全或公共安全和公共秩序等。例如，法国现行审查机制采用事先授权，区分欧盟内外国家（对来自欧盟成员国的投资审查较宽松），兼顾定性和定量标准，并对公共秩序进行宽泛理解，特别考虑非欧盟国家在运输网络、电子通信和公共卫生领域的完整性、安全性和经营可持续性。

《欧盟外商直接投资审查条例》虽然未将设立外商投资安全审查机制作为成员国的一项义务，但条例的实施的确引发制度外溢效应，促进尚未建立审查机制的其他成员国引入该机制或者至少重视对外商直接投资的审查，并推动已经建立审查机制的成员国审查和修订现有审查机制，从而协调当下各成员国分散的审查制度。[②]

根据《欧盟外商直接投资审查条例》要求，欧盟委员会应当公开并更新成员国外商直接投资审查机制的清单。根据 2021 年 5 月 28 日发布的报告，[③] 目前已有包括德国、法国、丹麦、芬兰在内的 18 个欧盟成员国建立外商直接投资审查机制，致力于解决国家安全问题。

欧盟成员国根据《欧盟外商直接投资审查条例》确立或修订本国审查机制，发布的相关通知文件如表 19 所示。

---

① 这 14 个欧盟成员国包括英国、法国、德国、意大利、葡萄牙、西班牙、荷兰、奥地利、丹麦、芬兰、波兰、匈牙利、拉脱维亚和立陶宛。

② 参见刘一展、张海燕：《欧盟外商直接投资审查条例改革对中国的影响及对策》，载《区域经济评论》2019 年第 5 期。

③ 参见《欧盟成员国外商直接投资审查机制的清单》，载 https：//trade.ec.europa.eu/doclib/docs/2019/june/tradoc_157946.pdf，最后访问日期：2022 年 2 月 16 日。

表 19　相关通知文件

国家	文件名称	备注
捷克	关于审查外国直接投资的法案（第 34/2021 号）	
丹麦	丹麦特定外国直接投资审查法（投资审查法）	
	战争物资法案（2012 年 10 月 22 日第 1004 号丹麦联合法案）	
	关于大陆架和领海某些管道装置的法案（2018 年 9 月 21 日第 1189 号丹麦联合法案）	
德国	对外贸易和支付法（根据《欧盟外商直接投资审查条例》于 2020 年 6 月最新修订）	
	对外贸易和支付条例（2020 年 10 月最新修订）	
西班牙	皇家法令 137/1993（批准了关于武器的规定）	
	皇家法令 664/99（关于外国投资）	
	第 19/2003 号法律（关于资本转移和对外经济交易及反洗钱）	
	皇家法令 8/2020（关于紧急额外措施以解决新冠疫情的经济和社会影响）	
	皇家法令 11/2020（在社会和经济领域采取紧急额外措施应对新冠疫情）	
	第 7/2010 号法律（关于视听传播普通法）	
	皇家法令 34/2020（关于支持商业偿付能力和能源部门以及税收领域的紧急措施）	
	单一过渡性规定（暂停欧盟和欧洲自由贸易联盟国家居民进行的某些外国直接投资自由化的临时制度）	
	第 19/2003 号法律（第 4 次修订，关于海外资本流动和经济交易及反洗钱）	
	第 3/2013 号法律（关于创建国家市场和竞争委员会）	
	第 9/2014 号法律（电信法）	
法国	货币与金融法典	第 R.151–1 条至第 R.151–18 条
	关于外国在法国投资的命令（2019 年 12 月 31 日）	
	法国商法典	第 L.233–3 条、第 L.430–1 条
	法国海关法	第 459 条

续表

国家	文件名称	备注
意大利	第56号法令（2021年4月30日）	第4条
	第21号法令（2021年3月15日）（关于在国防和国家安全部门的公司资产特殊权力，以及能源、运输和通信部门具有战略重要性的活动）	
	第105号法令修正案（2019年9月21日）（关于具有战略重要性的部门的特殊权力）	第3条、第4条
	第23号法令（2020年4月8日）（关于企业信贷、纳税义务、战略部门特殊权力以及卫生和劳动领域的干预等）	第15条、第16条
	共和国总统令（第35号，2014年2月19日）（关于确定在国防和国家安全部门激活特殊权力程序的规定），根据第21号法令（2012年3月15日）第1条第8款	
	共和国总统令（第86号，2014年3月25日）（关于确定在能源、运输和通信部门激活特殊权力程序的规定），根据第21号法令（2012年3月15日）第2条第9款	
	部长会议主席令（第108号，2014年6月6日）（关于确定对国防和安全系统具有战略意义的活动的规定），根据第21号法令（2012年3月15日）第1条第1款	
	部长会议主席令（2014年8月6日）（关于确定执行特别权力准备活动的组织和程序方法）	
	第176号法律第10条之三（2020年12月18日）（已转换为2020年10月28日第137号法令）	第10条之三
	第179号部长会议主席令（2020年12月18日）	
	第180号部长会议主席令（2020年12月23日）	
拉脱维亚	国家安全法	第六章
	第606号条例（2020年10月6日）（关于提交给《国家安全法》确定的机构的信息和处理外国直接投资信息）	
	第606号内阁条例（2017年10月3日）（关于向国家安全法规定的机构提交的信息以及有关外国直接投资的信息的活动的规定）	

续表

国家	文件名称	备注
立陶宛	保护国家安全重要物品法修正案（第Ⅸ-1132号）	
	国家安全重要物体保护法（第Ⅸ-1132号）（新版第XIII-992号，2018年1月12日）	
	关于委员会议事规则的政府决议（第1540号）（新版第266号，2018年3月21日）	
	关于确定国家安全重要保护区的政府决议（第1252号）（新版第746号，2018年7月25日）	
	《保障国家安全重要物品保护法》（XIII-3257号）	
	第1072号政府决议（关于任命立陶宛共和国外交部履行职能）	
	关于保护国家安全重要物体协调委员会议事规则的政府决议（第1540号）（新版1213号，自2020年11月4日起生效）	
匈牙利	2018年第LVII号法案（关于控制侵犯匈牙利担保权益的外国投资）	
	政府法令246/2018（XII. 17）（关于实施2018年第LVII号法案）	
	2020年第LVIII号法案（关于与结束危险状态和大流行防范有关的过渡规则）	第85条第276—292款
	政府法令289/2020（VI. 17）（关于为注册地在匈牙利的公司提供经济保护所需措施的规定）	
马耳他	2020年第LX号法案（2020年12月18日）	
荷兰	1998年电力法	第86f条
	关于1998年电力法和天然气法控制变更通知的部长条例	
	荷兰天然气法	第66条
	电信法	第14a章
	关于不需要的控制电信的部长令	
奥地利	2011年外国商业法	第25a条
	奥地利投资控制法（自2020年7月25日起生效，预定于2020年10月11日生效的条款除外）	
波兰	关于控制特定投资的法案（2015年7月24日）	
	关于向受新冠疫情影响的企业家提供银行贷款利息补贴和关于批准与新冠疫情相关的安排的简化程序的法案（2020年6月19日）	

续表

国家	文件名称	备注
葡萄牙	第 138/2014 号法令	
罗马尼亚	竞争法（1996 年 4 月 10 日至 21 日修订）	第 47（9—12）条
斯洛文尼亚	确定减轻和补救新冠疫情后果的干预措施的法案	
斯洛伐克	第 45/2011 号法案（关于关键基础设施的修正案）	
芬兰	外国公司收购审查法（172/2012）	
	需要特别许可的不动产转让法（470/2019）	
	外国公司收购审查法（172/2020，修正案 2.10.2020/682）	

（三）对中国企业在欧盟投资的影响

《欧盟外商直接投资审查条例》在欧盟各成员国正式实施后，对于中国企业而言，主要影响在于：

（1）特定行业的投资敏感度增加

对于《欧盟外商直接投资审查条例》中重点提示的领域的投资敏感度增加，有关于关键基础建设、关键技术、关键性投入的供应，以及敏感信息获取、新闻传媒有关的领域甚至可以被直接排除。

（2）投资的不确定因素增加

新标准的设立为投资增加了不确定因素。首先，与《欧盟外商直接投资审查条例》中重点提示的领域有关联的投资计划可能会被影响，遭到政府当局否决的风险显著增加，尤其是我国目前国有企业境外投资项目持续增多，将更容易受到影响。其次，中国投资者可能需要聘请专业人员应对欧盟投资审查，增加了投资的成本。

（3）投资项目时间延长

由于细致调查的增多和政府审查程序的增加，投资项目的时间将显著延长。以德国为例，中国企业对德国的投资情况将被德国政府通知给欧盟和其他成员国。欧盟和其他成员国可能会对该投资发表意见，并且要求德国政府就相关投资情况进一步提供信息。鉴于《欧盟外商直接投资审查条例》规定如果成员国决定不遵守委员会的意见，则必须提出正当理由予以抗辩，这很可能导致实践中德国政府部门只有在确认其他成员国和欧盟委员不会发表意见或评论后才能够作出是否颁发无异议证明的决定；而且，德国政府部门可能会根据欧盟委员会和各成员国的评论要求收购方提供补充资料，导致开启德国国家安全审查的前置程序大大增多，3 个月或 4 个月的审查时限迟迟无法起算。[①]

（四）小结

在中国提出的“一带一路”倡议下，可以预见中国企业对欧洲国家的投资在未来会有增长的趋势。但是欧盟及成员国出台的针对外商直接投资的审查规则将会造成中国企业对欧洲国家投资的不确定性，从而影响投资的进程，中国企业需要在决定对欧洲国家投资时关注和评估这一新变化。例如，根据《欧盟外商直接投资审查条例》，欧盟成员国需要将相关并购信息通报欧盟其他成员国。虽然欧盟委员会和其他成员国没有权力否决本国做出的批准决定和 / 或禁止或限制外商直接投资，但是如果成员国决定不遵守欧盟委员会的意见，其必须提出正当理由予以抗辩。这也就导致，来自欧盟以外投资者在欧盟各成员国的并购除了受到东道国国家安全审查的影响以外，还将受到欧盟其他国家的影响。

鉴于欧盟对来自外国（非欧盟）投资的限制性态度，尤其是技术方面或国家控制的外国投资，可以预见欧盟卖家很可能会对与中国投资者的交易持更加谨慎的态度，即便欧盟卖家接受与中国投资者交易，也有可能因为交易的不确定性而坚持要求在股权收购协议中增加一些不利于中国投资者的法律条款。

据此，我们建议中国投资者在投资项目启动之前，考虑欧盟及成员国新出台的投资审查规则，做好项目风险评估，在并购战略制定、目标公司选择、尽职调查等阶段设置相应的交易保护条款，必要时，可将涉及安全审查的敏感资产从并购目标中剥离。若项目已经开展或决定开展，应当聘请专业顾问参与商业谈判，并尽量在交易文件中约定，若该项投资被欧盟拒绝，中国投资者可以在无须赔偿的情况下退出交易，最大限度地保护中国投资者的自身利益。

---

① 参见王清华、施珵、孙小梅：《收购德国企业：德国国家安全审查面面观》，载 https：//www.allbrightlaw.com/CN/10475/2fb51a9bd09af3a2.aspx，最后访问日期：2021 年 8 月 30 日。

此外，保持和增强中国自身产业的竞争优势，是日后中国企业需要更加重视的目标。欧盟对外国投资者的限制可能将是一个长期的过程。中国通过境外直接投资获取技术的难度将显著增加。日后，中国可能更加需要将提升技术的重心放到自身的技术研发与积累上。

二、欧盟反垄断与经营者集中申报和审查

反垄断审查（在中国和欧盟也称为“经营者集中审查”）的问题是中国企业在欧洲进行投资并购经常会涉及的法律问题。所谓“经营者集中”，是指企业在投资、并购的过程中，通过经营者合并、股权或资产收购以及合同方式取得的对其他经营者的控制权或其他能够对相关企业施加决定性影响的优势地位，并且这种经营者集中可能会产生限制市场竞争的效果。

为了保障市场有序竞争和东道国国家利益，欧盟与欧盟成员国政府通常会对外商投资进行反垄断审查，尤其可能对中国企业在欧盟国家从事能源等敏感行业投资并购活动采取更加严格的审查。

欧盟层面反垄断规制的法律体系相对稳定，既包括传统反垄断制度规范下的经营者集中申报、投资审批以及主动的调查等，也包括引入互联网平台企业数据垄断行为的数字市场规范制度。其中，数字市场规范制度是对传统反垄断规制的补充和重构。

（一）法律依据

1. 传统反垄断制度

欧盟传统反垄断法律制度源于 1957 年，以《欧共体条约》第 81 条“禁止限制竞争协议”和第 82 条“禁止滥用市场支配地位”[①] 为基础，逐步建立了一套较为完备的法律规范体系。1962 年，欧盟通过《第 17 号理事会条例》[②]，这是首部执行《欧共体条约》第 81 条和第 82 条的条例。2002 年，欧盟通过《关于实施条约第 81 条和第 82 条制定的竞争规则的（EC）第 1/2003 号理事会条例》（以下

---

① 英文全称：Treaty Establishing the European Economic Community。

② 英文全称：Council Regulation（EC）No. 17/1062，Official Journal 1062 13/204。

简称《第 1/2003 号理事会条例》)[①],取代《第 17 号理事会条例》作为新的执行条例，规定了执行《欧共体条约》第 81 条和第 82 条的程序性框架，并授权成员国的竞争监管机构和成员国法院直接实施《欧共体条约》第 81 条和第 82 条。[②]同时，新执行条例构建了“欧洲竞争网络”（Europe Competition Network），旨在促进欧盟委员会与各成员国反垄断主管机构和法院间的紧密合作：一方面，该条例允许成员国反垄断主管机构就执行《欧共体条约》第 81 条和第 82 条向欧盟委员会咨询（欧盟委员会作出结论为最终意见，成员国反垄断主管机构决定或成员国法院判决不得与之相违背）[③];另一方面，该条例要求成员国反垄断主管机构在展开调查时应当向欧盟委员会及其他成员国反垄断主管机构通报。此外，新执行条例明确,《欧共体条约》第 81 条和第 82 条是欧盟层面反垄断的最低标准，即使企业未违反该规定但存在限制共同体市场竞争的行为，各成员国有权制定和执行更为严苛的国内反垄断法律制度。[④]

由于《欧共体条约》并没有单独适用于企业合并控制的条文，因此欧盟于 1989 年通过《第 4064/89 号关于企业合并控制的理事会条例》(以下简称《第 4064/89 号合并控制条例》)[⑤],专门规范企业合并行为。2004 年,欧盟出台《关于企业合并控制的第 139/2004 号条例》(以下简称《合并控制条例》)[⑥]以及关于申报和评估经营者集中的配套程序性规则，对企业合并审查制度予以补充和完善，涉及的相关法律文件详见附录二。

欧盟传统反垄断规范制度的主要内容如下。

---

① 英文全称：Council Regulation (EC) No. 1/2003 of 16 December 2002 on the implementation of the rules on competition laid down in Articles 81 and 82 of the Treaty，Official Journal L001，04/01/2003，p.0001–0025。

② 此前，所有涉及欧盟法的案件须转交欧盟委员会或要求欧盟法院作出先决裁决（preliminary ruling）。

③ 参见《第 1/2003 号理事会条例》第 16 条。

④ 参见《第 1/2003 号理事会条例》第 3.2 条。

⑤ 英文全称：Council Regulation (EEC) No. 4064/89 of 21 December 1989 on the control of concentrations between undertakings，Official Journal L. 395，30/12/1989，p.0001–0012。

⑥ 英文全称：Commission Regulation (EC) No. 139/2004 on the Control of Concentration between Undertakings。

（1）禁止限制竞争协议

《欧共体条约》第 81 条第 1 款规定，禁止一切可能影响成员国之间的贸易，以阻却、限制或扭曲竞争为目的或产生该效果的协议、决定或协同一致的行动。第 81 条第 3 款规定了豁免条款，即如果协议有利于促进科技和经济进步，同时是适度的且不会导致未来市场中竞争的大幅度减少，则企业可以向欧盟委员会申报以获得豁免。[①] 该条款的适用程序此后进行了调整，根据关于实施欧共体条约第 81 条第 3 款指南的有关规定，符合该豁免标准的企业自动适用该条款，而不再需要向欧盟委员会申报并获得行政决定。

此外，限制竞争的影响必须是显著可见的，对于横向协议市场份额不超过 10%、纵向协议市场份额不超过 15%、混合协议市场份额不超过 10% 的交易，其对竞争的影响可忽略不计。

（2）禁止滥用市场支配地位

《欧共体条约》第 82 条规定，构成滥用市场支配地位的 3 个要件：①一家或多家企业在共同市场具有支配地位；②滥用支配地位；③对成员国之间的贸易具有现实或潜在的影响。构成滥用市场支配地位的行为包括但不限于：过高定价、掠夺性定价、价格歧视、拒绝交易、搭售、限制生产销售或技术开发等情形。[②]

对比《欧共体条约》两条规定，第 81 条着重于监督市场上个体通过各种协议而构成的限制竞争行为，尤其是个体之间就固定价格和产量所达成的协议；而第 82 条主要规制企业在获得市场支配地位后滥用垄断地位的行为，如限制新竞争者进入市场等。

（3）企业合并经营者集中申报和审查

与《欧共体条约》第 81 条和第 82 条规制内容不同，欧盟《第 4064/89 号合并控制条例》设立企业合并反垄断审查制度，要求在欧盟范围内通过“产生或加强市场支配地位”的形式严重妨碍有效竞争的经营者集中行为应当向欧盟委员会申报并接受审查。2004 年，欧盟通过《合并控制条例》，取代此前颁布的《第 4064/89 号合并控制条例》。新颁布的《合并控制条例》保留了有关企业营业额的标准，但扩大了“严重阻碍有效竞争”的概念。根据《合并控制条例》的规定，“一

---

① 参见《欧共体条约》第 81 条第 1 款、第 3 款。

② 参见《欧共体条约》第 82 条。

切严重妨碍有效竞争的合并交易行为”——而不限于产生和加强新企业的市场支配地位——均属于《合并控制条例》的管辖范围，[①]同时赋予申报方灵活选择欧盟委员会或成员国竞争主管机构作为受理机构的权利。

至此，《欧共体条约》第81条和第82条、《合并控制条例》以及配套程序性法律文件共同形成欧盟层面传统反垄断法律规范框架。有关企业合并经营者集中申报的标准及程序要求，请见下文“（三）《合并控制条例》下的经营者集中申报和审查”。

2. 数字市场规范制度

数据流量是数字经济时代下互联网平台的核心竞争力。互联网平台通过自身营造的网络生态系统（涵盖通信、社交、阅读、购物、支付、出行等市场），吸引千万流量并获得海量信息，并通过投资、流量控制、流量分发等方式，实现了影响或控制其主要合作伙伴的作用。[②]一旦互联网巨头率先获取庞大的用户群和流量，市场其他竞争者将很难争取用户或抢占相关市场份额。

另外，传统反垄断机制下，在认定市场主体构成滥用市场支配地位时，通常需要界定相关市场并运用价格敏感性分析工具，而此举对互联网平台并不适用。为了吸引用户，互联网平台公司通常不会向用户收费，而是向另一端的商品服务供应方收取高价的费用，因此，在缺乏价格变量进行敏感性分析的情况下，互联网巨头的市场边界较为模糊，使得反垄断主管机构难以界定其相关市场以及是否具备市场支配地位。

据此，为了适应数字经济发展、防止互联网平台公司形成市场寡头地位并进一步限制市场竞争，欧盟委员会于2020年12月15日提出两部新的数字法草案——《数字服务法（草案）》和《数字市场法（草案）》，明确数字服务提供者的义务，旨在应对数字化发展带来的新挑战，补缺传统反垄断体制失灵的地方。尤其是《数字市场法（草案）》有别于传统反垄断规范制度的相关市场界定和价格敏感性分析，其创新地引入“看门人”制度，规定数字经济下数据垄断行为的类型和判断标准，对具有重大网络影响力的大型互联网平台的数据垄断行为实施事前监督。“看门人”制度注重恢复自由市场竞争和打击大型平台的垄断行为，

---

① 参见《合并控制条例》第2.3条。

② 参见杨东：《论反垄断法的重构：应对数字经济的挑战》，载《中国法学》2020年第3期。

是欧盟传统反垄断体系之外的监管机构使用的新竞争法工具，被视为欧盟反垄断法律制度的重构。与《数字市场法（草案）》强调监督提供核心平台服务的“看门人”企业不同，《数字服务法（草案）》适用于几乎所有提供互联网服务的企业，旨在加强网上违法内容和商品的打击力度，增强网络市场透明度，同时推动小型数字平台和初创企业发展。截至目前，两部草案均暂未生效。

另外，欧盟出台《一般数据保护条例》对数据主体收集和使用用户数据的行为进行监管（详细内容请见下文“四、欧盟个人数据保护”），与《数字市场法（草案）》等相配套，共同规制数据垄断行为（见图20）。

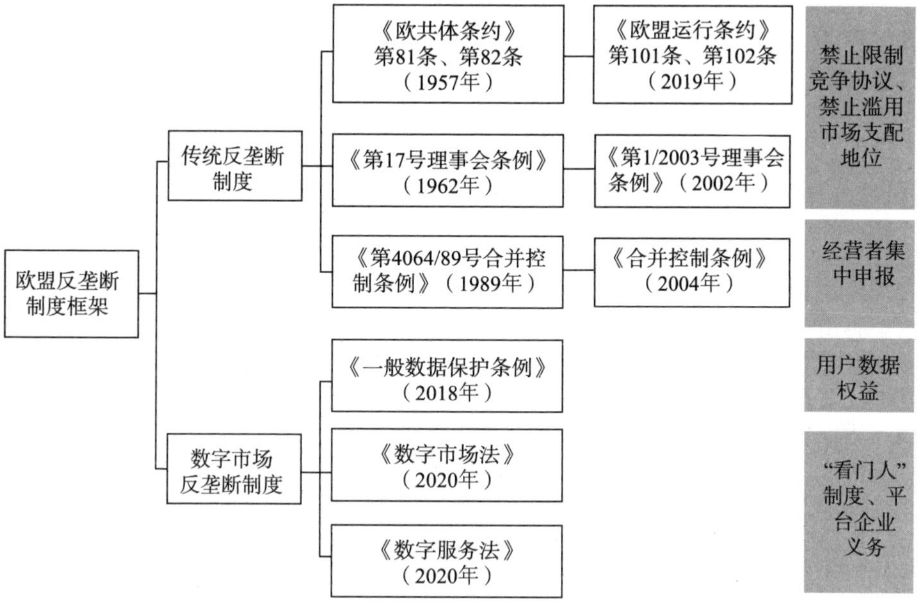

图20　欧盟反垄断制度

（二）主管机构

欧盟层面的反垄断执法机关为欧盟委员会竞争总司（Directorate-General for Competition）。欧盟各成员国内同样设有竞争主管机构。竞争总司与欧盟各成员国竞争主管机关的管辖权取决于并购交易是否“具有欧盟影响”[①]，如果并购企业

① 参见曹红英、王洋：《欧盟竞争政策值得中国借鉴》，载《中国对外贸易》2008年第11期。

在全球及欧盟的营业额均满足欧盟《合并控制条例》的申报门槛（达到“共同体规模”要求，详见下文“申报标准”）规定，应当向欧盟委员会进行申报；反之，则不符合“欧共体规模”要求的经营者集中，应当向欧盟成员国主管机构申报。此外，如果合并计划没有达到欧盟委员会的审查门槛要求，但同时属于至少3个成员国管辖范围，欧盟委员会可以根据并购企业请求提供“一站式”的审查，从而避免企业向多个相关成员国分别申报，简化程序，提高效率。①

一般情况下，欧盟委员会对“具有欧盟影响”的经营者集中享有排他性管辖权。但是，在特殊情况下，欧盟委员会会将全部或部分交易移交成员国国内的竞争主管机构进行审查。如果一项交易对某一欧盟成员国的相关市场竞争产生显著影响，欧盟委员会可能将部分或全部交易移送至该成员国竞争主管机构进行审查。

作为例外，欧盟《合并控制条例》还规定，某并购虽“不具有欧盟影响”，但可能基于下列原因，被成员国移送至欧盟委员会审查：（1）当一项交易中的经营者集中影响成员国之间的贸易，同时会威胁到成员国的竞争秩序时，相关成员国的竞争主管部门可申请将交易移送欧盟委员会管辖；（2）如果一项集中不符合“具有欧盟影响”的要件，却可能受到至少3个欧盟成员国的相关竞争法审查时，申报方可申请将案件移送欧盟委员会管辖。②

（三）《合并控制条例》下的经营者集中申报和审查

1. 申报标准

《合并控制条例》中的“经营者集中”（concentration）包括3种形式：合并（merger）、收购（acquisition）或者建立合资企业（joint venture）。如果交易各方符合欧盟层面“经营者集中”的门槛条件，则该交易应当受到《合并控制条例》管辖。③参与经营者集中交易的企业必须向欧盟委员会申报该交易，欧盟委员会将

① 《合并控制条例》第22条第1款规定：“一个或多个成员国可提请委员会审查第3条定义的不具第1条规定的共同体规模，但是影响了成员国之间的贸易，对提起移交请求的一个或多个成员国领土内的竞争可能造成重大影响的任何企业集中。这一请求在相关成员国接到企业集中申报之日起至多15个工作日内提出，或如果不需此种申报，在相关成员国以其他方式获知之日起，至多在15个工作日内提起。”

② 参见刘璇：《欧盟企业并购控制法律管辖权制度分析》，载《特区经济》2016年第5期。

③ 参见《合并控制条例》第3条。

依照该合并行为是否会影响欧共体市场（合并后新企业占市场份额情况）的衡量标准，分别作出合并行为合法予以批准、不合法应当修改合并计划、不合法应当禁止合并的裁决，以维护共同体市场的有序竞争和发展。[①]

欧盟层面“经营者集中”的门槛条件具体体现为：集中和控制、共同体规模（财务门槛）以及在欧盟境内开展重大经营活动。具体内容如下。

（1）集中和控制

根据欧盟法，判断是否构成“集中”的关键因素，在于是否存在取得“控制”。根据《合并控制条例》第3条第2款的规定，“控制”是指对一家企业的经营决策施加决定性影响，包括单独控制和联合控制两种方式。[②]

①单独控制

单独控制，是指持有公司或者有资格持有公司的权利（如股权），或者虽未持有公司的权利也没有持有公司权利的资格，但是却能够对公司施加决定性影响的一种掌控方式。在实务中，一般认为如果一方控制另一方50%以上的股权则存在控制关系。

②联合控制

对于企业的小股东，即便在股权方面没有明显的控制关系，但是能够通过在公司管理机构中行使特殊权利（否决权等）进而对公司的决策施加决定性影响。例如，股东在预算、商业计划、重大投资、高管任命等重要战略性决策事项方面享有的超出普通股东拥有的权利。

（2）达到共同体规模（财务门槛）

欧盟反垄断主管机关主要审查的经营者集中行为还必须达到“共同体规模”的下列财务门槛标准：[③]①所有参与集中的企业（收购方和目标企业）在全世界的年度营业总额超过50亿欧元；②参与集中的企业中至少有两家企业各自在欧盟范围内的年度营业额总和超过2.5亿欧元；③任意一家企业在欧盟范围内的年度营业额的2/3以上不是来自同一个成员国。[④]

---

① 参见《合并控制条例》第8条。

② 参见《合并控制条例》第3条第2款。

③ 参见《合并控制条例》第1条第2款。

④ 参见李琳琳、郑雯婷:《中国企业如何更好地“走出去”?——欧盟反垄断申报问题探讨》，载《中国律师》2019年第5期。

不符合以上标准，但满足下列条件的将视为“共同体规模”的经营者集中：①所有参与集中的企业中，在全世界的年度营业总额超过25亿欧元。②所有参与集中的企业中，在3个以上欧盟成员国的年度营业总额之和超过1亿欧元。③所有参与集中的企业中，至少两家企业在符合上述②条件的至少3个欧盟成员国的每个国家中，每家企业的年度营业额分别超过2500万欧元。④所有参与集中的企业中，至少两家企业中的一家，在欧盟范围内的年度营业额分别超过1亿欧元。⑤参与集中的各个企业在欧盟市场年销售额的2/3以上不是来自同一个成员国。如果拟集中的企业在某一欧盟成员国国内的年度营业额超过各自在欧盟范围内总营业额的2/3，那么即使拟集中企业达到①与②所设定的标准，但是由于其业务集中于某一成员国，与该国的联系而不是与欧盟的联系更为紧密，所以并没有达到共同体规模的申报标准。[①]

其中，关于营业额计算规则：一是在寻求共同控制权的并购交易中，收购方各主体的营业额同样计算在内。因此，即使目标企业的营业额较小，该交易仍可能基于收购方的营业额符合《合并控制条例》的门槛要求而落入欧盟层面的审查范围。二是如果参与集中的企业属于一家集团，则整个集团的营业额均须计算在内。

需要注意的是，如果经营者集中未达到共同体规模，但是对欧盟成员国之间的交易产生影响，且对提出审查请求的欧盟成员国领土内的竞争产生严重威胁，则欧盟委员会可能就会应一个或一个以上的欧盟成员国就一个未达到共同体规模的经营者集中请求展开审查。

2. 一般程序

根据欧盟《合并控制条例》，欧盟层面的经营者集中在开始实施前必须向欧盟委员会申报，经欧盟委员会审查批准后方可实施。[②] 欧盟的经营者集中审查有两个阶段：第一阶段初审阶段以及第二阶段深入调查阶段。[③] 根据欧盟官方网站的披露，90%以上的并购申报案件都在第一阶段的初审中获批通过且无须提供补

① 参见李琳琳、郑雯婷:《中国企业如何更好地“走出去”?——欧盟反垄断申报问题探讨》，载《中国律师》2019年第5期。

② 参见欧盟《合并控制条例》第7条第1款。

③ 《欧盟并控制手册》，载 https://ec.europa.eu/competition-policy/system/files/2021-02/merger_control_procedures_en.pdf，最后访问日期：2022年2月16日。

正材料；仅有引起重大关注、可能严重阻却竞争的并购交易会进入深入调查阶段。

（1）申报程序

申报程序是中国企业在欧盟启动并购程序的第一步。申报方可以在集中交易执行前的任何时间向欧盟委员会提交，包括在宣布收购要约、买方公开其收购意图、交易各方有签署合并决定性文件意向后，应当在协议签署后尽快向欧盟委员会进行申报并提交欧盟申报表（CO 申请表）。①

通常，申报方会在交易文件准备完成前，与欧盟委员会就需申报的信息范围、调查关注的重点问题进行非正式且保密的沟通，以便日后审批能够顺利通过。如果交易方没有事前进行申报，无论是故意还是过失，都将受到罚款（详见下文“3. 罚则”）。

对于在不同市场领域开展业务的企业的并购，或者市场份额较小，没有达到特定的市场份额门槛的，可以认为一般不会引起较大的竞争法律问题，因此能够适用简化程序（simplified procedure）进行常规性审查。此处的“市场份额门槛”一般是指在垂直市场占有率不足 25%，或者在并购参与方共同竞争的市场占有率不足 15%。值得注意的是，此处所述“市场”是指相关市场，不仅仅是地域上的概念，也是产品上的概念。在经营者集中申报过程中，相关市场界定是极为重要且复杂的，并对审批结果有重要的影响。

（2）第一阶段的审查

第一阶段审查的主要目的是审查该经营者集中是否存在与共同体市场不协调的情况。如果能排除顾虑，则第一阶段的审查到此为止，否则将正式展开调查。

在接到申报的完整信息材料之日起的 25 个工作日内，欧盟委员会须完成初步审查并作出批准或需要进一步审查的决定。出现下列特殊情形的，第一阶段调查期限可延长至 35 个工作日：①相关企业为了实施集中交易与共同体市场相协调而提交救济性承诺（commitments or remedies）；②委员会收到成员国有关管辖权异议的申请，请求将实质性影响成员国国内独立市场的合并移交给成员国主管机关处理的情况。②

在第一阶段的审查中，除了需要并购主体提供其基本信息外，欧盟主管机构

---

① 参见欧盟《合并控制条例》第 4 条第 1 款。

② 参见王军、解琳：《欧盟法对企业合并的规制》，载《河北法学》2007 年第 3 期。

还可能向其他市场主体发放问卷，以确定此次并购对市场竞争的影响。

在第一阶段的审查中，欧盟委员会可以作出以下决定：①并购交易申报不属于《合并控制条例》规制范围，作出决定并移交有关成员国进行审查；②认定该交易与共同体市场相协调，无条件地批准（或附承诺地批准）并购；③对该交易是否与共同体市场相协调有严重怀疑，需要进行第二阶段的审查。[①]

（3）第二阶段的审查

当欧盟委员会在第一阶段的审查中怀疑经营者集中交易会对市场竞争产生重大影响，且无法解决该交易对市场竞争产生的影响的情况下，会启动第二阶段的审查。

第二阶段的审查将更加深入，耗时也将更长。第二阶段的审查时间可依情况延长至 105 个工作日或 125 个工作日。[②]

在第二阶段，主管机关会进一步对公司内部文件、更广泛的经济数据进行调查。在这一阶段主管机关会对企业并购所声称的规模效益与并购产生的效率进行审查，需要证明此种效率具有可证实性，且此种效率是否只有通过并购才能实现（merger specific），以及此并购所产生的效益性是否能够使消费者受益。需要注意的是，有损竞争的并购交易未必一定被欧盟所禁止。欧盟《关于在控制企业集中的理事会条例下横向合并评估指南》对合并产生的效率作为促进竞争的要素予以认可，如果能够证明该合并所产生的效率可以抵消其负面影响时，欧盟委员会可能不会禁止该合并交易，因为没有理由认定该合并与共同市场不符。

欧盟委员会根据集中是否与欧盟市场相容作出不同的审查决定：[③]①无条件批准。宣告企业集中与共同体市场相协调，允许申报的企业进行集中。②附承诺的批准。企业提出或与欧盟委员会协商确定附加的条件和义务，承诺对并购计划加以修改或变更，从而被批准并购（例如，要求申报的企业对合并计划作

① 参见《欧盟并购控制手册》，载 https：//ec.europa.eu/competition–policy/system/files/ 2021–02/merger_control_procedures_en.pdf，最后访问日期：2022 年 2 月 16 日。

② 根据《合并控制条例》第 10.3 条的规定，一般而言，第二阶段的审查时限是自进一步审查的决定作出之日起 90 个工作日，但如果相关企业在委员会作出第二阶段立案调查后超过 55 个工作日（含）向委员会提交承诺的，则第二阶段的调查期限可延长至 105 个工作日；此外，在当事方请求或欧盟委员会要求并经当事方同意的情况下，可延长 20 个工作日。

③ 参见《合并控制条例》第 8 条。

一些变更、限制申报企业在被控企业的股份、规定申报企业在未来的经营中不得从事一些特定的经营行为等)。[①] ③禁止集中。交易被认定与欧共体市场不协调，并且相关企业未能提出适当的补偿计划解决欧盟委员会的竞争顾虑，故交易被禁止。

(4) 补救性承诺

虽然在大多数情况下，并购案件的反垄断申报在第一阶段就能完结，但是当反垄断主管单位认为并购会严重影响市场竞争时，参与并购的公司也可以提供承诺作为一种补救措施。补救措施可在欧盟委员会的第一阶段或第二阶段审查中提交。

欧盟委员会一般倾向于申报方提供结构性承诺(如降低持股、减少业务或资产等)，同时也接受行为性承诺(如同意给第三方在合理及平等的条件下进行知识产权许可)。

如果欧盟委员会认为申报方承诺的补救措施足以消弭该并购对市场竞争产生影响的忧虑，可能会接受该补救措施，并为该并购设置管理人以监督整个并购的过程与运行。但是，当欧盟委员会认为申报方的承诺无法消除委员会的顾虑，则会禁止该交易；如果交易已经进行，则会要求企业恢复原状(详见下文“3. 罚则”)。

(5) 救济

交易方对欧盟委员会基于《合并控制条例》作出的决定不服，有权向欧盟普通法院(General Court)提起诉讼，如果对欧盟普通法院作出判决的法律适用问题认定结论仍然不服，可以向欧盟法院(Court of Justice of EU)上诉。上诉的主体还可以是第三方，如受欧盟委员会决定影响的竞争者等。

3. 罚则

(1) 能够申报而未申报的处罚

①罚款

根据《合并控制条例》的规定，如果参与经营者集中的企业故意或过失地在实施集中前未依法进行事前申报，或申报后未经许可就实施集中，则欧盟委员会有权对其处以不超过所有参与集中相关企业(有控制链关系的所有公司)上一业

① 参见蒋小红:《欧盟对企业合并的法律监管制度——从中国跨国企业首次遭遇欧盟反垄断调查谈起》，载《国际贸易》2006 年第 7 期。

务年度总营业额10%的罚款。

需要指出的是，由于中国国有企业往往存在股权结构复杂、控股层级众多的现象，所以在实务中，欧盟竞争当局难以查清或发现营业总额是否高于门槛价。[①]但是，竞争主管当局有权发布正式的、要求公司提供信息的命令，在公司无法提供这些信息时，当局会下令进行强制措施（罚款）。

②恢复原状

竞争主管当局或者法院有权要求当事人恢复原状，具体措施包括：解散合并并予以分离联合的财产、取消控股以及其他能够恢复有效竞争的措施。[②]但是对已经进行的交易的拆分或者其他结构性变化，一般只会在以下情况下进行：此次交易会显著影响有效竞争；其他替代性恢复竞争的方法代价高于拆分已经合并的公司（由于上述条件的限制，在实践中，这种情况可能性较小）。

③合同无效的风险

一项应该进行反垄断申报并结清反垄断审查事项的交易未申报的民事法律后果一般是合同无效。合同被“暂时性”认为无效；一旦结清反垄断申报，取得并购许可，合同效力溯及既往。

（2）虚假陈述的处罚

如果向欧盟委员会提交的意见或申报中有错误的或误导性的信息或文件，提交该信息或文件的主体可被处以高达其年营业额的1%的罚金。[③]

（3）未按授权执行并购的处罚

如果并购得到授权，但是在执行并购过程中违反欧盟并购授权中规定的义务，欧盟委员会可以命令参与并购的各方解除并购，并可能会要求解散合并或放弃收购的股权或资产，以恢复到执行并购前的状态。

欧盟委员会还可以对此处以适当数额的罚金。

---

① 参见王清华、施珵、沈晓禹：《中国企业赴德并购的反垄断风险》，载https：//www.allbrightlaw.com/CN/10475/801f64f7d4264832.aspx，最后访问日期：2021年8月30日。

② 参见王军、解琳：《欧盟法对企业合并的规制》，载《河北法学》2007年第3期。

③ 《合并控制条例》第14条第1款规定：第3（1）b条涵盖的人、企业或企业社团有以下行为时，委员会可作出决定，对其处以不超过第5条规定的企业或企业协会总营业额1%的罚款，不管其行为是故意还是过失……

4. 统计数据

欧盟委员会决策的统计数据显示（如图 21 所示），绝大多数案例会在第一阶段获得批准，且无须作出任何承诺；附承诺的批准或禁止集中的决定仅占欧盟委员会审查决定的少数。然而值得注意的是，对于进入了第二阶段审查的案件，欧盟委员会对竞争问题质疑的情形越来越多，附承诺的批准数量逐渐上升，超过60% 未获批准或需要采取补救措施（如表 20 加粗部分所示）。

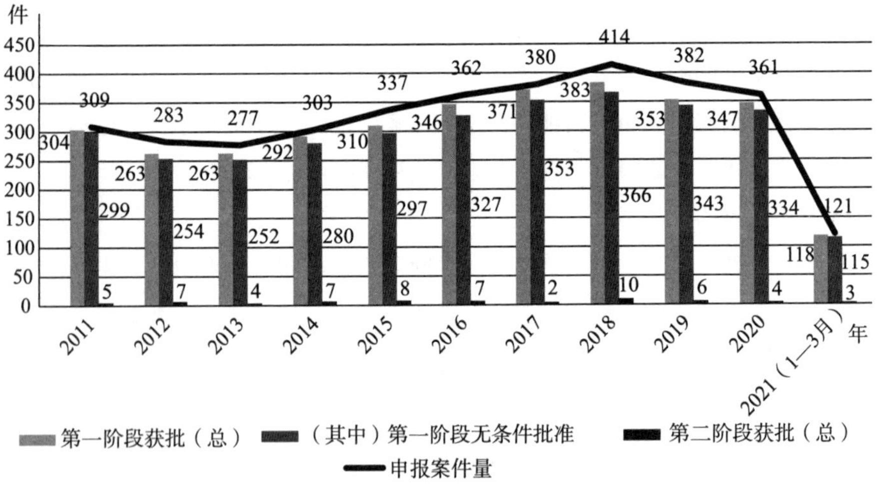

图 21　欧盟委员会反垄断审查结果

表 20　未获批准或需要采取补救措施的案件数　　单位：件

分类	2011 年	2012 年	2013 年	2014 年	2015 年	2016 年	2017 年	2018 年	2019 年	2020 年	2021 年（1—3 月）
申报案件量	309	283	277	303	337	362	380	414	382	361	121
第一阶段获批（总）	304	263	263	292	310	346	371	383	353	347	118
启动第二阶段案件量	8	10	6	8	11	8	7	12	8	8	1
第二阶段获批（总）	**5**	**7**	**4**	**7**	**8**	**7**	**2**	**10**	**6**	**4**	**3**

续表

分类	2011年	2012年	2013年	2014年	2015年	2016年	2017年	2018年	2019年	2020年	2021年（1—3月）
第二阶段无条件批准	4	1	2	2	1	1	0	4	0	1	0
第二阶段附承诺批准	**1**	**6**	**2**	**5**	**7**	**6**	**2**	**6**	**6**	**3**	**3**
禁止集中	**1**	**1**	**2**	**0**	**0**	**0**	**0**	**0**	**0**	**0**	**1**

（四）数字经济下的反数据垄断规制

1. 定义及适用范围

《数字市场法（草案）》规制的对象是符合“看门人”标准的核心平台服务供应商。“看门人”需满足下列条件：（1）对欧盟内部市场有重大影响：在过去3个财政年度，企业在欧洲实现的年营业额不低于65亿欧元（79亿美元），且在至少3个成员国提供核心平台服务，或企业在上个财政年度其平均市值至少达650亿欧元（790亿美元）；[①]（2）提供核心平台服务：企业将庞大的用户群与众多企业联系在一起，具体来说，在上一财政年度，企业核心服务平台在欧盟拥有月活跃终端用户超过4500万户，并在欧盟拥有年活跃商户超过1万户；[②]（3）享有或预期享有稳固而持久的地位：在过去3个财政年度，企业每个年度都有超过2500万户活跃消费者和1万户活跃商户。[③]

同时满足上述条件的平台企业，将被认定为“看门人”，并负有法定义务（详见下文）。如果随着市场发展变化，该企业不再符合“看门人”的门槛条件，欧盟委员会可以结合市场调查的方式来判断是否解除其《数字市场法（草案）》下

① 参见《欧盟〈数字服务法案〉〈数字市场法案〉提案与欧洲平台监管走向》，载https：//www.secrss.com/articles/28304，最后访问日期：2021年8月30日。

② 参见《欧盟〈数字服务法案〉〈数字市场法案〉提案与欧洲平台监管走向》，载https：//www.secrss.com/articles/28304，最后访问日期：2021年8月30日。

③ 《数字市场法(草案)》第2条第1款规定，“看门人是满足法案第3条规定的核心平台服务供应商”；第3条第1款、第2款。

的法定义务。此外，如果企业不符合上述条件，欧盟委员会也可通过市场调查的方法判断该企业经营活动是否产生用户锁定或网络集群效应并进一步影响竞争，从而判断该企业是否符合“看门人”标准。

2. 法定义务[①]

符合“看门人”特质的平台企业应当履行《数字市场法（草案）》规定的义务，包括应为（命令性规则）和不应为（禁止性规则）。有“看门人”地位的大型互联网平台企业有责任确保依赖自身平台服务的商户和用户提供更公平的商业环境，不得构建封闭的市场结构，不得实施自我优待。“看门人”法定义务的具体内容如下。

（1）命令性规则

“看门人”命令性义务包括:①在特定情况下与第三方经营者的服务进行兼容；②允许经营者在“看门人”平台之外的其他平台推广产品、签订合约；③向在平台投放广告的经营者提供“看门人”的测评工具和必要信息，使经营者能够独立评估广告效果；④确保经营者能够获取其自身在平台活动所产生的数据。

（2）禁止性规则

“看门人”禁止性义务包括：①禁止用户卸载平台预装的应用 / 软件；②使用平台收集的数据并优待“看门人”自己的商品或服务，与平台内经营者开展竞争；③限制用户从“看门人”平台以外获取服务。

3. 罚则

（1）罚款

“看门人”违反《数字市场法（草案）》规定的义务，将被处以高额罚款，罚款金额可达公司年营业额的 10%，甚至是每日营业额的 5%。

（2）结构性救济

除罚款外，如果“看门人”企业在 5 年内 3 次违反《数字市场法（草案）》法定义务，将被认定进行了“系统性违反”行为。欧盟委员会有权根据该违法行为的严重程度对其采取“结构性救济措施”，必要时可要求“看门人”平台通过拆分缩减规模。

结构性救济措施增加了《数字市场法（草案）》的威慑力。欧盟强调，该等

---

① 参见《数字市场法（草案）》第 5 条、第 6 条。

手段的实施应当以反垄断为目标，否则纯粹地将一个巨头一分为二，可能导致产生两个巨头的结果。

（五）2021 年欧盟反垄断规制新动态

表 21　2021 年欧盟反垄断规制动态

日期	法规名称
2020 年 12 月	欧盟委员会和英国竞争和市场监督管理局（CMA）均发布了过渡期结束后英国脱欧对竞争法（包括合并控制）影响的指南
2021 年 3 月 26 日	欧盟委员会发布《关于〈合并控制条例〉第 22 条规定的转接申请机制的指南》

1. 英国脱欧后的反垄断制度安排

2020 年 1 月 31 日，英国正式退出欧盟，2020 年 12 月 31 日之前，为过渡期。过渡期满之前，欧盟委员会对经营者集中交易的“一站式”审查制度对英国仍然适用，即除非欧盟委员会根据《合并控制条例》第 4（4）条或第 9 条向英国竞争和市场监督管理局移送经营者集中申报，否则英国竞争和市场监督管理局不得对同一交易单独进行调查。

2020 年 12 月 1 日，英国竞争和市场监督管理局发布《有关过渡期结束后英国竞争和市场监督管理局职能的指南》，隔日欧盟委员会发布了《有关英国脱欧与欧盟竞争法领域的通知》，旨在对过渡期结束后英国脱欧对欧盟反垄断规范制度的影响进行说明。①

过渡期结束后，英国与欧盟的经营者集中审查机制将分离并行，欧盟委员会“一站式”审查制度对英国不再适用。对于符合欧盟审查标准的经营者集中交易，如果满足英国审查门槛，也将受到英国的合并控制。对此，英国竞争和市场监督管理局表示，过渡期结束将导致英国合并审查数量增加 40%。此外，英国脱欧带来的潜在合并审查将产生额外的并购费用，并可能延长交易时间表，进而增加企业并购成本。

---

① 英文全称：European Commission，“Commission Notice to stakeholders：Withdrawal of the United Kingdom and EU rules in the field of competition law”，REV. 1，2 December 2020；CMA，“Guidance on the functions of the CMA after the end of the Transition Period”，CMA 125，1 December 2020。

2. 成员国向欧盟委员会转介经营者集中申报[①]

（1）主要内容

欧盟《合并控制条例》第 22 条规定，对于“不具有欧共体影响”但可能影响成员国之间贸易并严重威胁成员国内部竞争的经营者集中交易，允许欧盟委员会依据成员国申请对该交易进行审查。尽管《合并控制条例》并不妨碍成员国就不符合本国审查门槛的经营者集中交易向欧盟委员会进行转介（referral），但多年实践以来，欧盟委员会并不鼓励成员国提出此类请求。

2021 年 3 月 26 日，欧盟委员会发布《关于〈合并控制条例〉第 22 条规定的转接申请机制的指南》，[②] 改变了欧盟委员会以前的做法。根据该指南，欧盟委员会将受理欧盟成员国请求转介的不符合本国审查门槛的经营者集中申报，并重点关注数字经济、医药和注重创新的行业。此后，任何经营者集中交易，不论规模大小（目标公司的营业额很少甚至没有营业额的并购交易），均可能被成员国转介给欧盟委员会依据《合并控制条例》进行审查。

该指南的出台扩大了欧盟委员会对合并控制的管辖权范围，列举了符合转介标准的情形，包括但不限于：①具有显著竞争潜力的初创企业或行业新进入者；②参与重要研究的重要发明人或企业；③实际或潜在的重要竞争力量；④获得极具竞争力资产的企业（如原材料、基础设施、数据、知识产权）；⑤为其他行业提供作为关键原材料或组成部分的产品或服务的企业。

此外，该指南还规定了欧盟委员会在决定是否接收转介案件的考虑要素，如超额支付（over payment）等。超额支付，是指卖方收到的对价明显高于目标公司当前的营业额。

需要注意的是，即使交易已交割完成，该交易被转介的风险并不能完全排除。欧盟委员会强调，即使交易已结束，只要该交易被认为可能引发反竞争问题，成员国仍然可以向欧盟委员会请求转介该案件。一般来说，如果交易完成超过 6 个月，欧盟委员会将不再考虑接受成员国就该交易的转介请求，除非根据该交易涉及的潜在竞争问题以及造成消费者不利影响的程度，欧盟委员会有理由进行干预。

---

① https：//www.mcguirewoods.com/client-resources/Alerts/2021/5/european-competition-law-newsletter-may-2021，最后访问日期：2021 年 8 月 25 日。

② 英文全称：Commission Guidance on the application of the referral mechanism set out in Article 22 of the Merger Regulation to certain categories of cases。

（2）相关案例

2021 年 4 月 20 日，欧盟委员会接受来自比利时、法国、希腊、冰岛、荷兰和挪威等成员国的请求，以评估“Illumina 收购 GRAIL 案”是否应当被转介至欧盟委员会。欧盟委员会认为，GRAIL 是一家依赖下一代测序技术的癌症诊断领域“独角兽”企业，鉴于该并购涉及 71 亿美元的交易额，该公司当前的营业额并不能够反映其显著的竞争重要性（competitive significance）。欧盟委员会认为，该交易将可能产生限制获取下一代测序仪和试剂或提高其价格的风险，进而损害 GRAIL 在癌症诊断领域内活跃的竞争对手。因此，欧盟委员会接受了成员国就该交易的转介请求，Illumina 将无法在向欧盟委员会申报并获得批准之前实施该并购交易。

（3）应对措施

鉴于成员国向欧盟委员会转介经营者集中申报将会大大延长交易审查期，中国企业拟向欧盟进行投资的，应当在交易的早期阶段将转介对交易的影响纳入考量，并采取应对措施。首先，交易方可以向相关成员国的竞争主管机构提出申请并评估是否转介该申报。此外，交易方应当仔细评估潜在转介对交易时间表的影响。

（六）中国企业注意事项

鉴于违反欧盟反垄断法律制度，企业可能面临高额罚金或面临被拆分的风险，建议中国企业前往欧盟投资并购时，着重注意以下事项。

1. 申报义务主要是收购方承担

在欧洲并购进行反垄断申报时面临的首要问题就是申报主体与申报范围的问题。

一般而言，对于合并来说，合并的所有参与方（merging parties）都有申报的义务，而对于收购来说，申报的义务主要在于收购方。[①] 所以中国企业在收购欧盟企业时或者收购行为对欧盟市场产生影响时，作为收购主体的中国企业需要承

① 《合并控制条例》第 22 条第 2 款规定：如果某一企业集中包括第 3（1）（a）条说明的合并，参与合并的各方应共同向委员会申报，如果某一企业合并包括了第 3（1）（b）条说明的共同控制权的获得，获得共同控制权的各方应向委员会申报。在其他情况下，由获得某一企业或多个企业全部或部分控制权的个人或企业向委员会申报。

担申报的义务。

2. 营业额计算

欧盟《合并控制条例》明确规定，如果参加并购的企业属于某个集团，则计算营业额时该集团的全部营业额均须包括在内。换言之，在收购主体存在绝对控股股东或者存在绝对控制关系的情况下，一般难以证明公司的独立性，欧盟或者欧盟成员国会根据控股、控制关系予以穿透追查，以最终控制人的数据、规模以及经营情况作为反垄断审查标准。

基于此，营业额的计算范围应当是基于控制链与目标实体以及与收购人有直接或间接控制关系的所有公司的营业额总和。申报主体应提供这些公司在全球范围以及在欧盟特定国家（如业务所在国，并购目标公司所在国，以及并购后可能开展业务的国家）的营业额数据。总体营业额数据应当囊括买方公司以及与其有控制链关系的公司的营业额。例如，可能需要申报该公司的母公司的其他子公司以及分支机构的数据，这些数据不限于该母公司下从事同行业的公司，也有可能进行跨行业营业额合并。竞争主管当局会要求提交关于这些数据的文件类证明材料（财务报表或者财务账户）。

3. 针对中国国有企业的营业额计算范围之特殊性

针对中国国有企业，在营业额计算方面，还存在一个特殊性，即欧盟有可能会对国资委下属的同行业国有企业的经营规模、经营数据进行合并计算营业额。在欧盟委员会就中国广核集团有限公司（以下简称中广核）与法国电力公司（以下简称法电）合资建设英国欣克利角（Hinkley Point）核电站项目作出的决定中，欧盟委员会认为，由于国资委有任命和监督国有企业高管的权力，有权从战略角度参与中广核的商业行为（包括批准合并和战略投资决策），国资委有权控制中广核的商业经营和策略制定等，进而认定中广核不是一家独立的公司，其营业额计算应当与国资委下属的同行业国有企业的经营规模、经营数据进行合并计算。

鉴于此，中国收购者应当注意，在计算营业额时，即便控股主体繁杂，层级众多，但只要不能证明作为收购主体的公司独立性，那么就需要根据控股关系或者实际控制关系向上穿透追查，直至追查到某一独立性较强的实体（譬如自然人股东，或者无绝对控股股东的公众公司），并以该实体的文件（如合并财务报表）或者数据（如在世界、欧盟以及欧盟成员国的营业额数据）进行反垄断申报与审查。

4. 英国脱欧对中国企业的影响

英国与欧盟的经营者集中审查机制分离，英国和欧盟的执法路径差异化将日益分明，中国企业赴欧洲投资可能面临欧盟和英国的双轨制审查，将增加企业投资的成本和不确定性。秉承一贯严格强势的执法风格，英国竞争和市场监督管理局将追究个人责任作为增强执法力度的有力武器，在数起案件中对高管处以取消董事资格的处罚。为降低中国企业和个人的反垄断风险，建议公司设置内部匿名举报通道，鼓励公司雇员配合反垄断调查，以及时获得雇员对反垄断违规行为的反馈。

三、欧盟外国政府补贴监管

除反垄断审查外，部分具有国有企业性质以及可能受到政府补贴的中国投资者，成为东道国外商投资审查的重点审查对象。早在 1990 年，美国就曾依据《埃克森－佛罗里奥修正案》阻止了中国航天技术进出口公司（China National Aero-Technology Import and Export Corporation）拟购买民用飞机零部件生产商美国曼姆科公司（Mamco Manufacturing Inc.）的交易。

欧盟成员国同样对外国政府补贴行为产生顾虑并就相关并购交易采取深入细致的审查。例如，在“中国中车收购德国福斯罗（Vossloh）机车案”①中，出于对该交易可能存在的国家补贴行为为并购方带来成本优势等方面的顾虑，德国反垄断机构联邦企业综合管理局对该并购交易进行了细致的研究和审查。最终，在排除了该并购交易对市场竞争造成严重损害的可能性后，德国反垄断机构联邦企业综合管理局批准该并购交易。

由于欧盟当前的国家援助规则仅适用于欧盟成员国提供的援助，未针对非欧盟国家对该国国有企业或国家扶持企业的财政援助，因此，欧盟希望通过立法规制外国政府补贴行为，防范政府补贴行为可能对欧盟内部市场产生“扭曲性”（distortion）影响，弥补当前法律规制的空白。

（一）法律依据

2020 年 6 月 17 日，欧盟委员会发布《关于在外国补贴方面创造公平竞争环

① 参见 https://www.bundeskartellamt.de/SharedDocs/Meldung/EN/Pressemitteilungen/2020/27_04_2020_CRRC_Vossloh.html；jsessionid=9E59B6E784C09BFF9165703C650384B6.1_cid371?nn=3591568，最后访问日期：2021 年 8 月 25 日。

境的白皮书》（以下简称《白皮书》）[①]，拟新设专门的审查机制以监管外国政府补贴行为，并就该审查制度公开征求意见。

2021 年 5 月 5 日，欧盟委员会发布《外国政府补贴条例（草案）》[②] 规定，并购交易或公共采购招标符合门槛要求的，应当向欧盟委员会申报，欧盟委员会有权对该交易或公开招标中是否存在具有扭曲效果的外国政府补贴进行审查。该外国政府补贴审查是继反垄断审查、外商直接投资审查后，欧盟针对外商直接投资新设的申报义务和审查机制。截至 2021 年 8 月，《外国政府补贴条例（草案）》尚未生效。

（二）主要内容

《外国政府补贴条例（草案）》设有 7 章共 48 条，就集中交易和公共采购中所涉的外国政府补贴确立了两套并行制度，分别为事前申报制度和欧盟委员会依职权主动审查制度。其中，对于达到申报门槛要求的集中交易和公共采购（public procurement）项目，应当向欧盟委员会进行申报并在获批后方可实施；对于不符合门槛要求的小微额集中交易和公共采购等其他情形，欧盟委员会可以依职权主动对所涉外国政府补贴行为进行审查。[③]

在欧盟委员会采取的外国政府补贴审查制度中，可以豁免的情形即在过去 3 年不超过 500 万欧元的补贴金额。由于该补贴行为不会产生扭曲内部市场的影响，因而无须进行申报。[④]

1. 概念和范围

（1）外国政府补贴

《外国政府补贴条例（草案）》下的“外国政府补贴”（foreign subsidy），是指由第三国中央政府、各级政府部门、外国公共实体或特定私人实体提供的，可为在欧盟从事经济活动的公司带来利益的多种形式的财政资助。具体来说，构

① 英文全称：WHITE PAPER on levelling the playing field as regards foreign subsidies。

② 英文全称：Proposal for a REGULATION OF THE EUROPEAN PARLIAMENT AND OF THE COUNCIL on foreign subsidies distorting the internal market。

③ 参见《外国政府补贴条例（草案）》“前言”部分。

④ 参见《外国政府补贴条例（草案）》第 3（2）条。

成“外国政府补贴”应当满足以下4个要件：[①] ①提供补贴的主体为第三国（third country）；②第三国给予了财政资助（financial contribution）；③该财政资助对在欧盟市场从事经济活动的企业授予利益（confer a benefit）；④该利益在法律或事实上限于特定的企业或产业（limited to several undertakings or industries）。

关于部分国家在新冠疫情等特殊时期出台的经济刺激计划是否属于外国政府补贴这一问题，《白皮书》曾指出，第三国为减轻该国或全球严重经济动荡而给予的政府补贴，如果是临时性的且符合比例原则，则不属于可能扭曲欧盟统一市场的外国政府补贴。[②] 但是，随后公开的《外国政府补贴条例（草案）》移除了豁免的相关内容，认为该等特殊时期的政府补贴仍应受到欧盟外国政府补贴审查的监管，该规定旨在确保不会因过度补贴造成欧盟内部竞争的严重损害。因此提请中国企业关注，我国地方政府在抗疫期间出台的支持性政策仍存在被欧盟委员会认定为外国政府补贴的风险，进而可能影响企业赴欧盟投资安排。

（2）外国政府补贴提供主体

《外国政府补贴条例（草案）》下的外国补贴提供主体为“第三国”，即非欧盟国家，具体包括：[③] ①外国中央政府和其他各级政府部门（central government and government authorities at all other levels）；②外国公共实体（foreign public entities）；③行为可归因于第三国的任何私人实体（private entity whose actions can be attributed to the third country）。

由此可知，《外国政府补贴条例（草案）》对“第三国”采取扩大解释的方式，将“可归因于第三国的私人实体”纳入监管范围。虽然该草案并未对“可归因于”进一步解释说明，但是通过研究欧盟反补贴调查实践可以看出，欧盟委员会在判断某项资助行为是否“可归因于”第三国政府时，重点审查：①第三国政府对该资助提供主体是否有控制权；②该资助提供主体执行了公共政策目标。[④]

---

① 参见《外国政府补贴条例（草案）》第2（1）条。

② 参见郑孜青：《欧盟反垄断最新进展与影响》，载《中国外汇》2021年第10期。

③ 参见《外国政府补贴条例（草案）》第2（2）（b）条。

④ 例如，在“韩国动态随机存储器案”中，欧盟委员会考虑到韩国政府拥有韩国发展银行100%股权，且该银行扮演执行公共决策的角色，有义务执行政府制定的决策，因此将该银行认定为上述可归因于国家的公共机构。又如，在“巴西大豆膳食案”中，欧盟委员会认为，以政府名义执行补贴计划的银行是政府或公共机构，银行与政府联系密切，政府任命关键的管理职位并拥有银行的大部分资本。

例如，在“中国橡胶充气轮胎反补贴调查案（2015）”[①]中，中国化工集团公司（CNCC）通过其全资子公司中国化工橡胶公司（CNRC）收购意大利知名轮胎制造企业倍耐力（Pirelli）。2018年，欧盟委员会作出反补贴调查决定并认为，由于并购方CNRC没有足够的自有资金进行本次收购，该公司在中国政府的多次干预（interventions）中受益，包括中国政策银行、商业银行等组成的银行财团向CNRC提供优惠贷款，以及中国政府投资基金（丝路基金，SRF）的股权出资，以上干预行为可归因于中国政府，且足以造成扭曲欧盟内部市场的影响。

（3）外国政府补贴形式

《外国政府补贴条例（草案）》列举了外国政府补贴的3种类型，具体包括：[②]①政府资金/债务转移，包括注资，拨款，贷款，贷款担保，财政奖励，弥补经营亏损，补偿公共部门造成的财政负担，债务豁免，债转股或债务的重新安排。[③]②本应征收的收入的豁免，如税收减免和免除。[④]③政府提供货物、服务或采购货物，既包括政府免费提供的相关货物或服务，也包括在这一过程中提供一定非市场条件的折扣和优惠。[⑤]

如前文提到的“中国橡胶充气轮胎反补贴调查案（2015）”，在《外国政府补贴条例（草案）》正式通过并生效后，国家政策性银行、商业银行等主体为中国企业收购境外资产提供的优惠贷款，存在被认定为“外国政府补贴”的可能性和风险。

（4）市场扭曲性

根据《外国政府补贴条例（草案）》，欧盟委员会根据外国政府补贴的金额和

① 参见《欧盟委员会影响评估报告》案例分析之CNCC/Pirelli，第13页。

② 参见《外国政府补贴条例（草案）》第2（2）（a）条。

③ 参见叶斌：《欧盟：〈外国补贴白皮书〉的投资保护问题刍议》，载《国际法研究》2020年第6期。

④ 《外国政府补贴条例（草案）》称为“the foregoing of revenue that is otherwise due”，但并未对“应征收的收入”作出进一步的解释。《白皮书》对此指出，税收优惠或税收抵免应当属于外国国家补贴的规制范围内。同时，参考欧盟反补贴调查的执法实践，如在“印度不锈钢条反补贴调查案”中，欧盟委员会便调查了所得税豁免计划。

⑤ 《外国政府补贴条例（草案）》称为“the provision of goods or services or the purchase of goods and services”。参考欧盟反补贴调查的执法实践，在“泰国滚珠反补贴调查案”中，泰国电业部门为出口商的电费提供折扣，电费折扣大约是其成本的20%，最终被认定为构成补贴。

性质、企业及有关市场的情况、接受外国政府补贴的企业在欧盟内部市场的经济活动水平、外国政府补贴的目的和附带条件等要素，用以判断该外国政府补贴是否会造成对欧盟内部市场扭曲的效果。①

特别的是，“最有可能”扭曲市场的外国政府补贴包括：①对陷入困境且缺乏重整计划的企业提供的补贴；②为债务提供无限担保；③为并购交易提供直接补贴；④使企业在投标中获得不正当优势并由此获得采购合同。②

2. 事前申报与审查制度

如《外国政府补贴条例（草案）》获得通过，中国企业赴欧投资将面临两项新增的事前申报制度，分别为：经营者集中交易申报和公共采购申报。③ 符合申报门槛条件的经营者集中交易、公共采购项目，须向欧盟委员会进行申报，在获得批准后方可交割。两项申报制度的申报标准如表 22 所示。④

表 22　两项申报制度的申报标准

交易类型	申报	申报门槛要求
经营者集中交易	事前申报	企业在欧盟营业额超过 5 亿欧元，且过去 3 年内受外国政府补贴超过 5000 万欧元的经营者集中交易
公共采购	事前申报	公共采购项目的价值不低于 2.5 亿欧元

（1）经营者集中交易⑤

该制度下的“经营者集中交易”范围较广，包括合并、收购（股权或资产）、协议控制、设立合资企业等。⑥

审查范围：欧盟委员仅会对签订协议、公开招标或获得企业控制权之前 3 年内获得的外国政府补贴进行评估。

强制申报门槛（notifiable concentration）：如果一项经营者集中交易达到了“申

---

① 参见《外国政府补贴条例（草案）》第 3（1）条。

② 参见《外国政府补贴条例（草案）》第 4 条。

③ 参见《外国政府补贴条例（草案）》第 17 条。

④ 参见《外国政府补贴条例（草案）》第 18（3）条、第 18（4）条、第 27（2）条。

⑤ 参见《外国政府补贴条例（草案）》第 3 章。

⑥ 参见《外国政府补贴条例（草案）》第 18（1）条。具体来说，条例规制的经营者集中行为，既包括两家企业之间的合并，也包括一家企业通过收购股权、收购资产、协议或其他方式取得另一家企业的控制权，还包括多家企业之间共同设立合营企业。

报门槛”，则必须事先向欧盟委员会进行申报。[①] ①被收购的目标企业或合并交易中的至少一方或新设合资企业本身或合营企业的母公司之一在欧盟设立，且该实体上一财年在欧盟内营业总额至少为5亿欧元;②在过去3年内,参与交易的一方，或在新设合资企业与其母公司，获得累计超过5000万欧元的第三国政府补贴。

特殊情况下，如果某项交易未达到申报门槛，但是欧盟委员会“怀疑相关经营者”在过去3年“可能受益于外国政府补贴”，欧盟委员会可以要求任何本无须申报的交易在实施之前的任何时间提交事前申报。[②]

调查时限：欧盟委员会开展初步审查的时限是25个工作日。如果欧盟委员会认为有必要启动深入调查，则应在收到申报之日起25个工作日内启动深入调查程序。深入调查的时限将延长90个工作日，并且在相关经营者提出承诺的前提下可延长15个工作日。[③]

审查决定：欧盟委员会经深入调查可以作出如下审查决定：[④] ①接受承诺并作出《附承诺决定书》(Decision with Commitments)；②无条件批准并作出《无异议决定书》(No Objection Decision)；③禁止经营者集中交易决定书（decision prohibiting a concentration)。

一般情况下，在欧盟委员会结束调查之前，交易不得完成交割。但是，如果相关交易已经完成并且产生了扭曲市场的效果，欧盟委员会可以在作出上述禁止经营者集中交易决定的同时，要求企业撤销经营者集中（包括撤销合并、处置已收购股份或资产）或者恢复原状。[⑤]

（2）公共采购[⑥]

该申报制度下的“公共采购”，是指使经营者能够提交在工程、供应或服务方面具有不当优势的投标的补贴。[⑦]

审查范围：与经营者集中交易申报的要求相同，欧盟委员仅会对公共采购项

① 参见《外国政府补贴条例（草案）》第18（3）条、第18（4）条。

② 参见《外国政府补贴条例（草案）》第19（5）条。

③ 参见《外国政府补贴条例（草案）》第23（1）条、第24（2）条。

④ 参见《外国政府补贴条例（草案）》第24（3）条。

⑤ 参见《外国政府补贴条例（草案）》第24（6）条。

⑥ 参见《外国政府补贴条例（草案）》第4章。

⑦ 参见《外国政府补贴条例（草案）》第26条。

目申报之前 3 年内获得的外国政府补贴进行评估。[①]

强制申报门槛：采购金额大于或等于 2.5 亿欧元的公共采购应当向作为合同方的公共机构（contracting authority or contracting entity）进行申报，该等公共机构应当及时告知欧盟委员会。申报内容包括其在过去 3 年所获得的外国政府补贴的情况（或就其在过去 3 年未获得任何外国政府补贴作出声明）。未进行申报的企业不得被授予公共采购合同。与经营者集中的情况一样，特殊情况下，如果某项公共采购未达到强制申报门槛，但是欧盟委员会怀疑相关企业接受了外国补贴，欧盟委员会可以在该企业被授予公共采购合同之前的任何时候，要求该企业申报外国政府补贴。[②]

调查时限：欧盟委员会开展初步审查的时限是 60 个工作日。如果欧盟委员会认为有必要启动深入调查，则应在收到申报之日起 60 个工作日内启动深入调查程序，并及时通知企业和采购相关公共机构。启动深入调查后，欧盟委员会应当在收到申报后 200 天内结束深入调查并作出决定。[③]

审查决定：与企业并购的要求相同，欧盟委员会经深入调查可以作出如下审查决定。[④] ①接受承诺并作出《附承诺决定书》；②无条件批准并作出《无异议决定书》；③禁止授予公共采购合同（decision prohibiting the award of the contract）。

3. 依职权审查机制

（1）概述

除前述事前审查外，《外国政府补贴条例（草案）》赋予欧盟委员会对过去 10 年内发生的可能扭曲欧盟市场的外国政府补贴行为，无论是否符合前述主动申报的门槛标准，主动进行事后审查的权利（如表 23 所示）。[⑤]

表 23　依职权审查机制

交易类型	申报	申报门槛要求
依职权主动审查	事后调查	适用于过去 10 年内发生的所有可能扭曲欧盟统一市场的外国政府补贴，以及未达到事前强制申报门槛的经营者集中交易或公共采购项目

① 参见《外国政府补贴条例（草案）》第 26 条。

② 参见《外国政府补贴条例（草案）》第 27（2）条、第 28 条。

③ 参见《外国政府补贴条例（草案）》第 29 条。

④ 参见《外国政府补贴条例（草案）》第 30 条。

⑤ 参见《外国政府补贴条例（草案）》第 35（1）条。

（2）审查程序

与经营者集中交易和公共采购一样，欧盟委员会依职权审查的过程分成两个阶段：初步审查（preliminary review）和深入调查（in–depth investigation）。

在初步审查期间，欧盟委员会主要审查两项内容：①一项财政资助是否构成外国政府补贴；②该等财政资助是否产生扭曲欧盟内部市场的影响。欧盟委员会可以要求当事人提供信息。当有充分证据证明企业被授予了具有市场扭曲性效果的外国政府补贴，欧盟委员会将作出启动深入调查之决定（decision to initiate the in–depth investigation）并通知相关企业。反之，欧盟委员会将终止审查。①

在深入调查期间，如果欧盟委员会经审查确认外国政府补贴扭曲了内部市场，可以要求企业施加补救措施并作出《附补救措施决定书》（Decision with Redressive Measures）；如果企业提供了可接受的承诺（包含承诺退还外国政府补贴）且足以改善市场扭曲影响，欧盟委员会可以作出《附承诺决定书》。

如果企业或第三国不配合调查，如提供不完整、不准确或引入误解的信息，欧盟委员会可以依据可得事实（facts available）作出审查决定。此外，如果企业或公共实体未向欧盟委员会提供必要信息以判断该财政资助是否向企业授予利益，欧盟委员会可以直接推定该企业获得了利益。②

如果一项外国政府补贴同时具备“市场扭曲性”和“存在对内部市场竞争产生实质性和不可弥补的损害的严重风险”，欧盟委员会可以决定采取临时措施（interim measures）。③

4. 承诺和救济

根据《外国政府补贴条例（草案）》，申报人可以向欧盟委员会作出承诺或提供下列救济措施，以纠正外国政府补贴造成或可能造成的扭曲欧盟内部市场的影响。具体措施包括但不限于：④ ①授权并购或开发后的资产、基础设施的使用权；②降低产能或缩小规模；③提供第三方准入；④研发成果对外公布；⑤剥离资产；⑥避免某项投资；⑦撤销经营者集中交易；⑧向第三国偿还外国政府补贴并支付利息。

① 参见《外国政府补贴条例（草案）》第 8 条。

② 参见《外国政府补贴条例（草案）》第 14 条。

③ 参见《外国政府补贴条例（草案）》第 10 条。

④ 参见《外国政府补贴条例（草案）》第 6（3）条。

5. 罚则

一般来说，经营者提供不准确、不完整或具有误导性的信息，可被处以最高占其全球范围内总营业额1%的罚款，还须定期支付不超过日均全球范围内总营业额5%的罚款。[①]

此外，针对经营者集中交易，若该经营者（故意或过失）未进行经营者集中交易申报或实施经欧盟委员会禁止的集中交易，将可能被处以最高为其全球范围内总营业额10%的罚款。[②]

针对公共采购，若该经营者（故意或过失）未进行公共采购过程中的反补贴申报，将可能被处以最高为其全球范围内总营业额10%的罚款。[③]

欧盟委员会作出罚款决定的时效为自条例规定的违法行为发生之日起3年，前述决定的执行时效为5年。[④]

（三）中国企业注意事项

1. 营业额与政府资助总额计算[⑤]

（1）营业总额计算

外国政府补贴申报标准中的营业总额，是指与该等被收购资产或业务相关的营业额。该类营业额可以追溯至最终控制人单独或共同控制的所有实体的营业额之和。[⑥]此外，如果是相同企业之间在2年之内发生的多次收购资产或业务的交易，视为一个交易并累计计算。[⑦]

虽然《外国政府补贴条例（草案）》尚未生效，但是有关中国国有企业营业额的计算方式已经被一些欧盟成员国采纳。如果条例采取同种做法，将加重我国国有企业在该审查制度下的申报义务和行政负担。例如，德国反垄断局认为，所有经中国政府持有多数股权的国有企业应视为隶属于一个集团。在“中国船舶集

① 参见《外国政府补贴条例（草案）》第15条。
② 参见《外国政府补贴条例（草案）》第25条。
③ 参见《外国政府补贴条例（草案）》第32条。
④ 参见《外国政府补贴条例（草案）》第35（2）条、第35（3）条。
⑤ 参见《外国政府补贴条例（草案）》第21条。
⑥ 参见《外国政府补贴条例（草案）》第21（4）条。
⑦ 参见《外国政府补贴条例（草案）》第21（2）条。

团邮轮供应链公司收购案”[①] 中，德国主管部门要求的信息范围扩展到央企及地方国企的情况，要求提供中国央企和地方国企中涉及船舶上下游和其他相关领域的所有企业的信息。

（2）政府补贴总额计算

参照前述营业总额的计算方式，外国政府补贴总额应当按照最终控制人单独或共同控制的所有企业从第三国政府获得的全部资助之和计算。[②]

2. 积极应对多重申报义务

《外国政府补贴条例（草案）》仅为欧盟委员会的一项提案，在获得欧盟立法机构审批通过后，预计于 2022 年年底正式生效。若条例通过并生效，中国企业在欧盟开展投资并购业务可能需要完成 3 项强制性申报程序：①外商直接投资申报；②经营者集中反垄断申报；③外国政府补贴申报。三者属于并行或互补关系（如表 24 所示）。[③]

表 24　三项审查制度

审查制度	主要内容
外商直接投资审查	从国家安全和公共秩序角度评估交易的影响，可能涉及外国政府补贴
反垄断审查	关注和评估可能影响相关市场竞争的各类因素，其中包含外国政府补贴
外国政府补贴申报	针对扭曲欧盟市场的第三国政府补贴行为

由于欧盟外国政府补贴申报独立于欧盟层面现行的其他两项制度，企业承担的多重申报义务将增加交易成本，同时对交易时间和交易结果增添更多的不确定性。

鉴于《外国政府补贴条例（草案）》授权欧盟委员会对企业在过去 3 年内获得的政府补贴进行审查，因此即使欧盟外国补贴的审查机制尚未建成（因条例尚未生效），中国企业应当提前对经营者集中交易或公共采购过程中可能来自欧盟外国补贴审查的风险进行详细评估，严格自查企业自身是否存在接受政府补贴的

① 2021 年，中国船舶集团旗下中船外高桥邮轮供应链（上海）有限公司完成对德国 Rheinhold & Mahla 公司的收购。

② 参见《外国政府补贴条例（草案）》第 22 条。

③ 参见《外国政府补贴条例（草案）》第 33 条，其规定：按照经营者集中或公共采购要求进行申报的外国政府资助，可以同时受制于其他经济活动下的审查。

情况，对潜在申报义务进行评估，合理规划交易时间表和流程。

四、欧盟个人数据保护 *

（一）法律依据

2016 年 4 月 27 日，欧盟通过《一般数据保护条例》，于 2018 年 5 月 25 日起直接适用于欧盟各成员国，旨在通过对个人数据的处理进行规范与约束，从而保护自然人的个人数据权利。GDPR 被称为最严数据保护法，将直接适用于欧盟所有成员国并直接约束欧盟境内相关主体。《一般数据保护条例》的出台取代了《欧盟数据保护指令 95/46/EC》（第 95 号指令）。

2018 年，GDPR 设立独立的欧盟数据保护委员会（EDPB），通过与欧盟成员国数据安全监管机构（Supervisory Authorities，SA）的合作，确保 GDPR 在欧盟境内的统一适用。2019 年 7 月 16 日，EDPB 首次发布 GDPR 年度报告，披露了欧盟成员国有关 GDPR 的实施情况。

2020 年 2 月，EDPB 同欧盟成员国 SA 发布 GDPR 评价报告，就 GDPR 在加强数据保护和提升数据主体权利意识等方面的实施效果予以肯定。①

2020 年，EDPB 通过了 10 余项指南和建议，在新冠疫情应对措施、新技术应用、数据传输以及 GDPR 特定术语的定义（如数据处理者）等方面提供了有关统一解释，确保欧盟成员国 SA 在 GDPR 的适用上保持一致性。

（二）主要内容

GDPR 的出台代替了原有的第 95 号指令，并在监管体系、管辖范围、权利与义务等方面进行重大调整，详见下文。

1. 监管体系

欧盟成员国方面，为了更好地促进个人数据的处理和自由流动，GDPR 要求

---

* 本部分摘录自王清华、施珵、沈晓禹：《最严数据法 GDPR 来袭，中国企业在欧盟的收购准备好了吗？》，载 https://www.allbrightlaw.com/SH/CN/10475/449508a0ac002531.aspx，最后访问日期：2021 年 9 月 26 日。

① EDPB《2020 年度报告》，载 https://edpb.europa.eu/system/files/2021-06/edpb_aar_2020_final_27.05.21.pdf，最后访问日期：2022 年 4 月 8 日。

欧盟成员国成立本国SA，职权包括但不限于：发出警告、限期纠正、数据处理限制或禁令、罚款。[①]

欧盟层面的EDPB是一个独立的欧盟机构，旨在推动GDPR在欧盟范围内的统一适用。EDPB负责监督欧盟成员国SA起草决议并提供意见，同时促进各成员国SA间的合作。

针对涉及跨境业务的企业可能面临多个成员国监管的情况，GDPR设置了跨境案件争端解决程序，[②]并授权EDPB就跨境个人数据处理活动的争议作出有约束力的决定（binding decision）。2020年11月9日，EDPB在“推特数据保护纠纷案”中，作出首个具备约束性的决定。[③]

2. 管辖范围和域外效力

GDPR第3条确立了非常宽泛的管辖范围，被称作史上最严数据保护法。GDPR不仅在合规性方面对欧盟境内企业提出了要求，该条例的“域外效力”对中国企业作为收购方在欧盟的并购活动产生重大影响。

GDPR对中国企业数据合规要求体现为条例适用于在欧盟内部设立的数据控制者或处理者对个人数据的处理，不论其实际数据处理行为是否在欧盟内进行。[④]因此，如果中国企业在欧盟任一成员国内新设子公司或者办事处、分公司，或者是在欧盟任一成员国内完成收购，则其在欧盟成员国内的子公司、办事处、分公司处理个人数据的行为都将会受到GDPR的调整。

此外，GDPR规定了条例的“域外效力”，即条例适用于如下相关活动中的个人数据处理，即使数据控制者或处理者不在欧盟设立：（1）为欧盟内的数据主体提供商品或服务——不论此项商品或服务是否要求数据主体支付对价；（2）对发生在欧洲范围内的数据主体的活动进行监控。[⑤]由于中国企业在境外收购过程

---

① 参见EDPB《2020年度报告》第6.2条。

② 参见《一般数据保护条例》第65条规定的解决欧盟数据监管者之间分歧的机制。这是由于针对具有跨境性质的企业，所有欧盟数据保护机构都有利益和能力对草案提出相关和合理的反对。任何其他成员国数据保护机构对某成员国数据监管机构作出的决议草案的反对意见，将触发GDPR下跨境案件的争端解决程序。

③ 参见EDPB《2020年度报告》第3.4条。

④ 参见《一般数据保护条例》第3条第1款。

⑤ 参见《一般数据保护条例》第3条第2款。

中往往需要展开尽职调查以了解目标公司的基本情况，尤其是展开人力资源相关的尽职调查，因此即使中国企业在欧盟境内没有任何商业存在，也依然可能受到GDPR的约束。

鉴于GDPR将管辖范围扩大至非欧盟地区向欧盟居民提供产品和服务或监视欧盟居民活动的组织，该条例宽泛的管辖范围对于中国企业在欧盟成员国内的并购活动将产生显著影响，中国企业需要非常谨慎待之。

3. 数据主体权利

GDPR在第95号指令的基础上保留并细化了数据主体拥有的知情与同意、更正、删除、反对等权利。同时，为应对数字时代背景下互联网数据记录和处理自动化的新变化，GDPR新增擦除权（被遗忘权）、限制处理权和数据携带权等权利。

（1）擦除权[①]

GDPR规定的擦除权，适用范围较广，除因表达自由、公共利益和公共健康等利益平衡之目的，其他情形均适用，既包括数据错误、数据处理缺乏法律依据或正当理由，也包括在合法基础上进行的非必要的数据处理。

因此，GDPR下的擦除权强调，当数据主体要求删除个人数据时，企业应当自查其控制的相关数据是否仍有必要保留。如果企业仍然合理地需要保留相关数据（如由于记录保留要求），则无须删除该个人数据。

（2）限制处理权[②]

针对个人数据的准确性、数据处理缺乏合理依据的情况，若数据主体不希望行使前述擦除权，可以要求限制数据控制者的处置行为，即数据控制者仅能在下列特殊情况下进一步处理该个人数据：①获取数据主体同意；②为了提起、行使或辩护法律性主张；③为了保护其他自然人或法人权利；④为了欧盟或某个成员国的重要公共利益。

与前述擦除权相比，限制处理权为数据主体和数据控制者提供了较为缓和的处理方案。

---

① 参见《一般数据保护条例》第17条。

② 参见《一般数据保护条例》第18条。

（3）数据携带权[①]

数据携带权，是指数据主体有权将其个人数据无障碍地从数据控制者处传输给另一个控制者。行使数据携带权的前提是该数据是经过整理的、普遍使用的和机器可读的。数据携带权的行使将在一定程度上促进数据控制者间的竞争，从而有利于行业创新发展。[②]

4. 数据控制者与处理者义务

GDPR 规定，数据控制者和数据处理者的义务包括：①委任数据保护官；②采取适当技术与组织措施，以保证数据处理的安全水平；③向监管机构报告对个人数据的泄露；④向数据主体传达个人数据泄露；⑤遵守并维护数据保护影响评估制度；⑥向监管机构事先咨询经评估具有高风险的数据处理活动。[③]

其中，GDPR 就个人数据泄露事件作出严格规定，要求数据控制者在知悉后 72 小时内向监管部门发出通知，并及时向数据主体传达对个人数据泄露的性质、可能后果以及应对措施。[④]

5. 罚则

企业违反 GDPR 规定，将被处以最高 2000 万欧元或相当于其上一年全球总营业额 4% 的金额的罚款，两者取其高的一项进行罚款。[⑤]

（三）执法现状

在 GDPR 生效后的过渡期及正式实施以来，欧盟各成员国均以不同形式将 GDPR 纳入本国法律，并在实际执法中加以运用。

EDPB 官方数据统计，[⑥]2020 年 1 月 1 日至 12 月 31 日，跨境案件的总数为 628 例，其中 461 例属于基于投诉的案件，剩余的 167 例系基于调查和媒体报道等。

---

① 参见《一般数据保护条例》第 20 条。

② 参见丁晓东：《什么是数据权利？——从欧洲〈一般数据保护条例〉看数据隐私的保护》，载《华东政法大学学报》2018 年第 4 期。

③ 参见《一般数据保护条例》第 32 条至第 40 条。

④ 参见《一般数据保护条例》第 33 条、第 34 条。

⑤ 参见《一般数据保护条例》第 83 条。

⑥ 参见 https：//edpb.europa.eu/news/news/2021/edpb-annual-report-2020-ensuring-data-protection-rights-changing-world_en，最后访问日期：2021 年 8 月 4 日。

在欧盟“一站式”合作机制（One-Stop-Shop mechanism）方面，牵头监管机构（LSA）和相关监管机构的各自角色（CSA）合作，由LSA领导调查，并在CSA之间达成一致性决议。2020年1月1日至12月31日，共有203项决议草案，其中93项完成最终决定。

在互助程序方面，成员国SA发起246件正式互助请求，2258件非正式互助请求。

在GDPR行政处罚方面，第三方数据网站统计，2019年1月至2021年11月，行政处罚金额排名前十的案例如表25所示。

表25 行政处罚金额排名前十的案例

时间	罚款金额/百万欧元	处罚对象	监管机构	处罚原因
2021年7月	746	Amazon（亚马逊）	卢森堡	对用户数据保护不力
2021年9月	225	WhatsApp	爱尔兰	违反透明度义务
2019年1月	50	Google（谷歌）	法国	违反GDPR同意条款
2020年10月	35	H&M	德国	违规监控员工假期或疾病等数据
2020年1月	27.8	TIM	意大利	违规市场营销行为，如电话推广
2020年10月	22	British Airways（英国航空公司）	英国	用户个人数据泄露
2020年10月	20.4	Marriott（万豪酒店）	英国	用户个人数据泄露
2020年7月	17	Wind（万得）	意大利	违规市场营销活动
2020年11月	12.3	Vodafone/talia	意大利	用户存储系统存在缺陷，未经用户同意从外部供应商处购买联系人名单并电话推销
2021年1月	10.4	Notebooksbilliger.de（NBB）	德国	违规监控用户和员工

资料来源：参见《GDPR违规行政处罚金额排名前十位》，载https：//www.tessian.com/blog/biggest-gdpr-fines-2020/，最后访问日期：2021年8月4日。

（四）GDPR 对中国企业的影响

鉴于 GDPR 宽泛的管辖范围，中国企业赴欧盟投资并购可能受到该条例监管。下文将结合对外投资一般流程就 GDPR 对中国企业赴欧盟投资并购的影响进行分析。

1. GDPR 对尽职调查的影响

（1）GDPR 对尽职调查数据库（data room）设立的影响

尽职调查往往涉及对个人数据尤其是员工数据和客户数据的调查。因此，收购方在建立尽职调查数据库时需要非常谨慎。一般而言，转让方习惯于非常谨慎地对待上传至数据库的公司资料，尤其是要避免包含个人数据（主要是雇员数据）的信息上传至数据库。尽职调查资料数据库的提供商会被视为数据处理者，并与同样作为数据处理者的转让方签署相关协议，以明确强行法规定的保密义务、保护数据安全义务以及交割完成后删除义务。这也就要求转让方尽可能使用可靠的尽职调查数据库提供商。

中国企业需要注意的是，除了数据库提供商和转让方会被视为数据处理者外，收购方也可能被视为数据处理者，甚至是数据控制者。在此情形下，收购方也需要与转让方或数据库提供商签署协议，明确约定保密义务、保护数据安全义务以及交割完成后删除义务。因此，尽职调查过程中，中国企业必须确保已经采取了相应的充分保护措施。

如果发生任何违反 GDPR 规定的情形（主要是指个人数据泄露情形），则数据控制者必须立即向监管机关作出报告，而且应当尽快且最迟自知道该泄露之时起 72 小时内通知监管机构，除非该个人数据的泄露不太可能对数据主体权利和自由造成风险。数据处理者必须自个人信息泄露后尽快通知数据控制者。此外，如果个人数据泄露可能对自然人的权利和自由带来高风险，则数据控制者应当立即就个人数据泄露与数据主体交流。[①]

（2）GDPR 对尽职调查资料披露范围的影响

收购过程中，目标公司的雇员数据以及客户数据往往是收购方关注重点。但

---

① 参见王清华、施珵、沈晓禹：《最严数据法 GDPR 来袭，中国企业在欧盟的收购准备好了吗？》，载 https：//www.allbrightlaw.com/SH/CN/10475/449508a0ac002531.aspx，最后访问日期：2021 年 9 月 26 日。

是，GDPR 规定了非常广泛的个人数据定义，即个人数据包括任何指向一个已识别或可识别的自然人（数据主体）的信息。可识别的自然人信息是指可以通过参照姓名、身份证号码、定位数据、地点、浏览历史、在线识别信息等，或通过一个或多个具体的物理的、生理的、基因的、精神的、经济的、文化的或社会的特征，直接或间接识别自然人的信息。[①] 因此，随着 GDPR 的生效，将雇员数据以及客户数据提供给收购方和收购方的顾问都必须符合 GDPR 规定。

①员工数据

交易过程中，收购方往往会关注员工的基本情况，尤其是员工的年龄、健康情况、工龄、教育程度、宗教信仰，以估算员工成本、了解员工构成情况。但是受限于 GDPR 的规定，这些员工信息可能都无法被收购方在尽职调查过程中获取。转让方必须尽可能将员工个人数据加以匿名化或掩盖，因此实践中的做法往往是：（i）针对非核心员工，转让方往往是将空白劳动合同模板上传至尽职调查数据库中，或者是上传一些体现公司员工平均情况的表格，比如各部门的平均工资；（ii）针对核心员工，从合同中删除姓名和护照细节可能是不够的，因为他们在目标公司中的位置很容易识别。因此，实践中较妥的做法是，转让方在披露前通知核心员工，告知披露数据的目的，并征得每个核心员工的明确同意；同时根据尽职调查的目的尽最大可能编辑任何个人数据，并避免提供有关雇员的种族、政治立场、宗教信仰、社团成员、健康情况的相关个人敏感信息。实践中并不需要担心向核心员工披露潜在的并购交易事项，因为该些人员往往会参与目标公司转让交易过程中。

②自然人客户数据

如果目标公司开展 B2C 业务，则针对自然人客户的个人数据，诸如年龄情况、所处地理位置以及偏爱产品类型或服务等信息都不得披露在尽职调查数据中。如必须披露客户个人数据，则往往取决于目标公司与客户之间达成的隐私政策中是否包含在并购情况下允许披露的内容。实践中更多的做法是提供分析表等形式的标准合同和汇总数据，以避免披露客户数据。

如果实践中面临必须披露个人数据情况，还需要额外采取妥当的保护措施以显著减少任何不利影响，实践中主要的保护措施包括：仅允许特定人士取得相关

① 参见《一般数据保护条例》第 4 条。

个人数据的途径，确保相关的保密协议在披露前已经妥为签署。

（3）增加尽职调查的内容——调查目标公司是否符合 GDPR 规定

GDPR 要求企业必须审查数据处理的方式，建立保护数据的流程，包括报告数据泄露的情况，同时确保在保护个人数据时遵守相关法律要求。如被欧盟认定违反 GDPR 规定，则最高处罚金额可至 2000 万欧元或企业全球年营业额的 4%（以较高者为准）。这导致收购过程中，收购方需要调整其尽职调查的内容，深入尽职调查目标公司在 GDPR 方面是否存在合规风险。

中国企业在收购过程中应当对目标公司是否遵守 GDPR 作出充分的尽职调查，包括全面评估目标公司遵守 GDPR 的合规情况，了解目标公司如何收集、存储、使用和传输个人数据，以及任何个人数据泄露的详细历史情况，调查目标公司的经营是否依赖于对欧盟个人数据的不当使用，审阅目标公司的当前隐私政策或类似文件。需要特别注意的是，针对目标公司是否符合 GDPR 规定的尽职调查的内容，应当包括如下几方面：

①目标公司是否任命了数据保护专员（Data protection officer）

根据 GDPR 规定，如果数据处理由政府机关进行，控制者或处理者的核心活动是数据处理操作，或者是对特殊类别个人数据以及对有关刑事定罪和罪行的个人数据进行大规模处理的，则必须任命一名数据保护专员。

据此，银行、医院和保险公司很可能有义务任命一名数据保护专员。因此，在收购这些目标公司的交易过程中，需要尽职调查其是否指定数据保护专员。如果未能按照法律要求指定数据保护专员，可能会导致高达 1000 万欧元的行政罚款或高达上一财年全球年营业额总额的 2% 的罚款（二者以较高者为准）。

②目标公司是否留存了数据处理记录

根据 GDPR 规定，各数据控制者、处理者以及数据控制代表有义务留存数据处理活动的记录，且应当包含：数据控制者、数据保护专员、控制者代表、数据处理者的姓名和联络信息，处理的目的、关于数据主体的信息、个人数据的类别、接收者的类别、向第三国的数据传输，以及保护数据的技术和组织安全措施的一般说明。

虽然 GDPR 规定，对于雇佣人数少于 250 人的企业或组织而言，除非其进行的处理可能会对数据主体的权利和自由造成风险，通常这些企业不必然要承担留存数据处理记录的相关义务。然而，该等例外表述模糊不清，因此实践中建议无论是否可能适用例外情形，都应留存数据处理活动的记录。

③目标公司是否采取了数据保护影响评估

如果存在数据处理可能导致自然人权利和自由高风险的情形，则数据控制者需要在处理前开展数据保护影响评估。尤其是针对自然人个人情况进行系统而广泛的评估，对特殊种类数据或与刑事定罪和犯罪相关的个人数据进行大规模处理，以及对公共数据进行大范围系统监控的处理。因此，在收购银行、生物技术和生物识别领域的目标公司时，必须调查相关目标公司是否开展了数据保护影响评估。

需要注意的是，与指定数据保护专员不同，企业规模不构成进行数据保护影响评估的例外。

④目标公司是否采取了技术和组织措施

收购过程中，还应当对目标公司是否采取了恰当的技术和组织措施展开尽职调查。控制者和处理者应当实施恰当的技术和组织措施以确保处理行为符合 GDPR 要求。但是技术措施和组织措施是否妥当都只能基于个案分析作出判断。因此，尽职调查过程中往往需要 IT 专业人员参与，以展开彻底有效的尽职调查活动。

（4）跨境数据转移

根据 GDPR 规定，除非相关个人的权利和自由得到充分保护，否则不得在欧洲经济区以外转移、存储或访问个人数据。据此，在收购过程中，如果尽职调查所用之虚拟数据库的服务器位于欧洲经济区之外或者潜在收购方位于欧洲经济区之外，则将面临跨境数据转移的问题。

尽职调查过程中，中国企业如注册在欧洲经济区之外，且作为收购方如期待取得与收购相关的个人数据，则转让方向其提供相关个人数据时，可能面临 GDPR 规定的数据跨境转移的问题，除非控制者和数据处理者已经根据 GDPR 第 46 条规定采取适当保障措施以保证个人权利和自由得到充分保护。

目前，在针对中国企业作为收购方的情形时，为了证明本次交易已经对跨境数据转移采取适当保障措施，通常会根据欧盟委员会通过的示范合同进行转让，并且逐字使用合同内容。这些示范性合同为向欧洲经济区以外设立的实体转让数据提供了标准数据保护条款。同时，建议收购过程中，收购方应当要求转让方采取可靠的虚拟数据库平台上传资料。

2.GDPR 对估值的影响

目前欧洲实践认为，对于具有 GDPR 合规性的公司可以期待取得额外的估值溢价。这是因为，整合数据保护规则以及重新设计处理流程以确保企业合规是非常琐碎和复杂的事情。如果目标公司改善了合规体系并采取了性价比高的实施计划，则可以获得估值溢价。

另外，GDPR 的合规成本非常高。如果目标公司并未妥善采取措施以符合 GDPR 的合规要求，或者合规情况不好，或者在交割后目标公司将取得欧盟个人数据，则意味着收购方将面临潜在的 GDPR 合规风险，包括直到交易后才发现的网络安全漏洞可能会产生重大的财务影响，或者通过补救风险所需的额外投资，或者通过监管机构因客户、员工、供应商或其他敏感数据丢失而被执行罚款。收购方就需要在收购之后投入更多未知的成本（包括经济和时间成本）和措施以实现 GDPR 合规——企业需要从数据处理的各个环节入手进行合规自查与弥补，并构建起一套符合法律法规要求的数据合规体系。此外，对数据保护不合规的目标公司作出收购，可能会导致收购方承担责任，并引起收购方承担交割后违反 GDPR 的责任。所以，面对目标公司存在 GDPR 不合规情形，需要收购方在估值中加以考虑，并最终通过谈判反映在收购对价中。

再者，严格的 GDPR 规定还会对收购方再次使用数据的权利作出限制，这也就要求收购方在尽职调查过程中调查目标公司的经营是否依赖于对欧盟个人数据的使用。比如，德国最近的司法实践禁止在资产交易情形下，收购方使用转让方客户的邮件地址和电话号码，除非取得相关客户的同意。这种对个人数据的限制使用将显著影响目标资产的价值，因此在资产交易时，收购方应当在估值中予以考虑。

3.GDPR 对交易文件起草的影响

（1）GDPR 对股权收购协议的影响

鉴于 GDPR 的高额处罚金，中国企业在收购过程中必须对隐私和数据安全相关的交易文件内容采取非常谨慎的措辞。起草交易文件过程中，收购方需要关注在交易文件中，转让方针对数据安全和隐私是如何作出陈述保证条款的，并且依据尽职调查结果予以一一核对。

一般而言，收购方需要转让方的陈述保证涵盖如下几点：①目标公司的数据系依法收集；②不存在潜在的或未决数据安全事件；③ IT 工具的使用可确保数据保护并确保数据主体的安全访问；④与目标公司自身数据安全及其处理者（目标公司是控制者的情况）数据安全相关的审计和检查措施已妥为采取；⑤采取了GDPR以及其他可适用的隐私和数据安全保护法规定的合规手段；⑥采取了适当措施确保数据主体得以有效行使GDPR规定的权利；⑦目标公司与第三方共享数据或由第三方向目标公司共享数据的安排均已经充分完整披露。

交易文件中，针对尽职调查中发现的需要在交割前解决的数据安全风险，需要列入交割先决条件或者承诺条款中。比如，可以要求转让方在交割前取得待转让个人数据的数据主体（比如员工、上游供应商、下游消费者）同意或把发出征询函列为交割先决条件。

此外，收购方也应当注意数据相关的赔偿条款包括责任上限、延长数据保护相关的诉讼时效期间、数据处理者或其他第三方数据处理者的潜在责任，以及交割前承诺，以尽力促使或确保目标公司在交割时处于合规状态。

（2）GDPR对附属协议的影响

对于有些主要涉及个人数据业务的目标公司，除了股权收购协议外，收购方还需要准备有关个人数据处理的附属协议，其中最重要的是交割后数据整合相关的过渡期服务协议。

过渡期服务协议一般由转让方与收购方签署。转让方作为数据控制者，收购方作为数据处理者，已要求转让方协议收购方进行数据整合和迁移工作。针对过渡期服务协议的内容，主要需要注意如下几点：其一，由于中国投资者的收购活动往往会涉及数据的跨境转移，因此，在过渡期服务协议中还需要规定相应的数据安全保障措施。其二，过渡期服务协议需要规定收购方承担数据控制者的权利与义务。这是因为可能会出现收购方代表转让方处理个人数据的情况。如收购完成后目标公司收到产品销售相关消费者的投诉，虽然这些消费者购买产品的行为是在收购完成前发生的，但是相关投诉却需要收购方来处理。其三，过渡期服务协议需要规定在过渡期结束时转让方应如何处理相关的个人数据。

4.GDPR对交割后的影响

收购完成后，中国企业需要重视GDPR合规要求，加强对数据保护违规行为的防范措施，尤其是在交割后应优先考虑内控机制、风险管理和治理、技术网络安全强化和网络防御规划等领域，包括但不限于针对尽职调查中发现的合规风险采取补救措施、定期进行数据审计与风险评估、设计数据安全权限制度、对员工进行合规培训。

此外，中国企业作为收购方还需要注意两点：一是收购方在交割完成后处理目标公司数据时，需要继续按照收购前目标公司的隐私政策处理数据。如果收购方希望实施任何新的处理方式，则必须更新隐私政策并征得目标公司新的同意，包括目标公司客户、员工等数据主体同意。二是将目标公司的员工和信息系统整合至收购方集团组织中，尤其是在资产交易中，这往往引起大量个人数据向第三方转移的问题。由于中国企业作为收购方，相关的个人数据转移至中国的话，则可能面临合规风险。因此，中国企业必须证明其采取了充分的保障措施。

（五）小结

考虑到在欧盟进行的并购中，交易双方所涉及的行业领域和区域范围非常广泛，双方关于数据处理的安排很有可能会触发 GDPR 的管辖规定，尤其是针对收购 B2C 企业、互联网科技企业、游戏公司、银行保险等金融企业、卫生医疗企业、酒店旅游业企业、零售业等行业企业。因此，为符合 GDPR 的相关规定，中国企业在欧盟境内进行上述行业的并购交易时，应当注意以下几点。

一是要充分重视目标公司 GDPR 合规性的尽职调查。鉴于不遵守数据法律带来的更大风险和更高的罚款，实现和维护 GDPR 合规性的合规成本也变得非常高。因此，中国企业在整个并购交易过程中以及并购后的重组运营中都需要时刻关注个人数据保护的合规性问题。鉴于此，充分展开尽职调查非常关键。部分中国企业可能会考虑到尽职调查费用，而不愿意就 GDPR 的合规情况聘请顾问展开尽职调查。但是，如果对 GDPR 的合规情况不采取全面尽职调查，则可能在交易中面临重大风险，进而可能导致巨额罚款——全球营业额的 4% 或 2000 万欧元中的较高者。所以，对于中国企业在欧盟收购活动而言，澄清目标企业是否遵守 GDPR 应当构成尽职调查的重要部分，因为 GDPR 的实施将加重企业的合规义务，这直接的后果反映在合规成本上。

此外，收购方也可要求转让方使用安全、信誉良好的，且服务器在欧洲经济区境内的尽职调查资料数据库提供商。

二是要尽早聘请专业顾问团队。考虑到 GDPR 对并购方的影响，建议中国企业尽早聘请专业顾问团队展开尽职调查，以确保并购活动的合规性，并尽早发现目标公司存在的合规风险。同时，聘请专业团队起草交易文件，通过交易文件起草与谈判预防或减少相关风险，或在交易文件中要求赔偿机制。

如果发现目标公司不满足合规要求，则中国企业应当在专业团队的辅助下寻求解决方案，至少应当包括：①评估合规成本，通过谈判尽力从交易对价中扣除；②作为交割先决条件；③要求转让方在陈述保证条款中保证已经采取适当措施保护个人数据免受泄露以及遵守了 GDPR 规定；④交易文件中应包含与数据保护违规相关的具体赔偿条款，以补偿因目标公司违反 GDPR 规定导致的损失。

第三节 中国企业境外投资的多元化融资渠道

一、境外融资概述

（一）境外投资现状及资金来源

2019 年，中国对外并购稳步发展，项目数量继续增加，涉及区域进一步扩大。《2019 年度中国对外直接投资统计公报》显示，2019 年我国企业共实施对外投资并购项目 467 起（较上年增加 34 起），涉及 68 个国家和地区（较上年增加 5 个），实际交易总额 342.8 亿美元，同比下降 53.8%。其中，直接投资[①]172.2 亿美元，占并购总额的 50.2%，占当年中国对外直接投资总额的 12.6%；境外融资 170.6 亿美元，占并购总额的 49.8%。

① 指境内投资者或其他境外企业收购项目的款项来自境内投资者的自有资金、境内银行贷款（不包括境内投资者担保的境外贷款）。

（二）中国企业主要融资地区

1. 我国香港特别行政区

内地企业普遍认可香港特别行政区具备的稳定的金融市场环境、较低的融资成本以及资金能自由流动，倾向于选择香港特别行政区作为其集资融资平台，以及进行境外业务扩张的平台。① 根据商务部资料，2009 年中国实际利用的外资金额仅为 918 亿美元，其中，香港特别行政区对内地投资就占了 540 亿美元，占比约 60%，此后更是连年攀升。2018 年全年，实际使用外资金额 1350 亿美元，当中有 960 亿美元来自香港特别行政区，占比高达 71%。②

香港交易所（以下简称港交所）是全球最大的 IPO 集资中心，集资总额在过去 12 年七度位列全球第一。2020 年，共有 154 家公司选择在港交所上市，集资总额达 3975 亿港元，是 2010 年以来最高。2014 年 11 月，沪港通和深港通等针对内地的资本市场开放措施正式推出，使港交所成为中国公司迈向国际市场以及国际公司涉足中国市场之首选，进一步促进内地与香港特别行政区资金链的互联互通及人民币全球化。国际投资者和中国内地投资者通过各自本土交易所的交易和结算设施能够在彼此市场上买卖证券，目前已覆盖香港特别行政区、上海市和深圳市的 2000 多只股票。③

2021 年 5 月，香港特别行政区金管局推出了全新的“绿色和可持续金融资助计划”，资助合资格的债券发行人和借款人的发债支出及外部评估服务，以促进绿色和可持续债券发行和贷款活动。欲成为合资格债券或贷款，须由认可外部评审机构提供发行前外部评审服务，并于香港特别行政区发行，资助计划为期 3 年。④

2. 新加坡

新加坡是国际金融中心，在全球金融中心指数（GFGI）中连续多年排名前五，是中国企业境外融资的理想地之一。

---

① 参见 https://research.hktdc.com/sc/article/NTU2NzAwNjlx，最后访问日期：2021 年 8 月 12 日。

② 2009 年 1—12 月全国吸收外商直接投资情况、2018 年 1—12 月全国吸收外商直接投资快讯。

③ 参见 https://www.hkex.com.hk/Join-Our-Market/IPO/Listing-with-HKEX?sc_lang=zh-HK，最后访问日期：2021 年 8 月 12 日。

④ 参见《香港金管局为来港进行绿色及可持续融资提供补贴》，载 https://www.cecepec.com/News/info/id/340，最后访问日期：2021 年 8 月 12 日。

在股票市场方面，新加坡交易所（以下简称新交所）是全球人民币中心之一，国际投资者可以通过新交所投资中国概念股。截至 2020 年 5 月底，新交所共有 715 家上市企业，总市值 5640 亿美元，其中境外的上市公司占整个市值的 46.0%，大中华区占境外企业市值里的 34.3%，很多中国企业选择在新加坡上市。此外，新加坡有 7 种货币可用于双货币交易，可以用人民币、新加坡元、美元、港元、欧元和英镑，上市企业无须转换货币。①

在债券市场方面，新加坡制造商总会中小企中心主席李雪民于 2020 年 9 月在首届中国—东盟线上商贸洽谈会上表示，过去 10 年，在新交所平台通过债券总共募集超过 2 万亿美元资金，在亚洲地区首屈一指。②

3. 爱尔兰

得益于多年的吸引外资政策，爱尔兰已成为包括中国企业在内的跨国企业进军欧洲的第一站。外国企业在爱尔兰当地融资不受限制，当地各大商业银行均愿意向资质优良的企业提供贷款服务。

在银行贷款方面，2014 年以来，配合欧盟宽松的货币和财政政策，爱尔兰贷款利率整体呈下降趋势。2020 年，爱尔兰 100 万欧元以上贷款利率为 2.18%；25 万欧元至 100 万欧元贷款利率为 3.13%；25 万欧元以下贷款利率为 5.18%。③

在股票市场方面，企业还可以选择在泛欧证券交易所都柏林分所的初级市场、主板市场、环大西洋市场上市。

4. 卢森堡

卢森堡是欧洲重要金融中心，拥有宽松的融资环境。

在投资基金方面，卢森堡的资产管理规模超过 3.5 万亿欧元，是欧洲最大的投资基金中心，是全球第二大投资基金中心，仅次于美国。④

在融资方面，外资企业与当地企业享受同等待遇，融资基本条件包括：信用

---

① 参见《李雪民：新加坡是中国企业海外融资的理想之地》，载 https：//www.businesstimeschina.com/articles-540459-20200911-w1172e1172t2592242337.html，最后访问日期：2021 年 8 月 12 日。

② 参见《李雪民：新加坡是中国企业海外融资的理想之地》，载 https：//www.businesstimeschina.com/articles-540459-20200911-w1172e1172t2592242337.html，最后访问日期：2021 年 8 月 12 日。

③ 参见贸促会：《企业对外投资国别（地区）营商环境指南：爱尔兰（2020）》。

④ 驻比利时卢森堡经商参处：《卢森堡的投资吸引力》，载 http：//be.mofcom.gov.cn/article/jmjg/ztdy/201804/20180402735131.shtml，最后访问日期：2021 年 8 月 12 日。

等级达到一定标准、有可靠抵押担保、现金流足以还本付息、诚信记录没有瑕疵、项目本身可行性强及前景良好。[①]

（三）融资方式介绍

境外投资的融资方式多种多样，按照融资性质可分为权益性融资、债务性融资和混合融资几种方式。[②]（1）权益性融资又称股权融资，常用操作方式为并购基金和境外上市。其中并购基金包括私募股权、境外过桥型跨境并购基金、控股型跨境并购基金等。（2）债务性融资又称债权融资，是指企业通过向其他经济主体借款进行融资的一种方式。境外债务性融资的常用操作方式有内保外贷、并购贷款、银团贷款、境外发债等。[③]（3）混合融资，是指既有权益融资又有债务融资的一种混合融资方式。境外混合融资通常包括可转换证券、优先股、认股权证等。[④]

二、中国企业境外融资常用方式

（一）内保外贷

内保外贷是目前中国企业常用的一种境外融资方式。

1. 法律依据

内保外贷的法律依据如表 26 所示。

表 26　法律依据

颁布日期	发布部门	文件名称
2014 年 5 月 12 日	国家外汇管理局	《跨境担保外汇管理规定》（汇发〔2014〕29 号）及附件 2《跨境担保外汇管理操作指引》
2017 年 1 月 11 日	中国人民银行	《关于全口径跨境融资宏观审慎管理有关事宜的通知》（银发〔2017〕9 号）

① 参见孙浩格：《关于上市公司股权融资成本问题的探究》，载《时代金融》2018 年第 30 期。

② 参见贸促会：《企业对外投资国别（地区）营商环境指南：卢森堡（2020）》。

③ 参见姚影：《剖析跨境并购项下的内保外贷》，载《中国外汇》2018 年第 9 期。

④ 参见王琰：《我国企业跨境并购融资方式的选择研究》，北京交通大学 2018 年硕士学位论文。

续表

颁布日期	发布部门	文件名称
2017年1月18日	国家外汇管理局	《关于进一步推进外汇管理改革完善真实合规性审核的通知》(汇发〔2017〕3号)
2017年11月24日	国家外汇管理局	《关于完善银行内保外贷外汇管理的通知》(汇综发〔2017〕108号)

2. 主要内容

(1)定义

内保外贷，是指担保人注册地在境内，债务人和债权人注册地均在境外的跨境担保。跨境担保，是指担保人向债权人书面作出的、具有法律约束力、承诺按照合同约定履行相关付款义务并可能产生资金跨境收付或资产所有权跨境转移等国际收支交易的担保行为。其中包括中国公司就境外融资以保证形式提供的担保或中国法律认可的其他形式担保。[1]

内保外贷的常见做法是，由境内商业银行接受境内企业提供的反担保，以保函或者备用信用证的方式提供担保，由银行的境外机构为企业在境外设立或参股的企业提供融资。在内保外贷业务中，境外企业必须有中资法人背景(如图22所示)。[2]

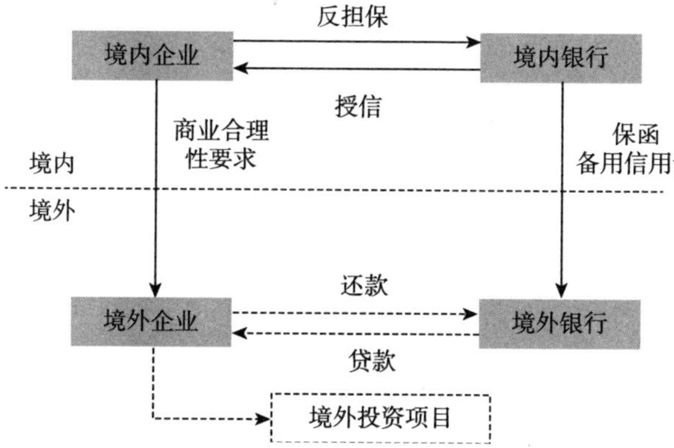

图22　内保外贷

① 参见杨青松:《跨境担保新规对中资企业"走出去"的影响》,载《青海金融》2014年第8期。

② 参见张辑:《我国的资本流入分析及监管对策》,载《现代商业》2016年第1期。

此外，当内保外贷项下担保责任为境外债务人债券发行项下还款义务时，境内企业应当直接或者间接持有境外发债主体，即国内母公司为其境外子公司境外发债提供担保。[①] 该等内保外贷为担保人注册地在境内、债务人和债权人注册地均在境外的跨境担保。[②]

（2）优势

使用内保外贷形式融资的优势主要有如下 3 点。

第一，实现跨境“增信”。境外新设公司在成立之初，往往难以从国外银行获得融资，而境内中资企业的主要合作银行一般又都在国内。通过内保外贷的形式，在“国内企业—国内银行—国外银行—国外企业”之间建立信用链条，最终达到为境外公司获得融资支持的目的。[③]

第二，实现资金或者资产的“间接出境”。内保外贷只是一种担保行为，一般情况下，保函正常到期失效，期间未发生资金跨境转移。因此，大多数情况下办理内保外贷无须像 ODI 那样事前获得发改委或者商务部的前置审批，ODI 受阻时，国内企业通过境内银行开立保函至境外银行，由境外银行将资金输送给境外企业，以此达到间接出境的目的。[④]

第三，融资成本较低。在贷款额度内，境内银行开出保函或备用信用证为境外中资企业提供融资担保，无须逐笔审批，业务流程简化，因此降低了融资成本。[⑤]

（3）申请流程

担保人签订内保外贷合同后，应当办理内保外贷登记（如图 23 所示）。国家外汇管理局对担保人的登记申请进行程序性审核，并为其办理登记手续。[⑥]

---

① 参见胥良：《跨境担保相关政策答疑》，载《中国外汇》2016 年第 9 期。

② 参见《关于完善银行内保外贷外汇管理的通知》（汇综发〔2017〕108 号）第 2 条第 4 项。

③ 参见《勇闯改革“深水区” 交出靓丽成绩单——中国（陕西）自由贸易试验区西安高新区揭牌一周年改革创新进展》，载 http：//www.ccpit-shaanxi.org/newstyle/pub_newsshow.asp?id=1033497&chid=100640，最后访问日期：2021 年 9 月 26 日。

④ 参见《勇闯改革“深水区” 交出靓丽成绩单——中国（陕西）自由贸易试验区西安高新区揭牌一周年改革创新进展》，载 http：//www.ccpit-shaanxi.org/newstyle/pub_newsshow.asp?id=1033497&chid=100640，最后访问日期：2021 年 9 月 26 日。

⑤ 参见郭永涛：《外贸企业国际贸易融资浅析》，载《大众投资指南》2018 年第 9 期。

⑥ 参见罗婷婷：《非金融中资企业境外债券发行的相关政策及监管趋势分析》，载《中国商论》2018 年第 34 期。

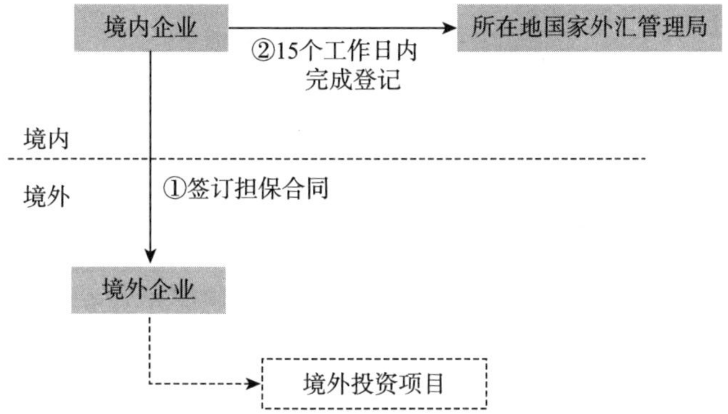

图 23　申请流程

（4）申请材料

企业申请内保外贷的申请材料如表 27 所示。

表 27　企业申请内保外贷的申请材料

序号	申请材料	说明
1	关于办理内保外贷签约登记的书面申请报告	公司基本情况、已办理且未了结的各项跨境担保余额、本次担保交易内容要点、预计还款资金来源、其他需要说明的事项。有共同担保人的，应在申请报告中说明
2	担保合同和担保项下主债务合同	合同文本内容较多的，提供合同简明条款并加盖印章；合同为外文的，须提供中文翻译件并加盖印章
3	国家外汇管理局根据本规定认为需要补充的相关证明材料	如发改委、商务部门关于境外投资项目的批准文件、办理变更登记时需要提供的变更材料等

实践中，各地外汇管理局所颁布的指引，在材料要求及格式上略有不同。以上海市为例，国家外汇管理局上海市分局对办理内保外贷签约登记的书面申请报告，除了要求包括公司基本情况、跨境担保余额等外，还需包含主债务的信息［主债务资金用途（融资性担保）、交易的商业合理性、债务人的还款资金来源］以及担保的信息等。同时，国家外汇管理局上海市分局要求公司提供被担保人的注册证明及股东名册，若存在境内股东的，则须提供境外投资批准证书及境外投资外汇登记证明。此外，书面申请报告中仍要说明主债务资金是否直接或间接调回

境内使用的情况。[①]

需要注意的是，国家外汇管理局的登记是管理性规定，而非效力性规定。内保外贷不需要国家外汇管理局审批。

（5）监管要点

①内保外贷下的资金用途

内保外贷项下资金仅用于债务人正常经营范围内的相关支出，不得用于支持债务人从事正常业务范围以外的相关交易，不得虚构贸易背景进行套利，或进行其他形式的投机性交易。[②]

关于内保外贷项下资金调回境内使用，经历了从“禁止”到“放开”的过程。国家外汇管理局于2014年5月12日发布的《跨境担保外汇管理规定》曾经对内保外贷项下资金用途作出规定，即“未经外汇局批准，债务人不得通过向境内进行借贷、股权投资或证券投资等方式将担保项下资金直接或间接调回境内使用”。但国家外汇管理局后于2017年1月18日发布的《关于进一步推进外汇管理改革完善真实合规性审核的通知》指出，“允许内保外贷项下资金调回境内使用。[③]债务人可通过向境内进行放贷、股权投资等方式将担保项下资金直接或间接调回境内使用”。[④]

②担保人的监督义务

担保人办理内保外贷业务时，应对债务人主体资格、担保项下资金用途、预计的还款资金来源、担保履约的可能性及相关交易背景进行审核，对是否符合境内外相关法律法规进行尽职调查，并以适当方式监督债务人按照其申明的用途使用担保项下资金。[⑤]

---

① 参见《内保外贷和资金回流的登记程序》，载 http：//www.360doc.com/content/20/1118/12/72475118_946492950.shtml，最后访问日期：2021年8月25日。

② 参见《跨境担保外汇管理操作指引》第一部分第4条。

③ 参见刘炜：《境内机构境外发债后资金回流方式及存在问题研究》，载《当代经济》2017年第31期。

④ 参见《国家外汇管理局关于进一步推进外汇管理改革完善真实合规性审核的通知》（汇发〔2017〕3号）第2条。

⑤ 参见《跨境担保外汇管理操作指引》第一部分第8条。

③及时变更、注销内保外贷登记

担保合同或担保项下债务合同主要条款发生变更的，担保人应当在15个工作日内办理内保外贷变更登记手续。①

担保人付款责任到期、债务人清偿担保项下债务或发生担保履约后，担保人应办理内保外贷登记注销手续。②

④境外投资行为的正当性

监管部门密切关注以下明显异常的境外投资行为，从严调查，确保企业开展的境外投资业务手续完备、依法合规：③一是“快设快出”，成立不足数月的企业在无任何实体经营的情况下即开展境外投资活动；二是“母小子大”，企业境外投资规模远大于境内母公司注册资本，企业财务报表反映的经营状况难以支撑境外投资的规模；三是“大额非主业投资”，企业境外投资项目与境内母公司主营业务相去甚远，不存在任何相关性；四是资金来源不明，企业投资人民币来源异常，涉嫌为个人向境外非法转移资产和地下钱庄非法经营。④

此外，监管机构也密切关注房地产、酒店、影城、娱乐业、体育俱乐部等领域出现的一些非理性对外投资的倾向。⑤

3. 案例

境外中资企业通过内保外贷解决境外子公司或境外投资项目资金需求缺口的案例如下。

（1）国内某油脂进口企业通过内保外贷解决境外子公司资金缺口

D企业主要从事油脂类商品进口业务，企业法人在新加坡注册了公司E，公司E流动资金紧张。由于刚刚在境外成立等因素，E公司在新加坡直接融资困难较大。D企业在天津银行有外汇业务授信额度，遂向天津银行申请开立融资性保函，受益人为公司E，金额1000万美元。经审核后，天津银行向受益人公司E

① 参见《跨境担保外汇管理操作指引》第一部分第2条。

② 参见《跨境担保外汇管理规定》第13条。

③ 参见http：//www.ccpit.org/Contents/Channel_4128/2017/0406/784976/content_ 784976.htm，最后访问日期：2021年8月12日。

④ 参见闵杰:《如何监管境外投资——管住资本外逃“灰犀牛”》,载《中国新闻周刊》2017年第29期。

⑤ 参见《非理性对外投资得到有效遏制》，载中华人民共和国中央人民政府网，http：//www.gov.cn/xinwen/2018-01/17/content_5257296.htm，最后访问日期：2021年8月30日。

开具融资性保函1000万美元，通过境外代理行对公司E进行融资，额度为1000万美元，公司E最终获得了流动资金的支持。[①]

（2）国内某医药公司通过内保外贷实现跨境并购

S公司为国内医药上市公司，为整合资源，拓展境外市场，S公司有意收购国外某农药医药化学品生产商H集团100%股权，收购对价1.54亿美元。S公司为A银行的客户。考虑到S公司为外向型企业，境外销售主要面向欧美，且在境外有经营实体和经营现金流，在境内可提供现金存单等优质金融资产作为质押物；同时结合S公司自身资产状况和融资需求，以及考虑当时的经营环境，A银行为S公司制定了内保外贷融资服务方案，较好地满足了跨境并购资金需求。最终，在A银行的大力支持下，S公司成功完成了收购，有力推进了其拓展境外市场的发展战略，使其在通过打开发达国家市场增强自身实力的道路上又迈出了一大步。

（3）中国出口信用保险公司为某非洲房建项目前期融资提供跨境担保

中国某对外承包工程企业A，2013年中标非洲某建筑项目。由于项目预付款无法覆盖前期支出，该企业需要垫付3亿元的款项，而其境外项目较多，大额垫款将导致流动资金紧张。为此，A企业拟以其新加坡分公司作为融资平台，筹措项目建设期过桥资金。具体操作：由A企业向中信保申请内保外贷担保融资，中信保综合考察项目情况并评估授信，向注册在新加坡的一家外资银行提供跨境担保，该外资银行据此向A企业的新加坡分公司提供贷款，从而解决了项目建设期资金不足的问题。由于A企业在中信保的评级较高，此次融资不需要其向中信保提供反担保，降低了融资成本。[②]

（二）境内并购贷款

近年来我国商业银行的国际化、多元化趋势加强，我国积极开展跨境并购贷款业务，支持优质的中国企业实施符合自身产业和发展战略的境外收购兼并，获得海外优质技术、资源和分销渠道，不断提升自身核心竞争力和国际影响力。

---

① 参见《企业对外投资国别（地区）营商环境指南：爱尔兰（2020）》。

② 参见《企业对外投资国别（地区）营商环境指南：爱尔兰（2020）》。

1. 法律依据

境内并购贷款的法律依据如表 28 所示。

表 28　法律依据

颁布日期	发布部门	文件名称
2014 年 3 月 7 日	国务院	《关于进一步优化企业兼并重组市场环境的意见》（国发〔2014〕14 号）
2015 年 2 月 10 日	中国银行业监督管理委员会（已撤销）	《商业银行并购贷款风险管理指引》（银监发〔2015〕5 号）

2. 主要内容

（1）概述

一般来说，考虑到境外子公司的还款能力，国内贷款银行大都倾向于直接借贷给境内公司（如境内集团公司或其国内项目公司）。[①] 因此，常见的并购贷款模式如图 24 所示。

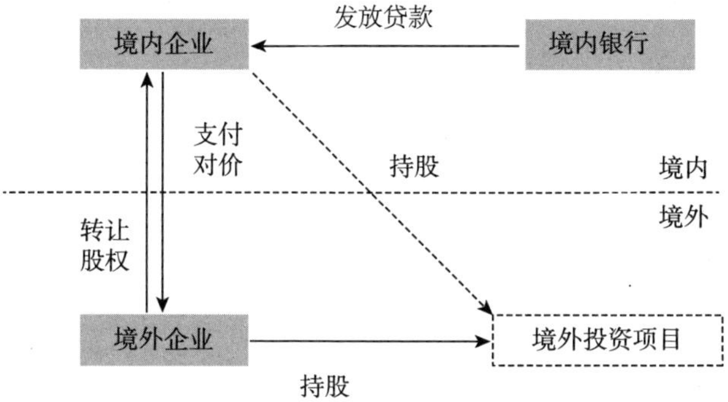

图 24　常见并购贷款模式

（2）贷款比例

如果贷款由中国商业银行提供，根据《商业银行并购贷款风险管理指引》规定，并购交易价款中并购贷款所占比例不应高于 60%，并购贷款期限不超过 7 年。[②]

实践中，根据具体交易情况的不同，并购贷款金额通常占并购交易总对价的 50% 至 70%，剩余部分可以通过股权融资或者用股东贷款的方式来实现，该等补

① 参见刘志刚：《把控海外并购的贷款风险》，载《国际工程与劳务》2015 年第 12 期。

② 参见《商业银行并购贷款风险管理指引》（银监发〔2015〕5 号）第 21 条、第 22 条。

足方式一般会被要求从属于银行贷款。[①]

3. 国际银团贷款

对于资金量大的境外并购项目，企业通常会采取多种方式进行并购融资，除了境内银行提供并购贷款，还可以通过银团贷款的方式。[②]

银团贷款包含境内和境外金融机构。国际银团贷款，是指两家或两家以上金融机构向借款人发放的，贷款资金用于支持国际项目的银团业务。国际银团贷款具有贷款主体多、贷款金额大的特点。[③]

4. 案例

（1）洲际油气获跨境并购贷款收购哈萨克斯坦石油企业股权

2014 年，中国民营企业洲际油气股份有限公司（以下简称洲际油气）和哈萨克斯坦马腾石油股份有限公司（以下简称马腾石油公司）签署收购协议，由洲际油气出资 5.25 亿美元收购马腾石油公司 95% 的股权。中国银行海南分行和中行的两家境外分行通过组织银团方式提供了 4.3 亿美元的跨境并购贷款。该笔跨境并购贷款为“一带一路”倡议下海南省企业获得的第一笔境外并购贷款。[④]

（2）长电科技利用跨境并购贷款等方式收购新加坡半导体企业

2015 年，江苏长电科技股份有限公司（以下简称长电科技）收购全球半导体行业排名第四的新加坡 STATS ChipPAC Ltd. 中国银行采用跨境并购贷款等方式，联合多家境内外金融机构为长电科技筹组了 1.2 亿美元贷款，成功支持该笔交易。并购后，长电科技跻身全球半导体封测行业前三位，成为全球半导体领军企业，同时提升了我国集成电路产业在全球的地位。[⑤]

（3）国开行提供国际银团贷款

2014 年 4 月，五矿资源有限公司、国新国际投资有限公司和中信金属有限公

① 参见原挺：《银行融资实务：跨境股权并购的杠杆》。

② 参见刘晓翠：《海外并购融资的方法论》，载《上海国资》2013 年第 7 期。

③ 参见黄方：《国际银团贷款若干法律问题研究》，大连海事大学 2005 年硕士学位论文。

④ 参见《企业对外投资国别（地区）营商环境指南：爱尔兰（2020）》。

⑤ 参见《企业对外投资国别（地区）营商环境指南：爱尔兰（2020）》。

司组成的联合体以 58.5 亿美元收购嘉能可邦巴斯项目股权，国开行与花旗银行、工银国际等银行为其提供银团贷款融资支持。

（三）境外发债

1. 法律依据

境外发债的法律依据如表 29 所示。

表 29 法律依据

颁布日期	发布部门	文件名称	备注
2013 年 4 月 28 日	国家外汇管理局	《外债登记管理办法》（汇发〔2013〕19 号）（已被修订）	直接发债模式
2015 年 9 月 14 日	发改委	《关于推进企业发行外债备案登记制管理改革的通知》（发改外资〔2015〕2044 号，以下简称 2044 号文）	外债事前备案登记制
2016 年 4 月 26 日	国家外汇管理局	《关于进一步促进贸易投资便利化完善真实性审核的通知》（汇发〔2016〕7 号）	
2017 年 1 月 13 日	中国人民银行	《关于全口径跨境融资宏观审慎管理有关事宜的通知》（银发〔2017〕9 号）	直接发债模式
2018 年 5 月 11 日	发改委、财政部	《关于完善市场约束机制严格防范外债风险和地方债务风险的通知》（发改外资〔2018〕706 号）	房地产企业境外发债资金用途
2020 年 2 月 4 日	发改委	《关于企业申请延长外债备案登记证明有效期事宜的指引》	外债事前备案登记制

2. 主要内容

（1）概述

境内企业境外发债分为直接和间接两种模式，间接模式包括：境内外银行提供备用信用证担保、境内母公司跨境担保、境内公司提供维持良好运营协议

（以下简称维好协议）① 及股权回购承诺函（EIPU）等。② 不同发行模式的特点如表 30 所示。

表 30　不同发行模式的特点

类别	概念	优点	缺点
直接发行	中国境内企业直接作为发行人在境外完成债券发行	结构简单，信用度高，资金回流监管少	可能产生额外税负，增加融资成本：[1] 对于境外债券持有人将来从发行人处获得的利息收入部分可能被认定为非居民企业或非居民个人应纳税所得； 境外债券持有人可能会被认定为向境内发行人提供贷款服务而要求支付 6% 增值税
间接发行	中国境内企业以其控制的境外主体作为发行人在境外完成债券发行	避免产生额外税负	可能被要求提供额外增信措施： 境内母公司提供担保 /维好协议 / 股权回购承诺； 境内银行或境外银行提供备用信用证等

〔1〕对于境外债券持有人将来从发行人处获得的利息收入部分，根据《企业所得税法》及其实施条例规定，将会被认定为非居民企业或非居民个人应纳税所得，需由发行人实行源泉扣缴，即代扣代缴 10%（债券持有人为非居民企业时）或 20%（债券持有人为非居民个人时）的预提所得税；此外，根据财政部、国家税务总局《关于全面推开营业税改征增值税试点的通知》（财税〔2016〕36 号，部分失效），境外债券持有人可能会被认定为向境内发行人提供贷款服务而要求支付 6% 增值税。而在实践中，境外债券持有人一般会在《认购协议》等交易文件中要求发行人承担上述税负，由此可能增加发行人的融资成本。

① 维好协议是中国境内企业在境外融资时采用的一项增信措施，是母公司与子公司的合同义务。维好协议规定，母公司为境外子公司提供支持，向投资者保证发行主体会保持适当的权益及流动资金，不会出现破产等情况。但发行人律师需要在招债书中强调，维好协议并非担保。担保将给予债券持有人直接要求担保人偿还债券项下金额的权利。但维好协议不同，债券持有人只有在母公司无法履行保证发行主体权益或流动资金等财务指标的义务时，才会遭致违约起诉。也就是债券持有人不能直接要求母公司履约，母公司也不具有向债券持有人直接支付的义务。维好协议 般与股权回购承诺函等方式一同使用。回购承诺的约束性较强。EIPU 以法律文件的形式约定了一种维好的方式，即在发行人出现偿付危机时，母公司通过按照“约定价格”（通常需要超过债券本 + 息额）回购发行人的一个境内子公司的方式，将对价支付给发行人，据此发行人可以偿付债权。若执行该回购交易，亦仅需要取得中国商务部和国家外汇管理局的批准，并向有关的工商行政管理机关就根据股权回购承诺而发生的股权转让进行登记备案。

② 参见王琰：《我国企业跨境并购融资方式的选择研究》，北京交通大学 2018 年硕士学位论文。

（2）发行结构

不同模式的发行结构如表 31 所示。

表 31　不同模式的发行结构

分类	境内企业直接发债	间接发债		
		境内公司提供维好协议＋股权回购承诺	内保外贷	
			境内母公司提供跨境担保	境内外银行提供备用信用证担保
发行门槛	很高（国企、金融机构、大型城投平台为主）	较低（不涉及担保）	较高（需母公司信用评级较高）	较低（债券评级多为担保银行信用评级）
监管力度	较大	较小	较大	较大
发行架构	最直接	最复杂	较复杂	较复杂
融资成本	最低（但需要缴纳 10% 至 20% 利息预提所得税）	最高	一般	较低
发行趋势	上升	下降	上升	上升

关于境内公司直接海外发债、境内集团跨境担保、银行提供备用信用证、境内公司提供维好协议等见图 25 系列。

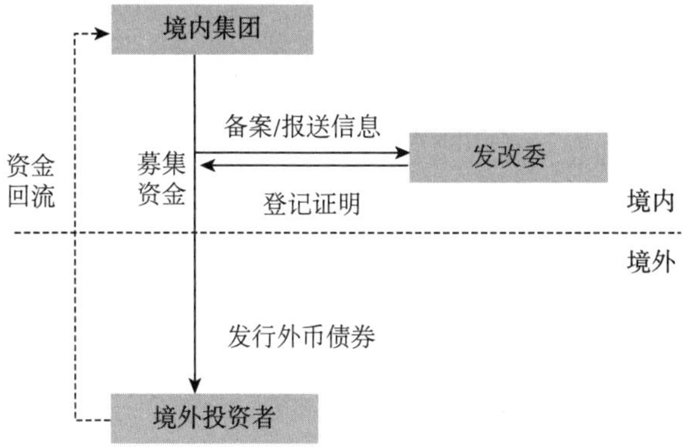

（a）境内公司直接海外发债

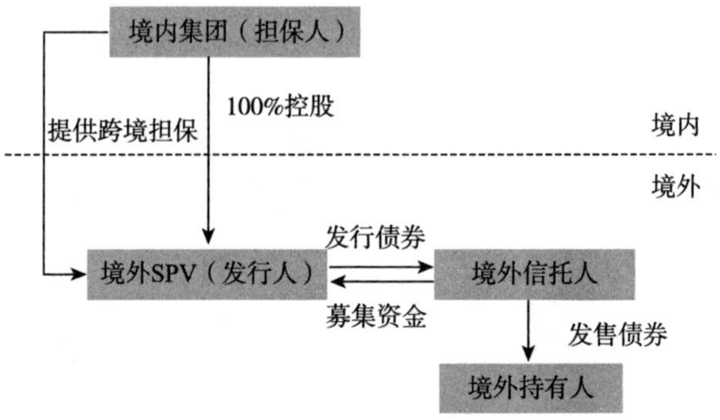

（b） 境内集团跨境担保

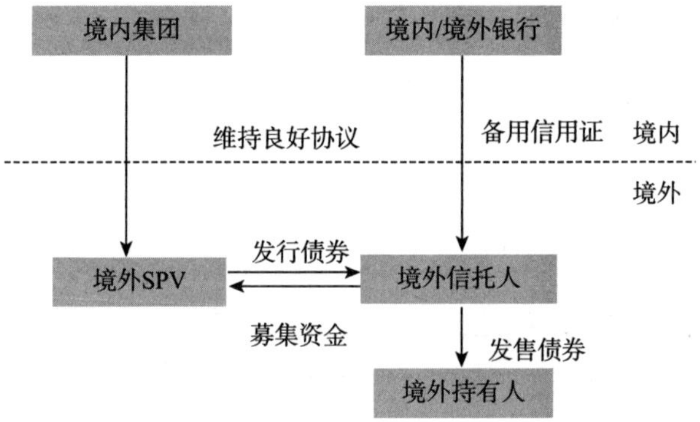

（c） 银行提供备用信用证

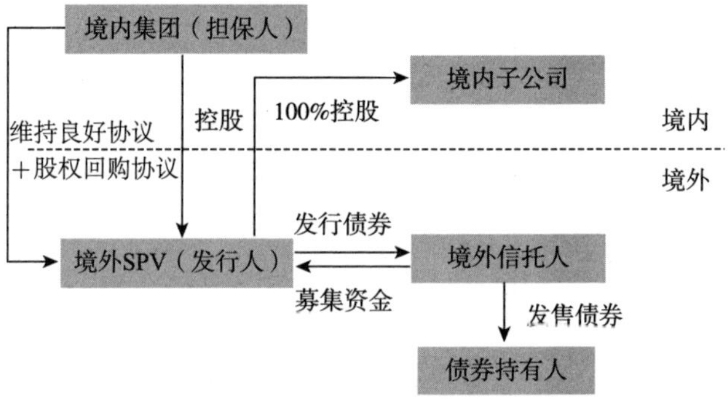

（d） 境内公司提供维好协议

图 25　相关模式示意

（3）发行流程

境外发债的发行流程如图 26 所示。

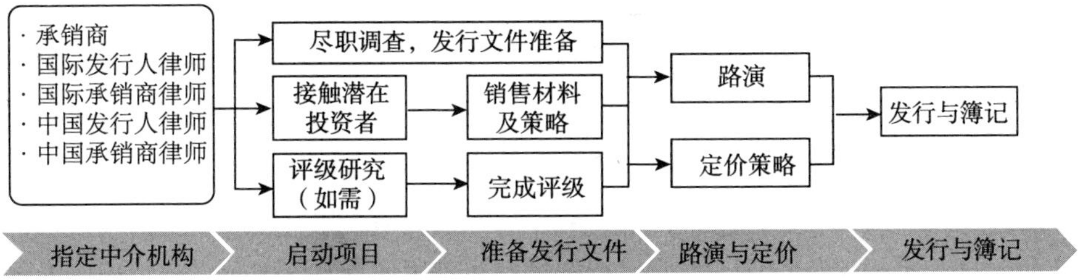

图 26　发行流程

（4）监管

①发行前监管：外债备案登记

根据 2044 号文，我国取消了企业发行外债的额度审批，实行外债事前备案登记制管理。2019 年 2 月，监管部门更进一步简化 2044 号文的备案登记手续，地方企业可以直接向国家发改委提交备案登记申请材料。

境内企业在境外发行 1 年期以上的债券，须在发行前向国家发改委申请办理外债备案登记手续并取得国家发改委出具的《企业借用外债备案登记证明》（外债备案登记证明）。企业取得外债备案登记证明后，需要在外债备案登记证明载明的有效期内完成发行，并在每期发行结束后 10 个工作日内向国家发改委报送发行信息（如图 27 所示）。[①]

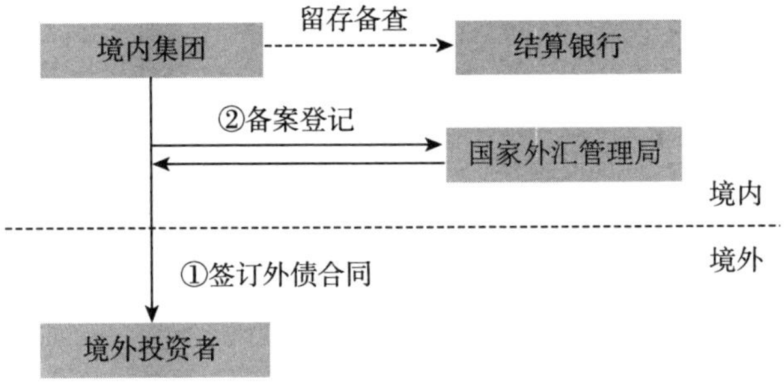

图 27　发行前监管

②发行后监管：外债签约登记

境内非银行债务人应当在外债合同签约后 15 个工作日内到所在地国家外汇

① 参见谢罗奇：《国际游资流动的有效监管研究》，湘潭大学 2016 年博士学位论文。

管理局办理外债签约登记手续并取得国家外汇管理局颁发的加盖资本项目业务印章的《境内机构外债签约情况表》,不仅适用于还款期限在 1 年以上的中长期债券,还包括还款期限在 1 年以下的短期债券。[①]

企业应在跨境融资合同签约后但不晚于提款前 3 个工作日，向国家外汇管理局的资本项目信息系统办理跨境融资情况签约备案……所有跨境融资业务材料留存结算银行备查，保留期限为该笔跨境融资业务结束之日起 5 年。[②]

需要注意的是，间接发行模式一般伴随相应的债券还本付息增信措施，包括境内母公司提供保证担保、境内银行提供备用信用证等。这两种措施将构成内保外贷，担保人需要在签订担保合同后办理内保外贷登记。[③]

③资金回流监管

资金回流监管如图 28 所示。

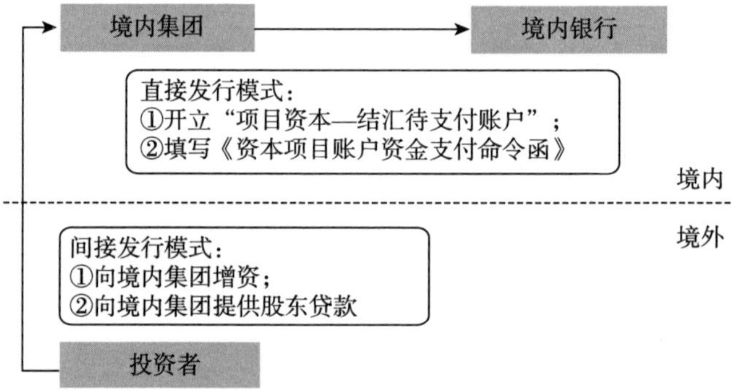

图 28　资金回流监管

① 国家外汇管理局于 2013 年 4 月 28 日发布的《外债登记管理办法》和《外债登记管理操作指引》规定，境内非银行债务人应当在外债合同签约后 15 个工作日内到所在地国家外汇管理局办理外债签约登记手续并取得国家外汇管理局颁发的加盖资本项目业务印章的《境内机构外债签约情况表》；需要办理外债签约登记的"外债"类型中明确含有"境外发行的标准化债务工具"，不仅包括还款期限在 1 年以上的中长期债券，还包括还款期限在 1 年以下的短期债券。

② 《中国人民银行关于全口径跨境融资宏观审慎管理有关事宜的通知》(银发〔2017〕9 号)也规定："企业应当在跨境融资合同签约后但不晚于提款前 3 个工作日，向国家外汇管理局的资本项目信息系统办理跨境融资情况签约备案。……所有跨境融资业务材料留存结算银行备查，保留期限为该笔跨境融资业务结束之日起 5 年。"该文件适用于"境内机构从非居民融入本、外币资金的行为",其中"境内机构"的范围包括法人企业和法人金融机构，且不包括政府融资平台和房地产企业。

③ 参见《中资美元债发行法律实务概述》，载 http://www.zhonglun.com/Content/ 2020/03-05/1829201954.html，最后访问日期：2021 年 8 月 30 日。

直接发行模式下的资金回流。结汇所得人民币资金直接划入“资本项目—结汇待支付账户”的，不需要向银行提供资金用途证明材料，可用于自身经营范围内的经常项下支出，以及法律法规允许的资本项下支出，但不得购汇划回资本项目外汇账户，不得直接或间接用于企业经营范围之外或国家法律法规禁止的支出。①

间接发行模式下的资金回流。对于涉及内保外贷的间接发债，外债资金的回流经历了从禁止到放开的过程；而对于不涉及内保外贷的外债资金调回境内使用的问题，目前暂无明确的禁止性规定。②

3. 案例

（1）境内母公司担保发行模式

2013 年 10 月 9 日，中石化集团发行 27.5 多亿美元期限 2018/2023/2043 年到期固定利率债券。从发行结构分析，此次发行获批国家外汇管理局的对外担保额度，并向商务部申请直接于境外设立 BVI 公司，在其下设立 SPV 公司作为债券发行人，由境内中石化集团作为担保方成功发行。鉴于中石化集团 2012 年已发行过美元债券，其跟踪评级及发行经验都已具备，进而为此次成功发行奠定了基础。③

（2）银行提供担保或备用信用证模式

2012 年 11 月 26 日，中国远洋控股股份有限公司发行 10 亿美元 S 规则 10 年期固息债券。从发行结构看，本次发行是由中国银行开出以人民币计价的无条件且不可撤销的备用信用证为发行人提供担保；且此次发行首次由一家境内的金融机构为企业在境外的债券发行提供信用支持，并以人民币计价，而境外发行的债

① 结汇所得资金的用途：除另有明确规定外，不得直接或间接用于证券投资或除银行保本型产品之外的其他投资理财，不得用于向非关联企业发放贷款（经营范围明确许可的情形除外），不得用于建设、购买非自用房地产（房地产企业除外）。

② 间接发行模式资金回流从“禁止”到“放开”的过程：国家外汇管理局于 2014 年 5 月 12 日发布的《跨境担保外汇管理规定》曾经规定，在内保外贷情况下，“未经外汇局批准，债务人不得通过向境内进行借贷、股权投资或证券投资等方式将担保项下资金直接或间接调回境内使用”。但国家外汇管理局后于 2017 年 1 月 26 日发布《关于进一步推进外汇管理改革完善真实合规性审核的通知》（汇发〔2017〕3 号），其第 2 条明确指出：“允许内保外贷项下资金调回境内使用。债务人可通过向境内进行放贷、股权投资等方式将担保项下资金直接或间接调回境内使用……”可见，对于涉及内保外贷的间接发债，外债资金的回流经历了从禁止到放开的过程。

③ 参见王佳磊：《“走出去”企业境外美元债发行模式浅析》，载《交通财会》2018 年第 6 期。

券币种为美元（如图 29 所示）。[①]

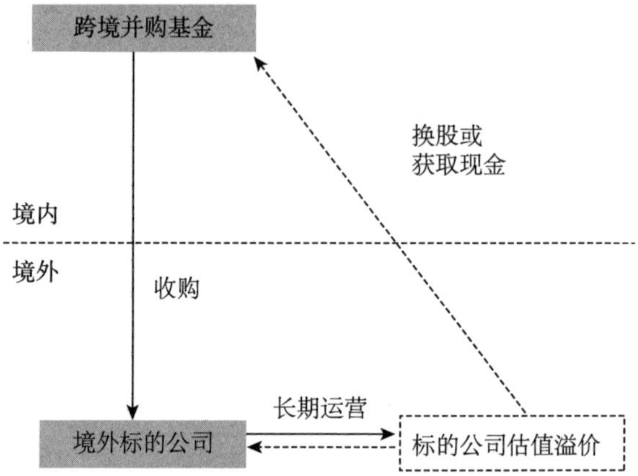

图 29　银行提供担保或备用信用证模式

（四）并购基金

1. 法律依据

并购基金的法律依据如表 32 所示。

表 32　法律依据

颁布日期	发布部门	文件名称	备注
2014 年 8 月 21 日	证监会	《私募投资基金监督管理暂行办法》	将私募证券基金、私募股权基金等均纳入监管，确定了私募基金登记备案、合格投资者、资金募集、投资运作、行业自律、监督管理等方面的具体要求
2015 年 4 月 24 日	全国人大常委会	《证券投资基金法》	首次将非公开募集基金纳入调整范围，单设“非公开募集基金”章节。但是，由于主要监管对象是公募基金，仅对私募证券基金作了原则性规定
2016 年 7 月 15 日	中国证券投资基金业协会	《证券期货经营机构私募资产管理业务运作管理暂行规定》	“新八条底线”，主要涉及私募证券投资基金

① 参见王佳磊：《“走出去”企业境外美元债发行模式浅析》，载《交通财会》2018 年第 6 期。

颁布日期	发布部门	文件名称	备注
2017 年 8 月 30 日	原国务院法制办公室	《私募投资基金管理暂行条例（征求意见稿）》	正式稿尚未出台。一旦正式生效，效力仅次于《证券投资基金法》，被称为私募基金的上位法
2018 年 4 月 27 日	央行、银保监会、证监会、国家外汇管理局	《关于规范金融机构资产管理业务的指导意见》	“资管新规”。私募投资基金适用私募投资基金专门法律、行政法规，私募投资基金专门法律、行政法规中没有明确规定的适用本意见
2020 年 10 月 30 日	证监会	《证券期货投资者适当性管理办法》	首部投资者保护的专项规章，私募管理人也适用
2020 年 12 月 30 日	证监会	《关于加强私募投资基金监管的若干规定》	证监会第一次发布的专门针对私募基金的此类规定，更加全面地规范了私募基金业务

2. 主要内容

并购基金的风险较小，如出现亏损也很少损失掉全部原始投入，但是并购基金收益通常低于成功的风险投资收益。

并购基金相对稳定，受经济周期影响较小。并购基金不论是单项投资规模还是整体行业规模都较大，也因此可以使基金运营成本下降，带来规模经济。①

并购基金与有价证券存在紧密的联系，当并购基金采用杠杆并购的时候，并购常直接代表强化了的股本，通过杠杆扩大公司的业绩。

3. 运行模式

（1）PE +上市公司模式

PE 机构与上市公司（或关联人）共同组建基金管理公司，发起跨境并购基金，并紧密围绕该上市公司产业战略实施跨境投资。基金设立时就具有明确的投资方向和退出渠道，投资周期相对较短。② 该类并购基金的主要盈利方式是通过较低的收购价格实现价格差。并购基金通过产业整合、产业资源嫁接、管理提升等手段提升并购标的企业的价值。并购基金在退出时通常上市公司具有优先收购权，基本保证了出售标的企业股权的估值溢价。由于境外标的资产的一级市场估值通常相较中国境内标的更低，并购基金有望获得更高的估值差，得到更大收益。

---

① 参见蒙柳燕：《我国并购基金发展研究》，西南财经大学 2007 年硕士学位论文。

② 参见《陈宝胜：跨境并购基金六大核心模式》，载 https：//www.163.com/dy/article/FM0GTBS50519RLST.html，最后访问日期：2021 年 8 月 30 日。

PE＋上市公司模式的典型架构和核心盈利模式如图 30 所示）[①]

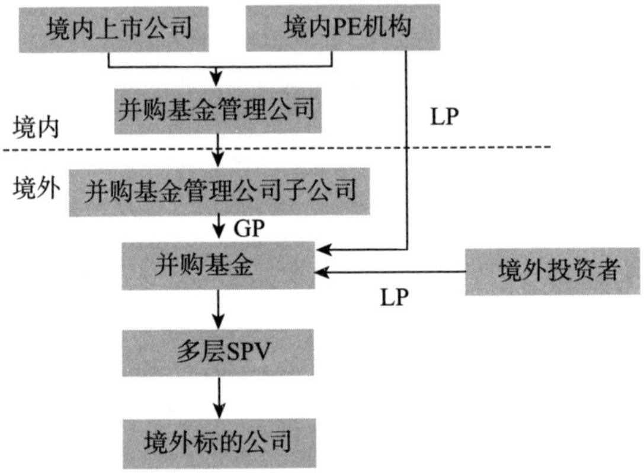

（a） 典型架构之一

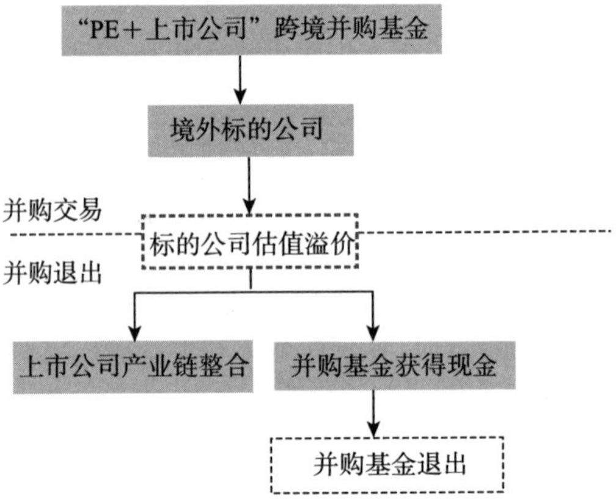

（核心盈利模式）

（b） 典型架构之二

图 30　PE ＋上市公司模式的典型架构

（2）过桥型跨境并购基金模式

境外过桥融资，是指境内买方企业由于交割时间紧急、审批不确定性较大或资金出境渠道不畅，而由与境内并购方无关的第三方（通常是境外机构）代

① 参见《陈宝胜：跨境并购基金六大核心模式》，载 https：//www.163.com/dy/article/FM0GTBS50519RLST.html，最后访问日期：2021 年 8 月 30 日。

为收购，在境内并购方满足并购的相关外部条件后，再将境外标的股权转让给境内并购方。过桥型跨境并购基金设立时，已经确定了投资标的；同时，境内并购方会以各种形式保证回购标的股权的价格和时间，因此也具有明确的退出渠道；而投资周期通常为 1 年，一般不会超过 2 年。由于在较为确定的时间内转让标的股权，过桥型跨境并购基金的收益绝大部分反映为债权收益，通常为名股实债的操作。①

需要注意的是，企业在跨境并购中使用过桥融资必须满足一定的前提，包括收购项目必须符合中国法律规定及相关政策要求，且已完成或实质性完成了境外投资的核准或备案程序。②

过桥型跨境并购基金盈利模式比较明确（如图 31 所示），就是一种债权收益。除非出现特殊风险事件，基金一般不会主动参与标的公司的运营管理。在并购基金层面，不同的投资者可能有不同的收益率，这是由投资者的风险偏好和出资期限决定的。③

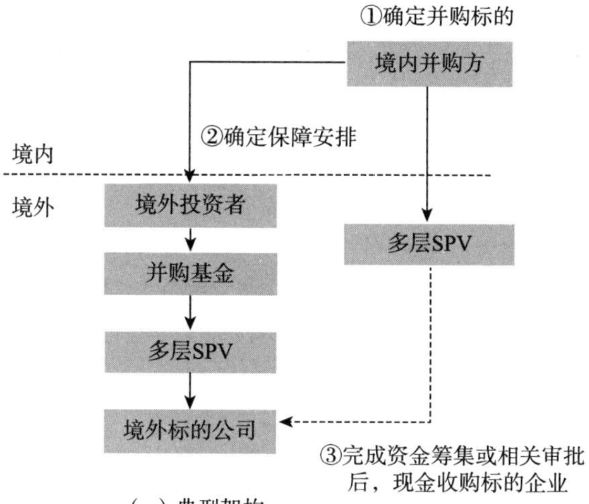

（a）典型架构

① 参见《陈宝胜：跨境并购基金六大核心模式》，载 https：//www.163.com/dy/article/FM0GTBS50519RLST.html，最后访问日期：2021 年 8 月 30 日。

② 参见王琰：《我国企业跨境并购融资方式的选择研究》，北京交通大学 2018 年硕士学位论文。

③ 参见《陈宝胜：跨境并购基金六大核心模式》，载 https：//www.163.com/dy/article/FM0GTBS50519RLST.html，最后访问日期：2021 年 8 月 30 日。

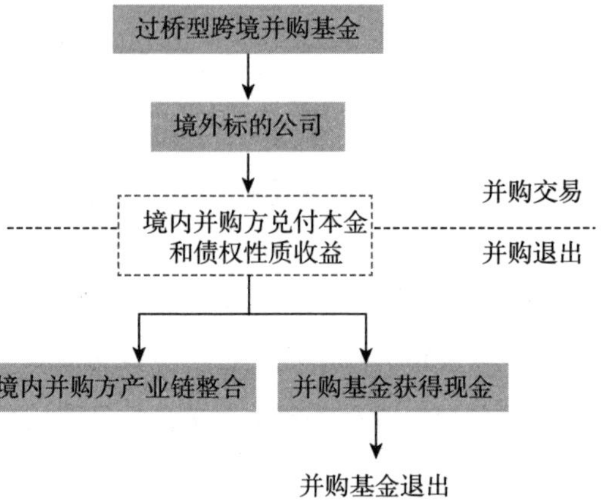

（b）核心盈利模式

图 31　过桥型跨境并购模式

（3）控股型跨境并购基金模式

控股型跨境并购基金由境内并购方自身发起设立，并购方在基金所占权益和投资决策上处于实际控制地位，基金以提升杠杆率、引入战略投资者等方式帮助并购方更有效率地并购境外标的。控股型跨境并购基金设立时，通常已具备明确的投资方向或已确定投资标的，其组建目的就是帮助基金发起人实施产业整合。[①]

控股型跨境并购基金的盈利模式如图 32 所示。目前参与控股型跨境并购基金的境外投资者只能接受现金对价的退出方式，因此与过桥型跨境并购基金类似，控股型跨境并购基金通常是一种“名股实债”的操作，通常享受债权收益。控股型跨境并购基金的发起人（通常为境内上市公司）通过“名股实债”的操作，实际为自身的跨境并购交易实现了融资，并提升了财务杠杆。在跨境并购标的公司的净利润增长高于上述融资成本时，控股型跨境并购基金的发起人即通过财务杠杆实现了获利。[②]

---

① 参见《陈宝胜：跨境并购基金六大核心模式》，载 https：//www.163.com/dy/article/FM0GTBS50519RLST.html，最后访问日期：2021 年 8 月 30 日。

② 参见《陈宝胜：跨境并购基金六大核心模式》，载 https：//www.163.com/dy/article/FM0GTBS50519RLST.html，最后访问日期：2021 年 8 月 30 日。

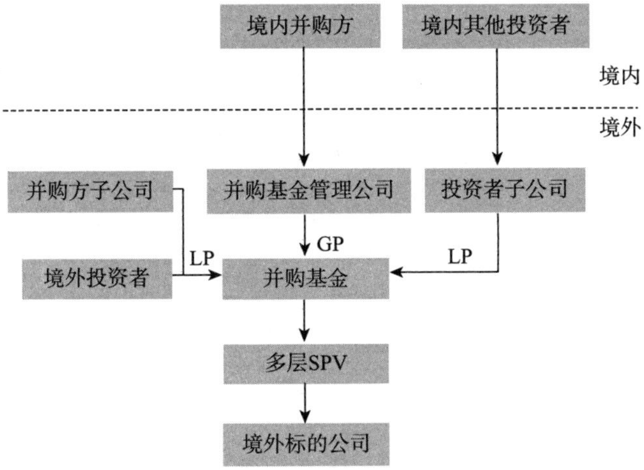

（a）典型架构

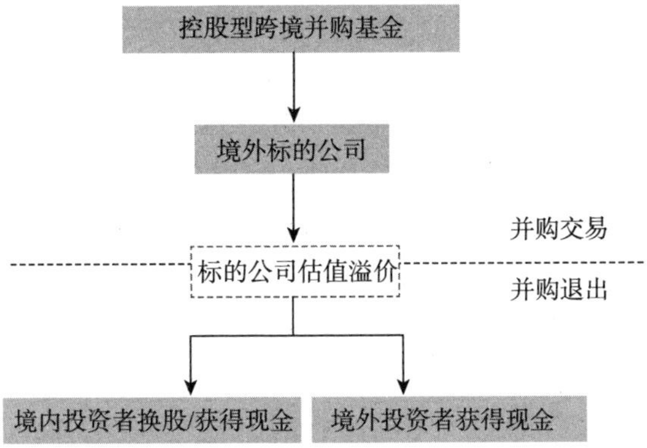

（b）核心盈利模式

图 32　控股型跨境并购基金模式

4. 案例

案例如表 33 所示。

表 33　国内外私募股权基金支持中国企业境外并购

并购时间 / 年	并购方	被并购方	国家	参与私募	涉及金额 / 亿元	私募参股比例 /%	最终并购股权 /%
2004	联想集团	IBM PC 业务	美国	德太集团、泛大西洋集团、新桥资本	113.99	10.9	100

续表

并购时间 / 年	并购方	被并购方	国家	参与私募	涉及金额 / 亿元	私募参股比例 /%	最终并购股权 /%
2008	中联重科	CIFA	意大利	弘毅投资	19.22	40	100
2009	中航工业	FACC	奥地利	AIGL 投资基金	7.09	10	91.25
2010	吉利汽车	沃尔沃汽车	瑞典	高盛	26.86	15	100
2012	三一重工	普茨迈斯特	德国	中信产业投资基金	26.54	10	100
2013	博盈投资	斯太尔动力	奥地利	武汉梧桐硅谷天堂投资有限公司	5.00	100	100
2014	山东高速集团	图卢兹机场	法国	香港富泰资产	21.85		49
2015	中航工业汽车	瀚德汽车	美国	渤海华美	37.26	49	100
2015	三七互娱	SNK Playmore	日本	东方星辉基金	4.24	65	81.25
2016	中国化工集团	克劳斯玛菲	德国	汉德资本、国新国际投资	65.61	33	100

中联重科并购。在“中联重科并购 CIFA 案”中，中联重科联合弘毅资本、高盛、曼达林 3 家私募股权基金共同收购 CIFA 全部股权，总金额高达 2.71 亿欧元。其中，中联重科占股 60%，弘毅资本、高盛、曼达林 3 家私募股权基金分别占股 18.04%、12.92% 和 9.04%，合计承担了 1.084 亿欧元的并购资金。根据协议约定，当并购基金想要转让股权时，中联重科可以优先获得购买机会。[①] 此外，中联重科在意大利圣保罗申请了 2.4 亿欧元的贷款，在并购的同时承担了 CIFA 的原有债务，故收购的总额实际为 5.11 亿欧元（如图 33 所示）。[②]

① 参见朱智勇：《中国上市企业海外并购融资方式案例分析》，浙江大学 2017 年硕士学位论文。

② 参见王彦玮：《利用并购基金进行海外并购案例分析》，江西财经大学 2017 年硕士学位论文。

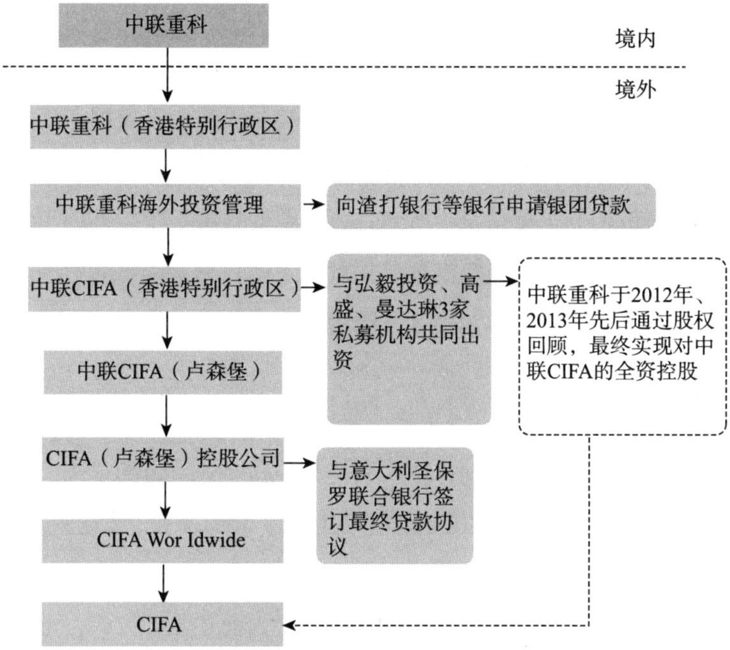

图 33　中联重科并购交易结构

（五）可转换债券

1. 主要内容

可转换公司债券（又称可转换债券、可转债）兼具债权和期权的特征，其优点为普通股所不具备的固定收益和一般债券不具备的升值潜力。[①]

2. 案例

吉利汽车并购沃尔沃。在吉利汽车并购沃尔沃过程中，私募股权基金、可转换债券均发挥了重要的作用。2009 年 9 月，吉利汽车向高盛投资旗下的私募基金 GSCP 发行 19 亿港元、2014 年到期的可转换债券、2.995 亿份认股权证。而在全部转换可转债和行使认股权证后，GSCP 合计持有吉利汽车约 15.1% 的股权，持股比例仅次于公司创始人李书福，吉利汽车由此获得 25.86 亿港元（约合 3.3 亿美元），用以弥补并购沃尔沃的资金缺口。[②]

---

① 参见姚影：《商业银行参与跨境并购的融资模式分析》，载《华北金融》2017 年第 3 期。

② 参见朱智勇：《中国上市企业海外并购融资方式案例分析》，浙江大学 2017 年硕士学位论文。

（六）境外上市

1. 发展现状

1992 年，华晨汽车作为中国第一家企业赴境外上市，在美国纽约交易所（以下简称纽交所）挂牌，募集资金 7200 万美元。相比彼时刚成立的上海证券交易所仅有个位数上市企业，美国纽交所允许各国企业挂牌上市，有助于华晨汽车解决并购后的财务危机。随着华晨汽车成功赴美上市，越来越多的中国企业走出国门，从国有企业逐渐扩展至民营企业，国内掀起境外上市热潮，全球主要资本市场的上市路径基本畅通。

……

按地区划分，我刚香港特别行政区始终是中国企业上市的首选，美国纳斯达克、纽交所也是热门选择，在我国企业境外上市中始终占有较大比重。与之相比，中国企业鲜少将欧盟作为 IPO 首选地。

据此，中国企业赴欧盟投资的融资渠道主要为前述几种方式，下文将仅对欧盟内部的交易所和上市流程作简要介绍。

2. 优势

境外上市的如下特点吸引国有企业和民营企业纷纷赴境外上市：①程序快捷可控。符合条件的企业在启动上市进程后，一般需要 1 年左右的时间即可实现挂牌，企业可按预期完成资金募集。②募集资金规模表现不低于国内 A 股。③提升企业国内外声誉。境外上市有助于扩大企业在境外市场中客户、用户的知名度，提升金融信用水平以便于跨境贸易、结算等；同时有助于提升国内声誉，受限于高昂的违规成本，企业将严格遵循全球资本市场的企业信息披露制度。

3. 类型

选择境外上市融资方式有两种途径，分别为直接上市和间接上市。实践中，由于直接上市成本高且周期长，企业常选择间接上市作为境外融资的途径（如表 34 所示）。

表 34　上市途径

类别	概念	优点	缺点
直接上市	境内公司直接向国外证券主管部门申请发行登记注册并发行股票（或其他衍生金融工具），向当地证券交易所申请挂牌上市交易	发行价位更高； 发行范围更广； 提高公司声誉	程序复杂，成本较高： 需要境内、境外证券监督管理部门审批监管； 需要聘请多家中介和服务机构； 境内外法规和会计准则差异，对公司管理和股票发行、交易要求不同
间接上市	通过将国内资产或股权注入上市壳公司的方式，达到境内资产在境外上市的目的，包括造壳上市、买壳上市和借壳上市	时间成本低，省去国内审批程序	需要注意： 向中国证监会备案； 壳公司对国内公司返程投资的方式及比例

如表 35 所示，间接上市是通过壳公司的稀缺资源，即上市公司的上市资格，在证券市场筹集资金，以促进公司规模的快速增长。在选择目标壳公司时，境内企业应当关注壳公司是否有债务、行政处罚或法律诉讼，以上问题应当经过严格的业务审核、财务尽职调查和法律尽职调查。

表 35　间接上市

类别	概念	特点
造壳上市	境内企业或其股东在境外证券交易所所在地或允许的国家与地区（BVI、开曼等），以独资或合资的方式重新注册一家离岸公司，然后以现金收购或股份置换的方式取得内地公司资产的控制权，再在境外以 IPO 方式挂牌上市。[1] 造壳上市的主要方式：控股上市、合资上市、拆分上市、附属上市[2]	发行人首次发售股票且所发行的股票首次经拟上市的证券交易所批准在证券交易所挂牌交易。 优势：获得广泛的股东基础，有利于业务拓展，提高壳公司知名度。 缺点：资金需求量大、时间周期长（一般需要境外壳公司实际运营）

类别	概念	特点
买壳上市	非上市公司按照国家法规和股票上市交易的规则，通过协议方式或二级市场收购方式收购上市公司并取得控制权，再通过向上市公司注入资产和业务，间接实现在境外上市	目标公司为股份有限公司，且目前业绩表现不理想，丧失在证券市场筹集资金的能力等。拟上市公司需购入壳公司35%或以上的股份，或低于35%但能给予收购人上市公司管理权的股份比例，从而实现控制。 买壳上市的流程：先买壳再借壳，即先收购控股一家上市公司，再将买壳者的其他资产通过配股、收购等机会注入上市公司。 优势：审批手续简单、上市时间较短。 缺点：壳公司可能背负巨额债务或面临诉讼的风险，故买壳成本较高
借壳上市	拟上市的公司通过收购、资产置换等方式取得已上市的ST公司的控制权，这家公司就可以以上市公司增发股票的方式进行融资，从而实现上市，即未上市公司的母公司通过将主要资产注入上市公司的子公司中，以实现母公司的上市	借壳上市与买壳上市均是利用上市壳公司的上市资格，区别在于买壳上市的企业首先要获得对一家上市公司的控制权，而借壳上市的企业已经拥有了对上市公司的控制权。 借壳上市的流程：集团公司先剥离部分优质资产单独上市，再通过上市公司大比例的配股筹集资金，将集团公司的重点项目注入上市公司，最后再通过配股将集团公司的非重点项目注入上市公司，实现借壳上市

〔1〕 参见陈敏灵、党兴华、武雪晴：《中国科技型企业境内上市方式选择影响因素实证研究》，载《科技进步与对策》2014年第17期。

〔2〕 参见王宛秋、薛媛婷：《海外上市对我国企业发展的影响》，载《北京工业大学学报（社会科学版）》2007年第4期。

4. 欧盟资本市场介绍

欧洲资本市场是世界规模最大的区域性金融市场，涵盖英国伦敦、法国巴黎、德国法兰克福三大世界级金融中心。欧洲资本市场具有高度流动性、统一监管的特征，并通过建立泛欧资本市场实现向外扩展。

我国企业境外上市的目的地，除……新加坡和美国的资本市场外，还可选择欧洲的交易所。目前，欧盟层面尚无统一的证券市场，目前较为活跃的有泛欧证券交易所集团以及德国法兰克福证券交易所。

（1）泛欧证券交易所集团

2000年，荷兰阿姆斯特丹证券交易所、法国巴黎证券交易所、比利时布鲁塞尔证券交易所三家自发联合，形成泛欧证券交易所，随后泛欧证券交易所先后兼并伦敦和纽约证券交易所，成立纽约泛欧证券交易所。[①]泛欧证券交易所是世界第一家国际性证券交易所，也是全球上市交易公司最多的上市场所。[②]

泛欧证券交易所总部设于法国巴黎，并在比利时、荷兰、葡萄牙、卢森堡、英国等5国设立分部。[③]虽然各分部独立开展交易，但是通过整合统一，泛欧证券交易所在各分部使用统一的交易系统、清算系统、交割系统。此外，各分部所在地的金融监管部门共同签署协议以协调对泛欧证券交易所集团的监管。

拟通过泛欧证券交易所上市的企业可自由选择在阿姆斯特丹、巴黎、布鲁塞尔、里斯本等证券交易所中的任一家挂牌，并接受上市地国家的监管。泛欧证券交易所是一家综合性的交易平台，包括股票交易平台，以及期货、期权等金融衍生品平台，为投资者提供丰富选择。[④]

（2）德国法兰克福证券交易所

随着中德经济关系持续升温，德国资本市场也受到更多关注。德国法兰克福证券交易所于1993年成立，是欧洲影响力最大的证券交易平台之一。

德国法兰克福证券交易所的电子交易平台Xetra是其市场数据业务的主要数据来源，同时也为交易业务提供数据基础，供买卖双方在交易所内高效地交易证券、金融衍生品。Xetra已获得欧洲18个国家及其金融中心的约250家参与机构和超过4500名交易员使用。

在德意志交易所上市的优势在于上市程序快速便捷。德意志交易所为上市企业提供三种高效率低成本进行跨境交易、跨交易所上市的途径：①已在美国上市的企业获得美国证券交易协会签署的文件即可在德意志交易所上市，通过使用在美国已注册签署的文件书写欧盟招股说明书，能够节省企业在德意志交

① 参见王军：《全球证券交易所并购浪潮及影响》，载《中国金融》2012年第4期。

② 参见商务部：《对外投资合作国别（地区）指南：欧盟（2020年版）》第45页。

③ 参见蔺捷：《欧盟〈金融工具市场指令〉对交易场所之间竞争的影响》，载《证券市场导报》2008年第7期。

④ 参见薛彦平：《欧盟资本市场的基本特点与发展趋势》，载《国外社会科学》2009年第4期。

易所上市的时间及成本；②已在欧盟（或欧洲经济区）上市的发行人可享用欧盟通行证及免招股说明书许可制度，享受更为便捷的上市程序；③通过在交易所监管市场快速上市（公开市场）。需要注意的是该方式适合寻求高效低成本进入国际交易市场的发行人，而非寻求在欧盟监管市场进行证券上市交易的发行人。

5. 案例

中德环保是在德国上市的代表企业之一，其为福建丰泉环保公司通过境外上市框架。2004 年年底，福建丰泉环保公司就有上市计划，时任董事长陈泽峰在考察了新加坡和美国纳斯达克等全球几个主要的资本市场后，最终选择了德意志交易所。其选择德意志交易所上市的最主要原因是公司所处行业的要求。欧洲是全球环保技术最领先的地区，发达国家的环保技术和设备均来自德国。作为环保企业，在德国上市比在美国或其他地区上市更有利于公司未来的发展，能给公司带来资金、技术和品牌形象上的支持。

三、小结

为了缓解资金压力，企业在跨境投资并购过程中可以采取多元化融资方式，积极尝试运用股权融资、债务融资等多种方式，在合理配置融资资源的同时，降低融资风险，确保并购交易的顺利进行。

例如，在“珠海艾派克公司收购利盟国际案”中，2016 年 4 月 20 日，中国知名打印机耗材生产商珠海艾派克科技股份有限公司（以下简称艾派克）发布公告称，全资收购在美国纽交所挂牌的国际著名品牌打印机及软件公司利盟国际（Lexmark）。此次并购最终交易额为 39 亿美元（约合 260 亿元人民币），在筹资过程中，艾派克采用多元化融资方案，即通过企业自有资金、大股东借款、私募股权投资、私募可转换债券以及银团贷款等方式筹措资金，最终艾派克成功收购比自己大数倍不止的国际巨头。[①]

① 参见赵晴、袁天荣、许汝俊:《我国企业海外并购融资方式创新——以艾派克并购利盟国际为例》，载《财会月刊》2018 年第 19 期。

第四节
并购保证保险*

一、概述

近年来，过去一直为美国和欧洲市场普遍采用的并购保证保险逐渐也得到了中国企业的运用。《中央企业境外投资监督管理办法》（国有资产监督管理委员会令第 35 号）第 27 条规定："中央企业应当根据自身风险承受能力，充分利用政策性出口信用保险和商业保险，将保险嵌入企业风险管理机制，按照国际通行规则实施联合保险和再保险，减少风险发生时所带来的损失。"可见，国有资产委员会已经将"保险嵌入企业风险管理机制"作为对中央企业的要求，充分强调了保险的重要性。

本节将简述并购保证保险的运作机制及实际应用，并对并购保证保险的现实优势作出分析。

（一）并购保证保险的概念

并购保证保险（Warranty and Indemnity Insurance，又称"W&I Insurance"）是交易责任保险中的一种，交易责任保险产品旨在涵盖并购交易中可能存在的各种责任。并购保证保险作为并购交易中对卖方自身违反陈述保证的行为，提供风险转移解决方案。

众所周知，跨境交易的股权买卖交易文件（以下简称交易文件）中最重要的条款之一就是卖方针对标的公司的资产、业务、财务、合法合规等状况所作出的一系列陈述保证。与之相配套，交易文件一般还会约定在卖方违反该等陈述保证

---

* 本节摘录自王清华、施珵等：《并购保证保险及其在跨境并购中的应用》，载 http：//www.tradeinvest.cn/information/5001/detail，最后访问日期：2021 年 8 月 30 日。

时所产生的赔偿责任和买方据此向卖方提起诉讼索赔的机制。针对卖方赔付卖方违反的陈述保证的赔偿款以及交易文件中买方赔偿索赔有关的损失，便可以由买方或卖方购买并购保证保险，由保险公司承担相应的赔付责任。

（二）并购保证保险的种类

并购保证保险的承保流程可以由买卖双方发起，可由卖方作为被保险人（卖方保单）或由买方作为被保险人（买方保单）。需要注意的是，买方保单与卖方保单并不是按照由哪一方支付保险费用来区分的。无论是买方保单还是卖方保单，保险费用均可以由任意一方全部承担，也可以由双方平分。

1. 卖方保单

在卖方保单下，买方按通常方式依据交易文件向卖方索赔，可能不知道是否有保单的存在。卖方依据保单向保险公司索赔，但仍然对买方直接负责（保险公司能够控制索赔的辩护与和解）。

针对其自身所作出的陈述保证，卖方可以购买并购保证保险借此自我保护，同时使交易获得的资金全部进行派发或使用，而无须为违反保证的潜在索偿锁定一笔或有赔偿资金。缴纳一笔一次性保费后，若在保险期限内发生任何索赔，保险将可启动。因此，对于卖方违反陈述保证的索赔，保险公司为卖方提供保障。

但是，需要注意的是，在卖方保单的情况下，卖方是无法及时全身而退的。因为若买方因卖方违反陈述保证而提出索赔，买卖双方仍然要先通过诉讼或仲裁的程序得到法庭或仲裁庭的判决，随后保险公司才会为卖方提供保障。这样的流程使卖方在购买保险之后仍然无法降低潜在的诉讼 / 仲裁风险。

此外，由于保险公司对于被保险人欺诈情形是不会予以理赔的。由于卖方保单情况下，卖方是被保险人，而如果卖方在交易过程中存在欺诈行为，那即便购买了并购保证保险，保险公司将不做理赔，这将导致买方还是只能从卖方处要求赔偿。

2. 买方保单

在买方保单下，买方是并购保证保险的被保险人和受益人。如发生卖方违反陈述保证条款的，买方可以不经诉讼直接向保险公司申请赔付，只要买方向保险公司证明卖方违反了陈述保证的情况，并且该违约给买方造成了损失即可。除非卖方存在恶意欺诈的情况，否则保险公司在向买方赔付后不会再向卖方行使代位求偿权。卖方可以实现全身而退。

但是需要注意，如果交易文件中约定了买方的责任限额，则在责任限额范围内，买方向卖方索赔，然后对高于限额的任何损失要求保险公司理赔。

上述两种情况均有助促成交易的达成，并减少谈判中的路障，但是由于买方保单省去了买方向卖方提出索赔诉诸法律程序的步骤，因此实践中买方保单的应用更加广泛，而卖方保单可能仅占市场份额的10%。下文将主要围绕买方保单展开介绍。

（三）保险费用

1. 保费

并购保证保险的费率最主要是取决于标的公司（非买卖双方）所在行业以及标的公司的经营所在地。一般而言，如果标的公司所在地在德国、英国、美国等国家，则保费相对要比在其他国家的更为便宜；如果标的公司所在行业是传统制造业，则保费一般也比互联网等新兴行业要低。行业和标的公司所在地在并购保证保险中十分重要，如果在高危国家或行业，保险公司甚至不会接受承保。

此外，其他因素诸如并购交易规模（如交易规模在一千万美元到几十亿美元的交易价格都属于并购保证保险承保的范围）、自负总额度及最低索赔触发额度和被保险人索赔历史、相对于并购交易规模所购买的赔偿限额以及保单时限等因素。此外，承保已知的、但属或有和/或无法量化的风险的特殊保险通常费用更高（可达到保额的2%—10%）。

在亚洲地区，并购保证保险的费率通常在保额的0.75%—2.5%。

2. 其他成本

实践中，交易的买卖双方往往是通过保险经纪公司购买并购保证保险。保险经纪公司将代表被保险人选择保险公司、与保险公司进行谈判、向被保险人提供建议。一般来说，支付给保险经纪公司的报酬通常由买卖双方中任意一方承担或双方分担，但是实践中，如果交易成功交割，则该等报酬将以佣金形式由保险公司支付，买卖双方不需要支付该等报酬，除非佣金金额低于保险经纪公司事前约定的报酬金额。

二、购买并购保证保险的优势

实践中，如果卖方出现违反交易文件中的陈述保证条款，给买方带来损失，一般手段是由买方通过法院诉讼或仲裁寻求司法救济以取得赔偿。然而，如果买方购买了并购保证保险，则因卖方违反该等陈述保证而致使买方或卖方产生的潜在财务损失将由第三方——保险公司——对该等风险进行承保，从而将该等风险转移至第三方工具。并购保证保险是一种有效的风险管理工具，能够保护企业免于暴露在交割后的各种风险敞口的影响。

并购保证保险对买卖双方均有好处，主要有如下几点：

一是帮助卖方全身而退。通过引入并购保证保险，如发生卖方违反陈述保证条款的情形，买卖双方在交易文件中往往会约定：在卖方责任限额范围内，买方向卖方索赔，对高于限额的任何损失要求保险公司理赔。实践中卖方责任限额非常低，一般规定在交易金额的 1%。因此，并购保证保险起到了为卖方提供已知且固定的赔偿成本的作用。另外，买方一旦通过并购保证保险理赔成功就不得再向卖方提出索赔请求，而保险公司一般会放弃对卖方行使代位求偿权，不会要求卖方偿还任何已支付的索赔，除非卖方存在恶意欺诈或故意不当行为。据此，卖方可以实现一定程度上的全身而退。

二是补充卖方责任。实践中，卖方往往不愿意提供托管安排或接受延迟支付价金，而买方担心卖方的财务状况等情况导致规定的赔偿不能到位。因此，可以通过购买并购保证保险，增加买方可获得的追索金额，或延长索赔时限，解除了买方对责任损失追收的顾虑。

比如，一般并购保证保险对卖方的商务陈述保证（如财务报表、重要合同、合法合规）的保单时限是 2—3 年，而卖方可能仅同意 12—18 个月的诉讼时效；并购保证保险对于基本陈述保证（如所有权、权限及授权）和税务陈述保证（一般税务事项）的保单时限是交割后 7 年内，而卖方可能仅同意交割后 3 年的诉讼时效。

再如，一般卖方可能仅愿意赔付交易价款的 1%—10% 的限额，而在引入并购保证保险后，保险可以在理论上赔付 100% 的交易价款（多家保险公司共同介入时）。当然，实践中，针对交易规模 1000 万—5000 万美元的并购项目，平均赔偿限额是企业价值的 75%—100%，而针对 5000 万—5 亿美元的并购项目，平均赔偿限额是企业价值的 30%—50%。

三是帮助买方获得损害赔偿。实践中，基于卖方的财务状况，尤其是如果卖方是个人、特殊目的实体，或者出现财务困难，或存在索赔成功后难以强制执行的其他情况，或者假设卖方是私募基金且将在退出后解散，买方可能会担心如果发生卖方违反陈述保证情况，卖方无能力履行赔付义务。在买方保单情况下，并购保证保险可以直接向买方作出理赔，解除了买方的后顾之忧。

四是加速谈判过程。众所周知，即使最彻底的尽职调查过程也无法发现潜在的纠纷和诉讼根源。对于任何存在于买卖协议谈判中争议较大的部分，以及对于任何违反陈述保证的行为，买方都希望卖方通过赔偿或其他方式承担适当的责任。但是卖方却希望尽可能地无债务退出，尤其是在卖方是私募基金的情形下更是希望能够确定出售所得，以便尽快分配给投资者。在有并购保证保险的情形下，交易方得以将因违反陈述保证而导致的财务损失风险转移给保险公司，促成并购交易的高效率完成。

除上述优点外，对买方而言，并购保证保险可以帮助买方在竞买时加强胜出可能，而且相较于诉讼，保险索赔申请可以保密进行，保护了买方的声誉同时也维护了重要的关系。对于卖方来说，在跨境并购交易中使用并购保证保险除了能够有助于加速谈判的过程、有助于卖方全身而退之外，卖方还可以实现买卖收益能够最快地分配给股东，从而获取最大的买卖收益。实务中，由于并购保证保险有助于卖方全身而退，因此被私募基金类的卖方较多地使用，同时，并购保证保险也受实业类的卖方的欢迎。

三、并购保证保险的运作机制

（一）承保范围

1. 承保范围

并购保证保险承保的范围主要涉及如下方面：

一是以买方保单为例，直接承保的是交易文件约定的卖方违反陈述保证行为而给买方造成的损失。并购保证保险还将涵盖买方根据卖方的一般税务赔偿或一般税务契约提出的任何索赔（限于并购交易结构得到实施，并且税务赔偿 / 契约包含在买卖协议里）（税务赔偿）。如果卖方提议对所有其他陈述保证进行一般性赔偿，保单也可以承保该税务赔偿。需要注意的是，并购保证保险仅承保卖方的陈述保证部分。交易文件中的其他条款是不在保险范围内的，如买方陈述保证、卖方承诺、交割条件等。

二是承保范围限于现时的未知风险。所谓未知风险是指买方不知道其不知道（You don' t know what you don' t know）的风险。该等风险应当是交易文件、披露函中没有披露的，并且第三方尽职调查报告中也没有查明的风险。因此，在承保之前，保险公司及其内部法务部门一般会审阅该等披露函和第三方尽职调查报告，并向第三方中介机构提出问题，对保险公司的赔付风险进行评估。

三是需在保单时限内达到自负总额度及最低索赔触发额度。保险公司会要求每份保单都有一个自负总额度和最低索赔触发额度。据此，被保险人只能获得超出自负总额度的赔偿。低于自负总额度的任何损失都必须由买方或卖方承担。对于并购保证保险，保险公司通常会要求最低的自负总额度为标的公司企业价值的0.5%—1%。而针对最低索赔触发额度，如果损失低于最低索赔触发额度，则不会导致自负总额度减少。一旦损失超过最低索赔触发额度，所有的索赔都将会减少自负总额度。在满足这一门槛要求前提下，买方才可以在卖方违反陈述保证行为而给其造成损失时，直接向保险公司追索此类违约造成的所有损失（含相关辩护费用）。

2. 除外责任

并购保证保险的承保范围有一定的除外责任。不同保险公司的情形各不相同，但一般来说都会包括以下内容：①被保险人团队知情范围，含会引起理赔的事项在买方尽职调查报告中披露的违反事项（限买方保单）和在资料库里披露的违反事项前瞻性陈述保证；②未进行尽职调查的内容；③社保、养老金资金不足；④定价转移；⑤次级税收负债；⑥法律上不允许承保的刑事罚款和处罚；⑦被保险人欺诈行为，反贿赂 / 腐败 / 美国财政部境外资产控制办公室（OFAC）制裁事项；⑧中国国家税务总局发布的公告（关于资本利得税）和可变利益实体结构（针对在中国开展业务的标的公司）。

（二）保单时限

对于不同性质的陈述保证条款，保单的时限有所不同。对于涉及在美国境外运营的标的公司的并购交易，一般的标准保单时限为：①针对商务陈述保证（如财务报表、重要合同、合法合规）的保单时限为交割日后的 2 年内；②针对基本陈述保证（如所有权、权限及授权）的保单时限为交割日后的 7 年内；③针对税务陈述保证（如一般税务事项）的保单时限为交割日后的 7 年内。

（三）步骤与流程

实践中，并购保证保险的承保流程主要分为指示阶段、承保和配售阶段、理赔阶段。

1. 指示阶段

在指示阶段，共分为 3 个流程，分别是第 1 阶段讨论文件、第 2 阶段发出非约束性指示以及第 3 阶段委托。

在第 1 阶段，买卖双方应当初步披露并购交易的规模、标的公司所在的地区及行业。该阶段需要 2—3 个工作日。

在第 2 阶段，被保险人需要与保险经纪公司签署保密协议，因为被保险人需进一步披露买卖协议草稿、目标公司财报及信息备忘录，定制承保范围。保险经纪公司开始向保险公司询价，并向被保险人推荐保险公司。一般而言，保险经纪公司推荐保险公司考虑的因素首先是承保范围、赔付率和赔付经验，其次才考虑价格。该阶段一般需要 3—5 个工作日。

在第 3 阶段，保险经纪公司将帮助被保险人选择保险公司，被保险人与保险经纪公司签署保险公司的费用协议以及与保险经纪公司签署经纪委托协议，该阶段需要 2—3 个工作日。

2. 承保和配售阶段

承保和配售阶段需要 2—3 周，分为 3 个阶段，具体包括第 4 阶段确认承保、第 5 阶段发出约束性报价和启动保单以及第 6 阶段交割后。

在第 4 阶段，保险公司需要买卖双方提供完整的并购交易文件、买方的尽职调查报告、买方内部的报告以及资料库文件用以核保。具体保险公司会出具书面问答卷、召开电话会议，要求相关方作出解释。

在第 5 阶段，保险公司会在审阅上述文件的基础上出具承保范围表格、承保范围及除外责任（如有），保险经纪公司会代表买方利益与保险公司进行进一步的保单谈判。在谈妥之后，保单启动。虽然理论上保单可以在并购交易文件的签署日或交割日甚至交割日后启动。但是保单越晚启动，意味着被保险人团队知情范围可能就越广，除外事项也就越多，对于被保险人来说可能存在不利的影响。

在第 6 阶段，项目交割后买卖双方或一方需要支付保费。需要注意，保险公司或保险经纪公司是将保费发票开具给被保险人，而非支付保费的一方。

3. 理赔阶段

理赔需要在保险期限内提出。

关于索赔发生的情形，美亚国际集团（AIG）出具的《2018 年全球并购保险年度报告》（M&A Insurance-The new normal）中给出的数据显示，2018 年，约有 1/5 的 AIG 并购保证保险的保单收到了索赔通知。全球并购保证保险发生的违约索赔情形中，排名前 3 的分别是财务报告、税务及合规事项，并且，不同行业的违约情形不尽相同，针对制造业，违约情形发生最多的是财务报告和重大合同；针对医药与健康行业，违约情形发生最多的是合规及税务；针对科技行业，违约情形发生最多的是税务及知识产权；针对金融服务行业，违约情形发生最多的是财务报告和重大合同。[①] 因此，针对不同地区的不同行业的并购交易，买方应当结合不同的保险公司对不同的除外责任的约定，作出最优选择。同时，若买方希望更加全面地覆盖高风险领域的风险，也可以考虑购买单独的险种。

需要注意的是，成功购买并购保证保险，并不意味着所有购买之初的承保范围都能得到理赔。在理赔时，往往需要买方证明卖方发生违反陈述保证的情形、证明违反的陈述保证内容是卖方所知的，故并购保证保险理赔可能会很复杂。由于保单通常会延续长达 7 年，因此在保险承保流程完成后，理赔团队的建议和支持是必不可少的。

四、并购保证保险在跨境并购中的主要提示

（一）尽职调查的重要性

尽职调查对并购保证保险具有重大的影响。一方面，尽职调查报告内容是影响保险公司核定承保范围的重要因素之一。由于并购保证保险承保的是未知风险，因此尽职调查报告中已经披露的风险或潜在风险都将成为保险的除外事项。

---

① 参见 https：//www.aig.com/content/dam/aig/america-canada/us/documents/insights/aig-manda-claimsintelligence-2018-w-and-i.pdf，最后访问日期：2021 年 8 月 25 日。

另一方面，尽职调查未核查的内容也将不在保险范围内。并购保证保险的原则之一是“没有尽职调查就没有承保”（no due diligence，no coverage），所以对于未进行尽职调查的方面，相关保证得不到并购保证保险的承保，即便其是卖方的陈述保证条款一部分。尤其是，如果签署日与尽职调查报告出具日之间相隔 3 个月以上，则保险公司往往会仅承保到尽职调查报告出具日。

需要注意的是，企业如果为了节省开支仅同意有限的尽职调查范围，或者因交易谈判时间过长使尽职调查报告丧失时效性，而没有委托中介机构更新该尽职调查报告的，这样的做法在引入并购保证保险时将得不偿失——卖方的陈述保证条款中如有任意一条属于尽职调查报告中没有核查的事项，则相关陈述保证就不能得到并购保证保险的保障。

（二）交易文件的衔接

1. 与承保范围的衔接

交易文件与并购保证保险的保单需要结合起来审阅，因此买方应当尽早让保险公司介入以尽早发现交易文件与承保范围之间的差异，通过尽可能详细对比交易文件和保单对卖方保证义务、赔偿责任以及追索权的约定，考虑二者之间的差别和衔接，以尽量规避买方的风险缺口。

在境外并购交易中，卖方往往将违反陈述保证的卖方赔偿责任限制在一定期限和一定金额，买方从而很可能无法获得充分的赔偿保护。因此，需要对这部分缺口，在并购保证保险保单中加以弥补，对保单的有效期限、保额、自留额、最低索赔触发额度等要素均可以根据买方的需求灵活制定。

2. 与理赔的衔接

一方面，需要在起草交易文件时注意卖方知悉情况、重大性标准等的描述。如果交易文件中的条款文字表述使用过多的“重大”“在实质性方面”“据卖方所知”等限制性条件，将为理赔带来障碍。买方届时向保险公司提出理赔，买方需要承担举证责任，至少需要证明相关事项是“重大”且“是卖方所知的”，并且“是限于名单中的人所知”。如买方无法证明，则存在保险公司拒绝作出理赔的风险。

另一方面，需要谨慎对待保单对与交易文件中相关的重要定义和描述（如对交割、卖方知悉情况、重大性标准等的描述）是否一致。如存在不一致之处或者不符合买方可接受的水平，则可能产生买方的风险缺口，使买方难以向保险公司要求理赔。保险公司一般情况下在保单中给出的条件是不会高于卖方在交易文件中给出的陈述保证条款的。比如，卖方在陈述保证条款中使用“据卖方实际所知”，则保单往往也会写上“据卖方实际所知”，而不会采用“据卖方实际所知或应当所知”，从而理赔时买方必须证明卖方是实际知悉的。

所以交易文件中的条款与将来理赔难易度存在密切关系。

五、小结

目前，并购保证保险在欧美并购市场已经得到较为广泛的应用。随着亚洲逐渐成为并购交易活动的枢纽，同时亚洲企业在世界范围内的并购交易活动越发活跃，针对并购交易中相关风险进行有效管理变得至关重要。本节概述了并购保证保险的概念、种类、保费、保额、用途、承保范围和除外责任、流程和在境外投资中有效运用并购保证保险的重要提示。并购保证保险的承保前提是买方展开了全面的尽职调查，认真规划和审慎起草保单能为并购交易方提供更大的保护。

随着并购交易活动的越发活跃以及并购保证保险的推广，并购保证保险作为一种极具有吸引力的选择，将拥有更为广阔的发展前景，中国境内企业将在未来的对外投资项目中越来越多地接触、尝试与运用此种保险工具以转移风险。并购保证保险作为一种避险产品和竞标工具，具有现实的必要性和广阔的市场前景，在未来境内并购交易中也应该占有一席之地。

第五节 中国企业对德国投资实务

一、投资方式

投资者可以在遵循欧盟成员国法规的前提下自由选择投资方式。中国企业对德国的投资方式包括跨境并购和绿地投资（设立实体）两类。

对于跨境并购方式进入德国市场，在我国持续扩大对德国以及欧盟其他国家投资的背景下，德国政府与欧盟委员会均加大了对外商直接投资审查的力度。因此，了解德国及欧盟的外资并购审查的基本要求显得十分必要，以注意防范相关风险，详见下文“二、并购控制机制”。

对于采用绿地投资方式在德国新设实体的，可以分为设立公司以及分公司、代表处等分支机构。鉴于分公司和代表处不具备独立法人身份，无须缴纳企业所得税、营业税等法人必须缴纳的赋税（其中分公司相关赋税由总公司支付），中国投资者拟在德国设立公司的，需要重点关注德国有就公司类型及公司治理结构等方面的法律法规要求，详见下文“三、德国公司类型和治理结构”。

二、并购控制机制

德国出台的有关外商投资审查法律法规中强调，德国对外商投资保持开放的态度。尽管如此，出于对关键基础设施和关键技术领域的安全考虑，德国对这些领域内的外商直接投资项目展开了严格的审查，对少数特殊领域进一步作出禁止投资规定。

当然，严格的审查并不意味着该投资项目难以通过审批，但是强制申报的制度要求势必会增加德国有关部门的工作负荷，进而影响投资交易的时间安排。

1. 德国国家安全审查[①]

（1）法律依据

德国《对外经济法》[②]及其实施条例《对外贸易条例》[③]是德国国家安全审查最重要的法律法规。近年，德国多次修订《对外贸易条例》和《对外经济法》。2017 年 7 月到 2018 年 12 月短短 18 个月内，《对外贸易条例》经历了第九次和第十次修订，强化就非欧盟国家企业对德并购的安全审查力度，扩大审查权限、延长审查时限。2020 年 5 月，德国发布新修订《对外贸易条例》新增规定，非欧盟国家企业如收购疫苗、药品、个人防护设备或治疗高传染性疾病设备的德国研发机构或企业 10% 以上股份时，必须向德国联邦经济和能源部报告审批。同时

① 本节摘录自王清华、施珵、孙小梅：《收购德国企业：德国国家安全审查面面观》，载 https://www.allbrightlaw.com/CN/10475/2fb51a9bd09af3a2.aspx，最后访问日期：2021 年 8 月 30 日。

② 全称：Außenwirtschaftsgesetz。

③ 全称：Außenwirtschaftsverordnung。

将外国政府或军队直接或间接控制的企业列入重点审查范围。[①]

2020 年 6 月，德国批准《对外经济法》修正案草案，进一步收紧了审查标准：①降低并购交易审查门槛，将起始股权比例从 25% 降至 10%；②扩大对德国公共秩序和安全影响的审查范围，且将影响范围扩大至欧盟所有成员国，即“其他成员国的公共秩序或安全或关乎欧盟利益的项目或计划”也纳入了考量范围，从而与《欧盟外商直接投资审查条例》相一致；③不断扩大敏感和关键行业的范围，将高新技术，电力等基建设施，疫苗供应、医疗卫生领域和大众传媒业纳入其中；④加强对企业背景的审查。如被政府，其他政府机构或军队控制的企业。[②]

随着《欧盟外商直接投资审查条例》于 2020 年 10 月 11 日正式实施后，德国研究发布《对外贸易条例》第 17 次修正案，于 2021 年 5 月 1 日生效，适用于 2021 年 5 月 10 日后的投资交易，本次修订将强制申报的范围从 11 个领域扩大至 27 个领域，强化了对人工智能、自动驾驶等涉及高新技术的关键领域的外商投资审查。[③]

上述法律法规的修订，导致德国外商投资环境发生显著变化。在中国对德国投资增长迅猛的背景下，目前的德国市场惯例是只要存在疑虑即启动外商投资管控程序。[④]换言之，德国联邦经济和能源部在试图传达一种信号，即他们希望审查比以往更多的交易。从数量上看，2016 年德国联邦经济和能源部共启动 41 起审查程序，2017 年上升至 66 起外商投资审查程序，2018 年启动大约 80 起程序。趋严的国家安全审查政策导致我国企业对德国投资的风险进一步扩大。

（2）审查范围

根据《对外经济法》，德国国家安全审查的审查方式按照行业分为两种：一种是针对跨行业收购，即一般行业收购，其针对的审查对象是来自欧盟或欧盟自

① 参见中国商务部：《对外投资合作国别（地区）指南：德国（2019 年版本）》。

② 参见中国商务部：《对外投资合作国别（地区）指南：德国（2019 年版本）》。

③ 参见德国《对外贸易条例》第 55a 条；《德国即将通过外商投资审查新修正案，审查力度更强、范围更广》，载 http：//www.cggthinktank.com/2021-03-13/100077230.html，最后访问日期：2021 年 8 月 30 日。

④ 参见 Dr. Tilmann Becker，Dr. Christian Cornett 等：《德国外商投资管控的最新发展》，载 https：//www.kwm.com/zh/knowledge/insights/germany-further-tightens-transaction-environmentfor-foreign-investors-20190205，最后访问日期：2020 年 1 月 15 日。

由贸易联盟（冰岛、列支敦士登、挪威、瑞士）以外国家或地区的投资者[①]；另一种是针对特定行业的收购，其针对的审查对象是来自德国以外国家或地区的投资者。

①来自欧盟以外地区投资者展开的跨行业收购

跨行业收购可以由德国联邦经济和能源部主动调查。根据《对外贸易条例》第55条第1款规定，德国联邦经济和能源部可以审查非欧盟居民收购德国国内公司，或非欧盟居民直接或间接收购德国国内公司的股份是否对德国的公共秩序或安全构成威胁。

《对外贸易条例》第55条还规定了跨行业审查的适用范围。2021年修订的《对外贸易条例》扩大了“关键基础设施”的定义，即除了能源、水务、信息技术和电信、金融和保险服务、公共健康、交通和营养业之外，活跃在媒体、卫星系统、人工智能、自动驾驶、机器人、特定半导体、IT技术、航空航天、核技术、量子技术、5G、无线数据网络、关键原材料等行业的公司现今也被视为关键基础设施的运营者。具体而言，在该拟被收购公司涉及如下领域时，德国联邦经济和能源部可以主动调查：

i. 运营《联邦信息安全办公室法案》（Act on the Federal Office for Information Security）意义上的“关键基础设施”，例如，能源、电子和通讯、运输、健康、食物、银行和保险行业，且达到了一定规模。

ii. 开发和制造《联邦信息安全办公室法案》第2节项下的关键组件或专门开发或制造用于特定行业内运行关键基础设施的软件。

iii. 根据《电信法》（Telecommunications Act）第1101节被授权实施措施，或生产或已经生产了用于实施法定措施以监控电信的技术设备，以及与该技术有关的专有知识。

iv. 提供云计算服务，并且用于此目的的基础设施达到或超过根据《联邦信息安全办公室法案》确定关键基础设施条例附件4第3部分第2号中规定的阈值。

v. 持有根据《社会法典》（Social Code）第5册第325节或第311.6节提供远程信息处理基础设施组件或服务的许可证。

---

① 住所地在欧洲自由贸易联盟（EFTA）成员国的居民（冰岛、列支敦士登、挪威、瑞士）应等同于《对外贸易条例》所规定的住所地在欧盟之内的居民。下文为简化表述，将欧洲自由贸易联盟与欧盟统一以“欧盟”为称呼。

vi. 从事媒体行业，且可通过广播、远程媒体或印刷产品促进公众舆论的形成。

vii. 提供必要的服务，以确保国家通信基础设施无故障地运行。

viii. 开发或制造欧盟第 2016/425 号指令第 3 条第 1 款定义的个人防护设备、或开发或制造用于制作医用口罩的无纺布原料作为个人防护设备。

ix. 开发、制造或销售《药品法》（Medicinal Products Act）第 2.1 节所指的基本药物，以确保向公众提供医疗保健。

x. 开发或制造《药品法》下定义的药品，用于诊断、预防、监测、治疗或缓解危及生命和高度传染性疾病的药品。

xi. 开发或制造《药品法》下定义的体外诊断试剂，用于提供与危及生命的和高度传染性疾病有关的生理或病理过程或状况的信息，或者用于规定或监测治疗措施。

xii. 运行《卫星数据安全法》（Satellite Data Security Act）下定义的复杂的地球遥感系统。

xiii. 开发或制造基于人工智能技术的产品，用于实施网络攻击、模仿他人以传播有针对性的虚假信息；通过语音通信或生物识别技术进行监视；分析人员流通等信息。

xiv. 开发或制造自动驾驶汽车或无人驾驶飞行器（包括无人机）或其所需的组件及软件。

xv. 开发或制造特定用途的机器人。

xvi. 开发或制造特定半导体。

xvii. 以出售为目的，开发或制造用于保护 IT 系统、避免对 IT 系统攻击、司法机关刑事侦查和证据保全用途的 IT 产品或组件。

xviii. 运营欧盟第（EC）1008/2008 号条例下定义的航空公司、开发或制造第 2021/821 号条例规定的商品、开发或制造拟用于航天或部署在空间基础设施系统的商品。

xix. 开发或制造第（EU）2021/821 号条例所列的核材料、设施和设备等。

xx. 开发或生产基于量子技术的商品或组件。

xxi. 开发或生产基于增材制造（3D 打印）技术用于工业应用的金属或陶瓷材料部件的商品或组件。

xxii. 开发或制造用于运行有线或无线网络的商品，尤其是 5G 网络领域。

xxiii. 制造智能电表网关及其安全模块。

xxiv. 为德国提供的信息通信技术领域的重要服务，如数字无线电领域。①

xxv. 提取、加工、精炼欧盟关键原材料清单规定的原材料或其矿石。

xxvi. 开发或制造受到《专利法》(Patent Act) 或《实用新型法》(Utility Models Act) 保护的商品。

xxvii. 运营直接或间接种植 1 万公顷以上农业用地的企业。

②来自德国以外投资者展开的特定行业收购

与跨行业审查不同，特定行业审查涉及的被审查对象包括任何非德国投资者。来自德国地区之外的投资者如展开对特定行业的收购，则必须主动申报。《对外贸易条例》第 60 条规定外国投资者收购特定行业公司 10% 或以上表决权的投资者必须主动提交德国联邦经济和能源部进行审查。

被审查的行业范围在 2021 年修订的《对外贸易条例》第 60 条第 1 款中得到明确和进一步扩大，包括：

i. 对德国出口清单（Export List）第 1 部分第 A 节项下全部军事产品的开发商和生产商，对前述开发商和生产商的收购行为均应进行申报。

ii. 投资于从事开发、制造、修改或处置受到《专利法》或《实用新型法》保护的特定国防技术的公司。

iii. 生产具有 IT 安全功能用于处理国家机密信息的产品。

iv.《安全审查法》(Security Clearance Act) 下定义的关键国防设施。

(3) 审查门槛

审查门槛根据行业进行区分如下所述。②

①跨行业收购（《对外贸易条例》第 55 条所辖交易）

i. 针对《对外贸易条例》第 55a 条第 1 款第 i 项至第 vii 项所列领域进行投资，则当住所地在欧盟境外的投资者拟收购以德国为住所地的企业 10% 或以上的表决权股份时，德国联邦经济和能源部可对交易予以审查；

ii. 针对《对外贸易条例》第 55a 条第 1 款第 viii 项至第 xxvii 项所列领域进行投资，则当住所地在欧盟境外的投资者拟收购以德国为住所地的企业 20% 或以

① 参见《德国即将通过外商投资审查新修正案，审查力度更强、范围更广》，载 http://www.cggthinktank.com/2021-03-13/100077230.html，最后访问日期：2021 年 8 月 30 日。

② 参见德国《对外贸易条例》第 56 条第 1 款以及第 60 条第 1 款。

上的表决权股份时，德国联邦经济和能源部可对交易予以审查；

iii. 针对除关键基础设施收购之外的交易，则继续适用原有的 25% 表决权门槛。

②特定行业收购（《对外贸易条例》第 60 条所辖交易）

针对《对外贸易条例》第 60 条第 1 款中所述的可能威胁德国重大国家安全利益的行业，投资者在收购该些行业公司 10% 或以上表决权时，必须主动提交德国联邦经济和能源部进行审查。

股权比例计算包括收购者直接收购的股权和其通过下属公司或其他公司协议间接控制的股权。以 25% 为例，在计算收购方收购表决权 25%的股份时，需要考虑：i. 如果收购方拥有一个第三方企业具有表决权的股份达 25%以上的，且这个第三方企业已经拥有拟被收购企业的股份，则这些股份也将被计算在收购方计划购买的股份之内；ii. 如果收购方与一个第三方企业签订了共同行使表决权的协议，则该第三方企业拥有的拟被收购企业的股份也应被计算在收购方计划购买的股份之内；iii. 住所地在欧盟境外的投资者在欧盟境内设立的分支机构或子公司应视为与该投资者等同。比如，德国联邦经济和能源部也可以检查由一个住所地在欧盟境内的企业对住所地在德国境内的企业的超过表决权 25%的股份并购，前提是一个住所地在欧盟之外的第三方企业对该收购主体拥有 25%以上具有表决权的股份。

（4）审查标准

《对外贸易条例》并未细化国家安全审查的实质性标准。德国联邦经济和能源部在开展相关审查时，作出决定的依据也较为模糊。典型案例显示，国家安全审查的实质性标准主要在于交易是否会危害德国的公共秩序、公共安全和社会根本利益。

以“中国烟台台海集团收购德国 Leifeld Metal Spinning 公司股权案”为例。该案中，德国 Leifeld Metal Spinning 公司（以下简称 Leifeld 公司）是一家生产特殊机床的德国公司，其研发的高强度部件主要运用于汽车生产、航天航空乃至核工业领域。2017 年，中国烟台台海集团（以下简称台海集团）下属的一家法国公司 French Manoir Groupd 宣布拟收购 Leifeld 公司，台海集团事先向德国联邦经济和能源部申报了该交易。历经 2017 年年中至 2018 年 8 月的几乎一年的国家安全审查程序，在 2018 年 8 月基于传言可能德国联邦经济和能源部将禁止该交易，交易双方宣布终止交易。原因在于德国联邦经济和能源部进行了国家安全审查后，认为 Leifeld 公司的技术属于德国“关键基础设施领域”，台海集团在收购 Leifeld 公司后可能会把后者的技术运用于中国的军事核能产业，这将导致德国“关键技术外流”，并长期损害德国国家安全。

（5）审查要素

一般而言，德国联邦经济和能源部在审查过程中主要考虑因素[①]包括：

一是审查拟被收购的目标公司情况，具体包括：i. 是否属于关键基础设施行业，是否为该行业的重要供应商，或是否与政府机构有商业往来（行业）；ii. 是否掌握的知识产权及专有技术具有重要性；iii. 是否为德国企业的重要供应商，以及其停止服务和供应是否会对德国经济产生不良影响；iv. 是否生产军用或军民两用物资。

二是审查收购方的情况，具体包括：i. 股东结构中是否包括国有或国家投资的企业（股东结构）；ii. 客户构成，尤其是收购方与政府机构或全球敏感地区客户之间的商业关系（客户构成）；iii. 交易完成后的商业策略，特别是知识产权和专有技术策略、员工安置策略及业务转移计划。

（6）审查流程

德国外资并购审查的主体是德国联邦经济和能源部。根据 2018 年《对外贸易条例》第 55 条规定，非欧盟投资者收购德国公司或者参与其他直接、间接收购活动时，德国联邦经济和能源部有权调查该投资是否会威胁德国的公共秩序和国家安全。

关于行使调查权的时间条件，德国联邦经济和能源部应当在其知晓有关收购合同订立后 2 个月内就针对跨行业收购、针对特定行业收购发起启动调查程序，且如果相关合同已经订立超过 5 年，则德国联邦经济和能源部不得再予以审查。[②]由于启动调查的时间是德国联邦经济和能源部知晓之日起 2 个月内，因此，如果德国联邦经济和能源部在收购完成后才意识到相关交易可能威胁德国公共秩序或

① Dr. Tilmann Becker，Dr. Christian Cornett 等：《不断变化的德国外商投资法律环境》，载 https：//www.kwm.com/zh/cn/knowledge/insights/changes-to-foreign-investment-control-in-germany-20180816，最后访问日期：2020 年 1 月 15 日。

②《德国联邦经济和能源部官网之问答 G2》，载 https：//www.bmwi.de/Redaktion/EN/FAQ/Aussenwirtschaftsrecht/faq-aussenwirtschaftsrecht.html，最后访问日期：2021 年 8 月 30 日。

安全，则其依然可以提出调查。这将导致收购方面临其已经交割完成的交易被德国联邦经济和能源部认为无效的潜在风险。

此外，如果一项交易同时触发针对跨行业收购和针对特定行业收购的审查机制，则德国联邦经济和能源部有权决定同时执行两种审查程序。[①]

（7）审查后果

①针对跨行业收购（《对外贸易条例》第 55 条所辖交易）

如果德国联邦经济和能源部认为收购不会威胁德国的公共秩序或安全，则德国联邦经济和能源部将签发无异议函（Certificate of non-objection）。

如果德国联邦经济和能源部认为收购将对德国公共秩序或安全产生威胁，根据《对外贸易条例》第 59 条第 3 款，可实施的干预措施有两种：

a. 直接禁止相关交易，具体包括：i. 禁止或限制投资者在收购后行使股东表决权；ii. 指定委托人解除交易，并由收购方承担费用。

b. 签发相关指令以确保德国的公共秩序或安全，并经德国联邦政府批准。但无论是禁止或者签发相关指令均需得到德国联邦政府的批准。

②针对特定行业收购（《对外贸易条例》第 60 条所辖交易）

如果德国联邦经济和能源部以及其他联邦部门认为收购不会威胁德国的公共秩序或安全，则德国联邦经济和能源部和其他联邦部门将签发无异议函。

如果德国联邦经济和能源部以及其他联邦部门认为收购将对德国公共秩序或安全产生威胁，则根据《对外贸易条例》第 62 条第 2 款，可实施的干预措施同样是两种，即禁止收购方收购或者发布指令以确保德国的重大国家安全利益。

（8）中国企业在德国收购时面临的安全审查实践

自德国加紧外资并购审查以来，中国企业面临的挑战加剧，而且更多时候德国联邦经济和能源部并非直接禁止交易，而是采取拖延或劝退的手段。

德国联邦经济和能源部的审查期限一般为 4 个月；在收购对德国国防利益有重大影响时，审查时限可延长 1 个月。[②]

---

① 《德国联邦经济和能源部官网之问答 D》，载 https：//www.bmwi.de/Redaktion/EN/FAQ/Aussenwirtschaftsrecht/faq-aussenwirtschaftsrecht.html，最后访问日期：2021 年 8 月 30 日。

② 《德国联邦经济和能源部官网之问答 G1》，载 https：//www.bmwi.de/Redaktion/EN/FAQ/Aussenwirtschaftsrecht/faq-aussenwirtschaftsrecht.html，最后访问日期：2021 年 8 月 30 日。

①拖延

这样的审查时间规定，直接地加强了对外国投资的管控，而且影响了对德国收购交易的时间成本和不确定性。德国联邦经济和能源部如果认为收购方提交的材料不完整，可以不计算审查时间，使整个审查过程都显得非常不透明，而且交易时间将面临无限期延长。从而，通过此类方式迫使投资者主动选择终止交易。以前述“中国烟台台海集团收购德国 Leifeld Metal Spinning 公司股权案”为例，从台海集团向德国联邦经济和能源部申报该交易至台海集团宣布终止交易，历经几乎一年的国家安全审查，德国联邦经济和能源部迟迟不予给出结论。①

除此之外，拖延过程中，收购方如果为了最终实现交易完成，很可能出现只有在与德国联邦经济和能源部进行额外谈判后才可获批的情况。谈判后，交易各方及德国联邦经济和能源部可能会签订公法契约。此类公法契约可能包含投资者对目标企业的额外承诺、限制未来某些行为、赋予主管机构某些检查权或制定股东权利实施指引。为确保投资者遵守这些条款，公法契约还可能会进一步规定赔偿责任或同等法律后果。

②加强行政干预

实践中，如果德国政府认为德国目标企业属于“关键基础设施领域”，且该项投资可能损害国家安全的，政府可能会进行行政干预，劝退或采取其他方式使收购方无法实现交易。这种形式的干预往往发生在现有审查制度无法触及的交易上。②

典型的案例是2018年“中国国家电网有限公司收购德国50Hertz公司股权案”。德国 50Hertz 是德国四大高压输电系统运营商之一，主要建设和服务德国北部和东部的电网系统。并购交易时德国 50Hertz 由比利时电网运营商 Elia 和澳大利亚基建基金 IFM 共同所有，二者分别占有 60% 和 40% 的股份。2017 年和 2018 年 5 月，国家电网公司先后两次分别拟以 8 亿欧元到 10 亿欧元收购澳大利亚 IFM 持有的德国 50Hertz 公司一半股份，即总计 20% 的 50Hertz 股份。但两次收购计划均遭

---

① See Matthis Kaiser, Björn Binder, Why the Leifeld Case Marks A New Era for Germany's FDI Regime，载 http ://www.finsbury.com/wp-content/uploads/2018/08/180802.pdf，最后访问日期：2020 年 1 月 15 日。

② 参见寇蔻、李莉文 :《德国的外资安全审查与中企在德并购面临的新挑战》，载《国际论坛》2019 年第 6 期。

到德国政府干预而失败。

该起案例发生在2017年，即《对外贸易条例》修改前，尚未引入10%的审查门槛。根据当时的规定，因收购股权未超过25%，该笔投资无需通过国家安全审查。但德国政府认为，德国50Hertz公司掌握着先进的电网稳定运行技术，国家电网公司投资的主要目的是获取此项技术，该笔投资可能会损害德国“关键基础设施领域”的利益。德国政府利用行政力量，对德国50Hertz公司的大股东比利时Elia公司施压，由后者两次行使股东优先购买权，优先于中国国家电网公司购买了德国50Hertz公司股权。尤其是第二次收购时，德国政府还请德国国有银行德国复兴信贷银行（KfW）介入。2018年年中，比利时Elia以9.76亿欧元购入IFM持有的最后20%股份，随后比利时Elia又将这20%的股份直接卖给了德国复兴信贷银行。该银行声明德国50Hertz的参与权由联邦政府行使，银行不承担企业战略责任。

（9）企业应对措施

前文的分析表明外资并购监管收紧在德国目前形势愈加趋严，中国投资者应当注意不断上升的风险。可以预见，国家安全、公共秩序是德国外资审查的红线，一旦被收购企业涉及这些领域，那么来自非欧盟地区的外资并购将面临非常大的不确定性。尤其是，德国作为非常重要的欧盟国家，还同时面临《欧盟外商直接投资审查条例》规定的欧盟层面的外商直接投资审查。显然，未来中国企业去德国乃至整个欧盟投资都将面临不小的挑战，因此中国企业应当谨慎对待，采取有效手段以防范投资风险。

①了解德国国家安全审查的规则，做到心中有数

a. 提前了解法律规定

近年来，德国国家安全审查制度和欧盟国家安全审查制度发生了重大变化。在程序要件方面，2018年《对外贸易条例》修改了国家安全审查的部分程序性规定，强化了对涉及德国国防以及关键基础设施领域的企业被欧盟以外资本收购的审查。[①] 在实质要件方面，德国联邦经济和能源部在一些典型案件中适用的实质性标准为：交易是否危害国家安全，以及交易是否产生直接损害。因此，建议我国企业在对德国投资时，应当关注了解德国的最新外资并购审查规则，预估投

① 参见中国商务部：《对外投资合作国别（地区）指南：德国（2019年版本）》，第100页。

资过程中可能面临的审查风险。

此外，中国企业在德国投资时也需要考虑其投资计划是否涉及《欧盟外商直接投资审查条例》中重点提示的领域。如涉及，即便其未在德国《对外贸易条例》中加以规定，中国投资者也应当谨慎对待，因为有关投资计划可能遭到政府当局否决的风险将显著增加。

b. 重视目标公司的选择

明确国家安全审查的规则，在选择拟收购的目标公司时才可以尽量选择合适的目标公司。选择目标公司时尤其需要注意目标公司经营是否涉及关键技术和关键基础设施、技术是否属于出口管制的范围、交易是否触发德国国家安全审查的股权比例规定。

c. 做好申报准备

根据德国法律要求，国家安全审查的报告是收购方的义务，因此在就收购交易文件谈判过程中，作为收购方的中国企业也应当同时做好履行申报义务的准备，包括在交易文件中明确约定转让方的积极配合义务、提供目标公司资料的义务。

因此，建议我国企业在议定合同履行期限时，应当充分考虑德国国家安全审查及欧盟外商直接投资审查的时间并预留充分的接受审查的时间。

d. 积极主动申报

德国联邦经济和能源部对于其可主动调查的跨行业投资审查，在交易文件订立后 5 年内任一时间知晓该交易文件的签订，只要在 2 个月内提起审查就有权禁止该交易，导致交易文件无效。换言之，即便收购方在收购之初并未提交申请，或者收购之初由于德国联邦经济和能源部不知晓交易的存在而未启动审查，但是只要在交易文件订立 5 年时间内，德国联邦经济和能源部都有权审查该交易是否威胁国家公共秩序和安全。在这一规定下，收购交易文件在签订之日起 5 年内始终存在效力不确定性的问题，交易即便已经交割完成也存在被禁止的风险。

鉴于此，为了避免合同效力的不确定性，无论是《对外贸易条例》第 55 条规定的跨行业收购还是《对外贸易条例》第 60 条规定的特定行业收购，投资者都应该积极向德国联邦经济和能源部提前申报，并明确描述收购、收购方和被收购的境内公司，以及收购方和被收购的境内公司业务领域的基本特征。

②聘请专业顾问，完善合同条款

如果企业拟投资德国的关键基础设施领域或特定行业，很可能将面临国家安全审查程序，将导致收购交易文件履行的不确定性，即如果合同所涉投资无法通过审查，则收购交易文件将无法继续履行。

因此，中国企业在德国投资过程中应当尽早聘请专业顾问参与商业谈判，并尽量在交易文件中约定，若该项投资被德国政府拒绝，中国投资者可以在无须赔偿的情况下退出交易；或者将取得政府审批作为交割先决条件，以此保护中国投资者的自身利益。同时，我国企业还应避免签订“赴汤蹈火条款”（Hell or High Water-clausel），该条款指即使投资交易被德国联邦经济和能源部否决，投资方也应支付全部交易价款。此种条款极大地加剧了我国企业的投资风险，应当极力避免。

③树立正确的并购动机，打消审查机构疑虑

从目前的实践来看，中国企业试图通过并购方式获取德国技术成功的案例很少，核心技术和核心竞争力是买不来的。中国企业需要明确并购目的并不仅是获取技术，还需要本土化战略、共同做大增量、共同去开发欧盟、第三国市场，真正结成利益共同体和命运共同体。

此外，保持和增强中国自身产业的竞争优势，是日后中国企业需要更加重视的目标。德国对外国投资者的限制可能将是一个长期的过程。中国通过境外直接投资获取技术的难度将显著增加。日后，中国可能更加需要将提升技术的重心放到自身的技术研发与积累上。

2. 德国反垄断申报与审查[①]

反垄断风险是中国企业在德国进行投资并购经常会涉及的法律风险。德国主要的反垄断法律包括《德国反限制竞争法》以及欧盟层面的《欧共体条约》（后更名为《欧盟运行条约》）。根据前述两部法律的规定，中国投资者收购德国企业主要面对的反垄断风险有三大类，分别是交割前信息交换风险、提前交割的抢跑风险以及可能遭到反垄断机构管控的经营者集中风险。

所谓信息交换风险，主要是指企业在投资、并购的过程中，目标公司与收购方是保持独立的两个实体，并且可能存在竞争关系，如果在交割前彼此交换特定的信息可能会被视为构成垄断协议或协同，从而面临违反《德国反限制竞争法》

---

① 本节摘录自王清华、施理、沈晓禹：《中国企业赴德并购的反垄断风险》，载 https：//www.allbrightlaw.com/CN/10475/801f64f7d4264832.aspx，最后访问日期：2021 年 8 月 30 日。

的风险。

抢跑风险，是指企业在投资、并购的过程中，《德国反限制竞争法》禁止满足经营者集中申报条件的项目在取得反垄断当局审批前完成交割。

经营者集中风险是指企业在投资、并购的过程中，经营者合并、股权或资产收购以及通过合同方式取得的对其他经营者的控制权或其他能够对相关企业施加决定性影响，从而形成集中，并可能会产生限制市场竞争的效果。

下文将主要就中国企业赴德国并购可能遇到的这三大反垄断风险作出分析，并提醒中国企业赴德国收购前应谨慎对待，提前评估，防范风险于未然。

（1）收购完成前信息交换引起的垄断风险

信息交换的垄断风险反映在《德国反限制竞争法》第 1 条①以及《欧盟运作条约》第 101 条第 1 款②的禁止垄断协议的规定中。根据上述两条规定，企业间不得达成以阻碍、限制或扭曲竞争为目的或者产生阻碍、限制或扭曲竞争后果的企业间协议、企业联合组织的决议以及协同行为。而信息交换可能被视为《德国反限制竞争法》项下的协同行为，从而被《德国反限制竞争法》所禁止。

①与竞争有关的信息

中国企业如拟展开对德国目标公司的跨境收购，信息交换往往不可避免③。例如，收购方需要了解目标公司的信息，以评估交易可行性和交易价值、避免错误投资决策、商讨及共同确定交易完成后业务整合情况。在这些信息交换中，中国企业往往会忽视潜在的垄断风险。这是因为，在收购完成前，交易参与各方仍然被反垄断法视为各自独立的经营者，此时如果交易各方之间（尤其是当收购方与目标公司是潜在的竞争对手时）交换"与竞争有关的信息"，则可能被视为构成

① 《德国反限制竞争法》第 1 条规定："禁止以阻碍、限制或扭曲竞争为目的或者产生阻碍、限制或扭曲竞争后果的企业间协议、企业联合组织的决议以及协同行为。"

② 《欧盟运作条约》第 101 条第 1 款规定："经营者之间的协议、经营者协会的决议以及经营者协同一致行为，凡影响成员国之间贸易并且具有阻止、限制或扭曲内部市场竞争的目的或效果者，均与内部市场不一致，应受到禁止，特别是如下协议、决议或协同一致行为：①直接或间接固定购买价或销售价或者任何其他不公平交易条件；②限制或控制生产、市场、技术进步或投资；③划分市场或者供应来源；④对于与其他交易方之间的同等交易适用不同条件，以此将其置于不利竞争地位；⑤以其他当事人接受依性质或商业惯例与合同标的不相关的附带义务为条件与其订立合同。"

③ 并非所有的并购交易都会涉及信息交换，比如，基于公开披露信息在公开证券交易市场进行的并购行为。

反垄断法下的协同行为或者达成反垄断法项下固定价格、限制数量、分割市场或联合抵制交易等垄断协议。

那么具体哪些信息是“与竞争有关的信息”呢?《德国反限制竞争法》并未作出明确规定。一般认为，对于可能限制或排除竞争的信息都构成“与竞争有关的信息”。实践中一般包括：价格和定价、成本、特定客户的信息、销售情况（包括销售额、销量）、营销计划、投资、战略计划和商业计划，尤其是在收购活动发生在潜在竞争对手之间。[①]具体相关信息的交换是否会被认定为排除、限制竞争，又取决于受影响市场的结构和所交换信息的类型。这可以在个案评估中确定，并要考虑诸如市场透明度、集中度、产品同质性，市场条件的稳定性以及市场上运营公司的对称性等标准。信息的类型，信息的时效性和交换的频率也对判断信息交换是否可能产生排除、限制竞争具有重要影响。

尤其需要注意的是，如果涉及价格信息和（销售和生产的）数量信息的交换或披露，则存在非常大的被认定为限制竞争的风险。这是因为一旦被认定为涉及固定价格或数量限制的垄断协议，往往就会适用“本身违法原则”认定构成垄断。

②尽职调查阶段的信息交换

在跨境并购过程中，与反垄断风险相关的信息披露主要发生在尽职调查阶段以及收购协议签署后至交割期间。其中，在尽职调查阶段，交易各方仍然是反垄断法项下独立的经营者，经营者必须在集中完成前继续独立运营。然而，收购方在收购前需要展开尽职调查，目标公司需要将相关信息披露给收购方，以配合收购方完成令收购方满意的尽职调查。这样的信息披露可能会存在交换“与竞争有关的信息”情形，进而可能会被德国反垄断当局认为有关信息会产生阻碍、限制或扭曲竞争的情形，引起垄断风险，尤其是在相关并购交易被终止或放弃或被禁止情况下。

因此，在尽职调查阶段，需要采取如下主要措施防范潜在的垄断风险：i. 限定披露资料的范围。目标公司或转让方尽量确保信息披露给收购方的范围仅限于对投资决策有必要性的资料。ii. 确立信息逐步披露的方式。目标公司或转让方在初始阶段仅披露一般资料，待约束性报价函签署后再披露详细的资料。iii. 限制

---

① 参见 https：//www.fgvw.de/neues/archiv-2018/kartellrecht-informationsaustausch-beim-unternehmenskauf-was-ist-bei-der-due-diligence-zu-beachten，最后访问日期：2021 年 8 月 25 日。

信息接收方的人员范围，设立可接收信息的清洁团队（clean team）。尽职调查过程中，目标公司或转让方将信息披露的接收方范围限于不涉及收购方日常业务（生产、分销、市场）及对商业经营不负有报告义务的人士以及第三方中介机构（律师、会计师、税务师、审计师、财务顾问等）。iv. 签署保密协议。目标公司或转让方要求清洁团队人员签署保密协议，不得将相关资料披露给清洁团队之外的人员，并且约定资料的使用仅限于本次收购目的，且在交易终止后应即可返还 / 销毁资料。v. 对中介机构出具资料分析内容设置限定。可以在保密协议中约定第三方中介机构出具的尽职调查报告或其他资料分析文件中不得透露与竞争相关的敏感信息。收购方也应当要求自己聘请的中介机构在尽职调查报告或分析材料中将与竞争相关的信息无法识别。vi. 收购方应完善内部培训。收购方应当对所有收到与竞争有关信息的员工作出适当的培训，并确保收到相关信息的员工不要将在尽职调查阶段取得的竞争性信息存储在公司内部可自由访问的驱动器上。

③签署至交割的过渡期内的信息交换

在收购过程中，一旦交易文件签署，收购方可能就会开始考虑业务整合情况，尤其会要求自签署日至交割日的过渡期内获得知情权。但是，仅是签署交易文件并不意味着交割完成，从反垄断法角度上讲，收购方与目标公司仍然是独立的经营者，仍然要防范信息交换带来的垄断风险，必须遵守反垄断法对有关限制竞争行为的禁止性规定。

具体而言，收购方和目标公司在过渡期内的信息交换行为不得构成限制竞争的协议和协同行为。因此，需要注意在过渡期内，应避免让收购方知晓有关目标公司的生产数量和销售数量、价格、定价策略、经营地域及客户划分情况的相关信息。

此外，如果收购方与目标公司是潜在的竞争关系，那么双方在签署日至交割日的过渡期内的信息交换应当需要特别注意如下几点：i. 信息交流是否可能影响竞争者的市场行为；ii. 相关的信息交流是否涉及未来的市场行为；iii. 是否会造成与市场正常运转相反的竞争状况；iv. 收购方的知情权是否存在限制竞争的效果。

（2）提前交割的抢跑风险

《德国反限制竞争法》第 35 条及相关条款规定，在满足特定条件下的交易需要获得主管机构的预先核准。《德国反限制竞争法》第 41 条规定，在主管机构审批之前禁止交割，以预防竞争对手之间形成市场垄断地位，从而更好保护自由竞争环境和公平的市场参与。

提前交割的抢跑风险只适用于经营者集中申报完成前负有申报义务的交易，如果交易各方提前完成交割，则将面临最高可达全球范围内营业额 10% 的罚款，且交易将被德国反垄断当局强制解除，交易合同可能面临无效风险，导致股权转让无效。

①提前交割的形式

除了耳熟能详的未经申报实施股权转让、资产转让、商业登记处办理登记外，在反垄断法意义下还存在其他提前交割的形式，主要判断标准是看这些提前交割形式是否可以对目标公司的市场行为施加影响。

一旦收购方决定收购目标公司，收购方往往会担心在签署至交割的过渡期内由于卖方决策而导致目标公司价值减损。尤其是，在德国的市场实践中，主流交易模式往往采取锁箱机制，这就导致收购方通常会希望通过在交易文件中约定一些商业运作条款以控制目标公司的商业行为，避免目标公司在交割时出现大幅价值减损情形。因此，中国企业作为收购方一般会提出希望在过渡期内可以取得特殊权利，包括：对目标公司的重大商业行为行使否决权；可以对目标公司的管理层发出直接的指令；甚至可以在过渡期内任命管理层和监事会成员；要求在发生特定事项时必须通知收购方。

上述这些事项都很可能被德国反垄断当局认定这些事项可以帮助收购方对目标公司的市场行为施加影响，视为构成提前交割，并且可能认定构成限制竞争的协同行为或协议，从而违反《德国反限制竞争法》第 1 条——禁止企业间达成以阻碍、限制或扭曲竞争为目的或者产生阻碍、限制或扭曲竞争后果的企业间协议、企业联合组织的决议以及协同行为。

②风险防范措施

针对提前交割的行为，除不得提前办理股权 / 资产转让和商业登记外，还需要收购方和转让方以及目标公司在谈判以及签署交易文件过程中注意风险防范，如果收购方与目标公司是潜在竞争关系，尤其不得从事如下行为：i. 在交易文件中直接约定过渡期内收购方可对目标公司或目标公司管理层发布直接的指令；ii. 在交易文件中直接约定过渡期内收购方有权任命目标公司的管理层、监事等人员；iii. 在过渡期内与目标公司联合拜访目标公司客户、参加贸易展会等；iv. 在过渡期内缔结或终止目标公司与其他第三方签署的重大合同；v. 在过渡期内对目标公司的预算、商业计划或投资计划、融资计划、重大协议行使否决权或需征得收购方事先同意;vi. 在过渡期内与目标公司就定价、产品、客户划分、市场划分、商业策略进行讨论与协调。

一般情况下，收购方的知情权是允许的。但是，如果收购方与目标公司处于竞争关系，则对于收购方在过渡期内的知情权范围也需要作出限制，以免构成信息交换而违反《德国反限制竞争法》的相关规定。

另外，实践中收购方往往提出要求在交易文件中约定承诺条款，要求转让方承诺在过渡期内不得实质变更目标公司的业务或不得从事特定行为，意在保护收购方在签署至交割的过渡期内不会遭受目标公司价值减损的风险。对此，德国反垄断当局也承认这一目的，但是此类禁止性行为不得导致收购方在事实上影响目标公司的商业行为，各参与方仍需要保持经营上的独立，就好似从未发生拟议收购交易般地从事商业行为。

（3）经营者集中风险

为了保障市场有序竞争，德国反垄断当局对投资并购活动进行的干预还包括要求投资者在满足条件时提交反垄断申报和对投资行为进行反垄断审批。所以，中国企业在德国的相关交易还存在面临经营者集中的并购控制的法律风险。但是，需要注意的是，如果拟进行的交易达到欧盟的反垄断申报标准[①]，则仅需进行欧盟的反垄断申报而无须在德国进行德国的反垄断申报；如果未达到欧盟的申报标准，那么在达到德国的反垄断申报标准情形下，就需进行德国反垄断申报。

---

① 欧盟申报的标准，即欧盟《并购控制条例》第 1 条第 2 款规定："同时满足下列情形时，并购具有共同体规模：（1）参与并购的企业在世界范围内的年营业额共同达到 50 亿欧元；并且（2）参与并购的企业中至少有两个企业在共同体的年营业额达到 2.5 亿欧元。但是，如果参与并购的各企业在共同体范围的总营业额的 2/3 以上来自一个且是同一个成员国，则不构成共同体规模。"欧盟《并购控制条例》第 1 条第 3 款的规定："在不满足第 2 款标准情形下，如同时满足下述情形，则也构成共同体规模：（1）参与合并的企业在全球的年营业额超过 25 亿欧元；（2）参与合并的企业至少在欧盟 3 个成员国的共同市场年营业额超过 1 亿欧元；（3）参与合并的企业中至少有 2 个企业各自在欧盟上述 3 个成员国中的每一个的市场年营业额超过 2500 万欧元；（4）参与合并的企业中至少有 2 个企业各自在欧盟市场的年营业额超过了 1 亿欧元；（5）参与合并的各个企业在欧盟市场年销售额的 2/3 以上不是来自一个且是同一个成员国。但是，如果参与并购的每一个企业在共同体范围内的总营业额的 2/3 以上来自一个且是同一个成员国，则不构成共同体规模。"

①申报标准

a. 德国经营者集中申报的触发事件——构成经营者集中

根据《德国反限制竞争法》第 37 条的规定，在发生如下事件时，被视为构成经营者集中，在满足申报门槛的前提下需要主动向德国反垄断当局提交经营者集中申报：i.（直接或间接）取得对另一企业全部或部分的控制权；ii. 收购另一家企业的全部或实质部分的资产；iii. 收购总股本分别达到或超过 25% 或 50% 的公司股权或表决权；iv. 任何其他能够使一个或多个企业直接或间接地对另一企业产生重大影响集中行为。

其中，所谓“控制”是指可以通过权利、合同或任何其他方式单独或合并地取得控制权，并考虑到所涉及的事实或法律，从而赋予对该企业施加决定性影响的可能性。因此，即便只取得少数股权，但如果事实上获得了控制权，也在申报范围内。此外，如果一个或多个收购方建立了新企业或获得了对现有企业的控制权，也构成对控制权的取得，同样也在申报范围内。

此外，触发事件中提及的“具有重大影响力”，这一概念范围非常宽泛，并且将收购少于 25% 的少数股权的情形也纳入申报范围内，特别是在涉及战略买家的交易中。

b. 申报门槛

根据 2017 年 6 月 9 日生效的《德国反限制竞争法》第九修正案的规定，德国经营者集中申报的门槛分为两种情形。

第一种情形规定在《德国反限制竞争法》第 35 条第 1 款中，即在符合下列条件时，需进行德国反垄断申报：如果在集中前的上一会计年度，参与集中的所有经营者在全球的营业额合计超过 5 亿欧元；至少一个经营者在德国境内的营业额超过 2500 万欧元以及其他各方中至少一方经营者在德国的营业额超过 500 万[①]欧元。需要注意的是，如果并购只涉及两家企业，且两家不是关联企业，同时其中一家全球销售总额低于 1000 万欧元，或进入德国市场至少 5 年、在德国的营业额低于 1500 万欧元，则不需要申报。

第二种情形则规定在《德国反限制竞争法》第 35 条第 1a 款中：一是参与集

① 《德国反限制竞争法》第十次修订已经启动，在目前的草案中将提高申报门槛：德国国内较高营业额标准不变，仍是 2500 万欧元，较低营业额标准由 500 万欧元提升到 1000 万欧元。

中的所有经营者在全球的营业额合计超过 5 亿欧元。二是交易之前在德国境内上一会计年度中：其中一个参与集中的企业营业额超过 2500 万欧元，对于拟被收购企业以及任何其他参与集中的企业的营业额都未超过 500 万欧元。三是本次集中的交易价格超过 4 亿欧元。四是根据第 2 项的规定，拟被收购企业在德国境内有重要的商业活动。第二种情形引入了交易价格这一考量因素，从而使收购那些营业额很小的目标公司，只要在达到一定程度的交易价格的情况下也属于德国反垄断当局审查的范围之列。

在认定某一交易是否需要在德国境内进行反垄断申报时，首先审查参与集中的经营者的营业额是否达到第一种情形规定的申报标准，如果达到了该申报标准，则直接触发德国反垄断申报程序而无须考虑该交易是否达到《德国反限制竞争法》第 35 条第 1a 款引入的新申报标准。

若没有达到第一种情形的申报标准，则有必要进一步审查该交易是否触发《德国反限制竞争法》第 35 条第 1a 款引入的新的申报标准，如果达到《德国反限制竞争法》第 35 条第 1a 款的申报标准，则该交易也同样触发德国境内的反垄断申报义务。

在第一种和第二种情形之下，营业额的计算包括该收购公司所属集团的营业总额，涵盖最终控股母公司以及为最终控股母公司完全或部分控制的关联方，但应当扣除集团内关联方之间的交易额。

②审查流程

a. 申报基本情况

《德国反限制竞争法》第 35 条至第 43 条对经营者集中申报作出了规定。负责经营者集中申报审批的主管机构是德国反垄断当局。德国法律对申报主体并未作出强制性规定，交易参与各方均可以提出申报，但是实践中往往由收购方代表其他各方作出申报。

德国反垄断当局会收取申报费用，金额取决于最终的行政支出费用和拟议交易的经济影响，一般在 5000 欧元至 15,000 欧元[①]。

---

① Torsten Uhlig，Konstantin Putzier，Merger control in Germany：overview，载 https：//ca.practicallaw.thomsonreuters.com/8-500-5324?transitionType=Default&contextData=（sc.Default）&firstPage=true&bhcp=1，最后访问日期：2020 年 1 月 21 日。

b. 审查期限

经营者集中申报可以在交易完成前的任一时刻提交申报，甚至在签署相关交易文件前即可向德国反垄断当局提交申报。但是，实践中往往是在各方签署了交易文件后才启动申报程序。一旦提交申报，德国反垄断当局将进入审查阶段。

德国的并购审查有两个阶段：一是第一阶段初审阶段（阶段Ⅰ审查）；二是第二阶段深入调查阶段（阶段Ⅱ审查）。大部分的并购申报案件都是在第一阶段审结，只有极少数案件会进入第二阶段。

阶段Ⅰ审查，一旦受到经营者集中申报，德国反垄断当局将启动为期一个月的初步审查（阶段Ⅰ）。经初步审查，德国反垄断当局认为不存在限制竞争风险，则会向申报方签发无异议函，通知其可以完成交易；若德国反垄断当局未在一个月内发出无异议函或者未通知将展开进一步审查，则交易将被视为获得批准。

阶段Ⅱ审查，如果德国反垄断当局认为存在限制竞争风险，决定启动进一步调查（阶段Ⅱ），则需通知申报方，自收到（完整）申报后一个月内展开阶段Ⅱ的调查。在自申报之日起4个月[①]的时限内，德国反垄断当局将主要针对市场份额/市场控制力进行实质审查并作出决定。一般情况下，阶段Ⅱ的调查必须自收到申报之日起4个月内作出决定，否则将视为审批通过。但是，满足以下例外情形的，阶段Ⅱ的调查可以进一步延长或中止：

i. 如果申报方同意，则可以进一步延期。

ii. 如果各方提供首次补救措施的，可以延长1个月。补救措施包括有义务将当事方的某些部分剥离给合适的其他买方（由联邦卡特尔批准）、指定确保实施和监督拟进行的剥离的安排。例如，任命一名独立董事、监督受托人和/或资产剥离受托人（此类受托人需由联邦反垄断当局事先书面批准）。

iii. 如果各方未能提供充分及时的信息以应对德国反垄断当局的反馈的，则阶段Ⅱ调查自动中止直至相关信息被提供。

③审查结果

德国反垄断当局的审查结果有三种可能性，分别是：第一，无条件准予并购的进行；第二，准予并购但是需要提供补救措施；第三，在并购方无法提供足以

① 《德国反限制竞争法》第十次修订已经启动，在目前的草案中将第二阶段审查总时限由4个月延长至5个月。

消弭影响竞争的隐患的补救措施时，禁止并购的进行。

④违反经营者集中申报的法律风险

a. 未依法申报的风险

如果拟进行的收购满足德国反垄断审查的触发条件，则无论该收购对竞争产生的实际影响如何，收购方应当向德国反垄断当局进行反垄断申报。若未申报，则可能面临最高达 10 万欧元的罚金（在故意违反情形下），或者高达 5 万欧元的罚款（在过失情形下）。

需要指出的是，由于中国国有企业往往存在股权结构复杂、控股层级众多的现象，所以在实务中，作为国有企业的收购方往往难以查清或发现营业总额是否高于门槛价，因此建议中国国有企业在计算营业额时以较宽口径作出计算。

b. 未经批准实施交割（抢跑风险）

一般情况下，未在取得德国反垄断当局批准前，拟议交易不得完成交割。在取得德国反垄断当局批准前如果实施交割完成集中，则可能面临最高可达全球范围内营业额 10%（对公司）或 100 万欧元（对个人）的罚款。

此外，根据《德国反限制竞争法》第 41 条规定，德国反垄断当局可以采取措施恢复至集中之前的状态，或者采取其他方式诸如拆分剥离手段消除竞争的限制。

⑤风险防范措施

鉴于处罚金额之高，后果之严重，中国企业在收购德国目标公司过程中应当采取一定的防范措施，主要包括如下方面。

a. 注意交易文件条款的设定

实践中往往申报主体是收购方，因此，中国企业应在交易文件中明确约定转让方和目标公司提供资料的积极配合义务、积极回复反垄断当局的义务。有些情况下，转让方会在交易文件中要求收购方及时告知反垄断申报的进展情况，甚至会要求收购方提供相应信息，从而转让方可以提供相应的帮助和知情权。对此，收购方应明确转让方的保密义务，并且尽量避免给收购方设置提供信息的合同义务。

此外，考虑交易可能存在被禁风险，因此在条款设置方面，收购方务必应当：将取得政府审批作为交割先决条件，确保无责任终止交易；在可行情况下争取不约定反向分手费；尽可能坚持不接受“赴汤蹈火条款”，即不惜一切代价取得政府审批的相关条款。

b. 及早收集营业额数据，尽早完成申报

由于德国的经营者集中申报所采取的营业额是集中前上一会计年度的营业额，并且所需营业额是集中参与方的整个集团的营业额，这也就要求中国企业及早安排：在尽职调查阶段或者谈判阶段就对经营者集中申报作出初步判断，即是否需要进行申报；如果确认需要申报，则在收购过程中尽早收集相关方在德国的营业额，以实现尽早申报。

（4）小结

上述三大风险中，信息交换的垄断风险往往发生在收购方与目标公司彼此作为独立经营者在交割完成前存在协议行为或协同行为的情形；提前交割的抢跑风险则只适用于经营者集中申报完成前负有申报义务的交易；经营者集中申报的并购控制风险则是负有申报义务的收购方依法提出申报后，可能面临的反垄断当局作出禁止交易完成或附条件交易完成的审批风险。

无论是哪一类反垄断风险，中国企业在德国收购过程中都应当谨慎对待。针对信息交换和提前抢跑引起的垄断风险，收购方和目标公司都要树立正确的态度，明确只要在交割前各方都是独立的经营者，必须按照不存在收购交易的情形来对待信息披露，只有在交割正式完成后才可以不受限制交换与竞争有关的信息。针对经营者集中风险，由于该风险来自政府当局，往往不在交易各方的控制范围内，因此需要中国企业在谈判过程中谨慎对待交易文件中相关条款，并且应当提前让专业顾问作出潜在的经营者集中风险评估，做到事先予以充分关注，防范风险于未然。

三、德国公司类型和治理结构①

对于采用绿地投资方式在德国新设公司的，需要重点关注德国就公司类型及公司治理结构等方面的法律法规要求。具体来说，德国主要的公司类型可以按照人合公司和资合公司分成两类，人合公司主要包括无限责任公司及两合公司，资

① 本节摘录自王清华、施理、孙小梅：《德国公司的类型及治理结构概述》，载 https：//www.sohu.com/a/397714658_284463，最后访问日期：2021 年 8 月 30 日；以及王清华、施理、孙小梅：《德国公司董事总经理及监事的责任概述》，载 https：//www.allbrightlaw.com/CN/10475/d3ec711d1a53e040.aspx，最后访问日期：2021 年 8 月 30 日。

合公司主要包括有限责任公司和股份公司。

公司治理是指一整套制度安排，用于管理和协调公司所有利益相关者之间的关系。公司治理问题是现代企业管理的重要组成部分。[①] 在德国公司法下，董事总经理、董事以及监事职责重大。

在德国，经营大型业务的首选形式是资合公司，因此下文将主要介绍德国资合公司的治理结构，尤其是董事总经理、董事及监事的职责，以及可采取的预防措施。

1. 公司类型

（1）无限责任公司

根据《德国商法典》第 105 条的规定，无限公司是指一个公司具有经营商业业务的目的，在股东中无人对公司的债权人负有限责任时，该公司为无限公司。

无限责任公司中，全体股东有执行公司业务的权利和义务。但是，若在公司合同中，将业务执行权移转于一名股东或数名股东的，其他股东不得执行业务。

（2）两合公司

两合公司类似于中国的有限合伙企业，其由有限合伙人（Kommanditist）和普通合伙人（Komplementär）组成。普通合伙人负责公司的经营，并对公司债务以个人全部财产承担无限责任。

两合公司主要是小型企业采取的组织形式。在该组织形式下，其由至少一个有限责任合伙人（自然人或法人）和至少一个普通合伙人（自然人）组成。有限责任合伙人不参与执行公司业务，只参与分红，无权代表公司，[②] 也不得对无限责任股东的行为提出异议，但行为超出公司通常营业范围以外的，不受此限制。[③] 普通合伙人负责公司的经营，并对公司债务以个人全部财产承担无限责任。采取两合公司形式主要考虑税收上的优惠。

由于在两合公司下，普通合伙人需对两合公司的债务承担无限责任，因此德国又引入了一种特殊的两合公司形式——有限责任两合公司（GmbH & Co. KG）。在该形式下，德国法律允许法人充当普通合伙人，所以，若两合公司中的普通合

① 参见《公司治理的典型模式及我国治理现状》，载 https://mp.weixin.qq.com/s/VSXFAqi9nmshkQCMXWZi0w，最后访问日期：2020 年 5 月 14 日。

② 参见《德国商法典》第 170 条。

③ 参见《德国商法典》第 164 条。

伙人由一家有限责任公司来充当，即两合公司的特别形式——有限责任两合公司。在这种情况下，作为普通合伙人的有限责任公司仅以其全部财产对两合公司的债务承担无限责任，而有限责任公司的股东不需要承担无限责任。因而原本的无限责任被转化为了有限责任。[①] 德国的家族企业普遍采取有限责任两合公司，以实现一方面节约税赋，另一方面减轻风险。

（3）有限责任公司

德国有限责任公司是德国最常见的公司形式。德国法律规定，有限责任公司的注册资本不得低于 2.5 万欧元，股东人数没有限制。德国有限责任公司并不设立董事会。有限责任公司的组织架构一般分为两种：一是股东会、监事会、董事总经理；二是股东会和董事总经理。

值得注意的是，此处提及的董事总经理并非指董事会成员，而是类似于中国的董事长加上总经理的两种身份结合，但性质上又属于高级管理人员。

一般情况下，有限责任公司设有一名或多名董事总经理（Geschäftsf ü hrer），其由股东会议任命，且该职位必须由具有完全行为能力（volle Geschäftsfähigkeit）的自然人担任。德国法律明确禁止董事总经理担任监事会成员。

此外，一般情况下只有在雇用了 500 人以上时，德国有限责任公司才必须设置监事会（Aufsichtsrat），否则就取决于章程约定。就法律规定而言，监事会的职能与股份公司项下的一样，但是公司章程可以另行约定。

（4）股份公司

德国法律规定，股份公司的注册资本必须不得低于 5 万欧元。股份公司必须采用由董事会（Vorstand）和监事会组成的双层管理模式。股份公司董事会由一人或多人组成，注册资本超过 300 万欧元或雇员人数超过 2000 人的企业，董事会至少由 2 人组成，具体人数一般由公司章程作出规定。监事会要求至少 3 名监事组成，如果多于 3 人，则必须是 3 的倍数。

2. 德国有限责任公司的治理结构

在德国有限责任公司中，公司股东任命董事总经理，董事总经理对外代表公司执行公司事务，监事会监督董事总经理。

---

① 参见《德国公司法简述》，载 https：//www.jianshu.com/p/b2d8ae7a2a79，最后访问日期：2020 年 5 月 14 日。

（1）公司股东职责

根据德国《有限责任公司法》第 46 条的规定，下列事项由股东决定：

①年度财务报表的批准和收益的拨付：a. 关于根据国际会计准则［《商业准则》第 325（2a）条］披露单独财务报表的决定，以及关于批准董事编制的财务报表的决定；b. 批准董事编制的合并财务报表。②要求缴付股本出资。③付还已缴纳的增缴股款。④分割与收回股份。⑤董事总经理的任免及其解聘。⑥对审计的监管和对管理的监督。⑦为整个商业机构任命具有一般商业代表权的人和具有商业代理权的人。⑧提出因公司设立或营业而发生的向管理董事或股东提出的赔偿请求权。

（2）董事总经理职责

①担任资格

德国有限责任公司的董事总经理存在 1 名或多名，一般是 2—3 个，董事总经理之间相互协作，共同经营公司。

德国法律对于董事总经理的国籍并未作出限制，但是却对其任职资格作出了限制。根据德国《有限责任公司法》第 6 条第 2 款，以下人员不得担任德国有限责任公司（GmbH）的董事总经理：

a. 根据法院判决或行政机关的可执行决定，被阻止从事某职业或业务的人员在禁止的有效期限内，若上述人员即将担任公司的董事总经理，则公司的目的应全部或部分与禁止令一致。

b. 因如下事项被判定有罪的人员：

i. 在破产程序启动时未提交申请（破产延期）；

ii.《德国刑法典》第 283—283d 条规定的罪名（破产犯罪）；

iii. 德国《有限责任公司法》第 82 条或德国《股份公司法》第 399 条所规定的提供虚假陈述；

iv. 德国《股份公司法》第 400 条、《德国商法典》第 313 条、《德国公司改制法》第 313 条或德国《公开披露法》第 17 条所规定的提供不准确描述；

v. 根据《德国刑法典》第 263—264a 条或第 265b 至 266a 条（包括第 265 c 条—265 e 条），监狱服刑 1 年以上。

此规定适用于判决生效后 5 年的期限，而 5 年期限不包括根据当局命令拘留罪犯的期限。如果在国外因同类罪行被定罪，上述限制同样适用。

②一般法律义务

董事总经理在法院内外均代表公司。董事总经理按章程规定的形式作出意思表示并代表公司签字。章程中无规定时，董事总经理作出意思表示与签字应由全体董事总经理共同进行。对公司作出意思表示，向董事总经理一人表示即可。

董事总经理对公司承担义务，使其代表公司的权限保持在章程确定的范围之内，如果章程未另作规定，保持在股东决议确定的范围之内。值得注意的是，对董事总经理代表公司的权限所作的限制，对第三人不发生法律效力。此点特别适用于下述几种情况：仅将代表权的行使限制在某一或某些特定业务范围内；规定仅在一定情况、一定时间或一定地点行使代表权；规定个别行为需经股东或公司某一机关的同意。

在涉及公司的全部事项中，董事总经理应当：

i. 尽最大努力促成公司经营目的；遵守并确保公司运营符合所有可适用的强制性和其他法律义务和要求；

ii. 确保公司妥为保存会计账簿，且不作出或不接受不恰当的款项；

iii. 不与公司的商业机会竞争或侵占公司商业机会，且不得披露公司的商业秘密或其他属于公司的保密信息；

iv. 按时支付税款以及社会保险费用；

v. 确保公司股本得到缴付和维持；[①]

vi. 遵守股东指示，除非该等指示系非法；[②]

vii. 避免任何可能使公司存续面临风险的行为。

如果董事总经理尚未登记在商事登记簿，但是公司股东会已经对其作出任命，则其仍需履行上述一般义务。登记到商事登记簿并非关键，而是仅起到宣示效果。是否完成商事登记并不会对该董事总经理履行上述法定义务造成任何影响。新任命的董事总经理应在股东会对其任命后立即从事履职行为。

如果董事总经理过失或故意违反其义务，则其对公司负有损害赔偿责任，并且与其他过失或故意违反义务的董事总经理承担连带责任。但是，如果董事总经理的行为系基于股东会决议作出的，则董事总经理不就此承担损害赔偿责任，除

① 参见德国《有限责任公司法》第 30 条及以下条款。

② 参见德国《有限责任公司法》第 37 条第 1 款。

非该股东会决议内容非法。

公司如提出要求董事总经理赔偿损害的主张，则必须基于股东会决议。[①]但是，如果发生公司债权人在对公司强制执行的过程中，公司债权人提出要求或引起公司对董事总经理提出了损害赔偿主张，且该主张系附在法院指令而传达给该董事总经理的，则不需要股东作出股东会决议。

③破产情形下的特殊义务

a. 及时提起破产申请的义务

德国法律对于董事总经理在破产方面规定了非常高的要求。这点非常值得中国投资者的关注。在发生负债过高和由于缺乏流动资金而支付不能时，董事总经理需承担特殊义务和责任——必须及时提起破产启动申请。德国法律规定，启动破产程序的申请可以由公司的任何债权人提出，或必须由任何一名董事总经理或清算人提出。换言之，及时提出破产申请对于董事总经理是一个法定义务。

如发生负债过高或支付不能的情形，则每一个董事总经理——无论其是否被授权单独代表公司或与其他人共同代表公司——均有义务毫不延迟地提交启动破产程序的申请，且在任何情况下应当在自确定负债过高之日起或支付不能情形发生之日起 3 周内提起申请。在德国法中，此期限最长为 3 周。按照通行的观点，3 周的期限始于支付不能情况的客观发生时点，而非主观上觉察的时点。[②]而且，3 周的期限并不是程序法意义上的申请期限，仅仅意味着应该在 3 周期限届满时无过错迟延地提出申请。只有客观上可以认为，支付不能或者资不抵债在 3 周期限届满后能够被消除时，才允许在 3 周期限届满时提出申请，否则必须在破产征兆出现时立即或者在 3 周期限尚未届满时提出申请。而且，这一期限是最高期限，在任何情况下均不可逾越。即使在此期间进行了重整的努力或者与债权人进行了和解谈判，也不允许超过这一期限。[③]

b. 违反及时提起破产申请义务时的法律责任

董事总经理因故意或过失而未能履行该前述义务的，不但要承担民事赔偿责

---

① 参见德国《有限责任公司法》第 48 条第 6 项。

② Siehe：Raiser/Veil，Recht der Kapitalgesellschaften，5. Aufl.，Verlag Franz v ahlen Munchen 2010，S.470.

③ 参见胡晓静：《公司破产时董事对债权人责任制度的构建——以德国法为借鉴》，载《社会科学战线》2017 年第 11 期。

任，还将构成刑事违法。一方面，董事总经理将对公司及其债权人均负有损害赔偿义务。对于在确定负债过高之日后或发生支付不能情形后的支出款项金额，董事总经理对公司负有赔偿义务。同样适用于向股东作出支付导致公司陷入支付不能状态。但是，如果是以正当商人的注意在该等日期后所作出的支付，则不适用该赔偿义务[①]。

另一方面，如果董事总经理未提交或未及时提交破产申请，则可判处 3 年以下有期徒刑或罚金。[②] 如果董事总经理系因过失而未能及时提交破产申请，则也可判处 1 年以下有期徒刑或罚金。

此外，如果董事总经理违反及时提起破产申请义务，还将在 5 年内妨碍其担任其他公司董事总经理。

考虑到目前新冠肺炎疫情在全球的蔓延，特此补充：3 周内提出破产申请的义务暂时中止直至 2020 年 9 月 30 日，后经 3 次延长，于 2021 年 5 月起重新生效。但是该情形仅适用于支付不能或负债过高系由于新冠肺炎疫情引起的。此外，还要求破产重整方案已经提出，并且在提交破产申请义务暂停的期间内，董事总经理对公司出现支付不能情形后的支付款项仅承担有限的责任。债权人通过提交破产申请强制执行破产程序的期限被限于 3 个月。

（3）监事会职责

根据德国《有限责任公司法》，如果公司章程规定要任命一个监事会，则德国《股份公司法》部分关于监事会的条款的约定应比照适用，除非公司章程中另有规定。因此，有限责任公司的监事也应当承担相应的一般法律义务及注意义务。具体来说，有限责任公司的监事会负责监督管理层、检查和审计公司的账簿和记录及其资产，特别是公司的现金以及证券和货物的库存，以及依照公司的最大利益需要，召集股东大会。[③] 如果违反该些义务，监事将承担赔偿责任甚至刑事责任。详细内容请参考下文对股份公司监事的责任的阐述。

在实践中，股东会要求专门制定监事会职责细则，以进一步规定监事会会议召集程序、召开方式、职权等。

---

① 参见德国《有限责任公司法》第 43 条第 3 款和第 4 款、第 64 条以及德国《破产法》第 130a 条。

② 根据德国《破产法》第 15a 条第 4 款第 1 句。

③ 参见德国《有限责任公司法》第 52 条。

3. 德国股份公司的治理结构

与有限责任公司不同,股份公司采用由董事会和监事会组成的双层管理模式。监事会任命、罢免和监督董事，董事会负责管理和代表公司。

股份公司的双层管理模式，在公司内部形成了有效的制衡机制。董事会负责领导公司，执行日常业务，重大决策通过监事会批准，股东会一般不直接对公司事务的管理事宜作出决定，只有在董事会要求的情况下，股东大会才可作出决定。

（1）股东大会职责

根据德国《股份公司法》的规定，德国股份公司的股东大会负有以下职责。

a. 股东大会对在法律和章程中所规定的特定事件作出决议，特别是关于：①任命监事会成员，除非根据德国《共同决策法》、德国《钢铁生产行业雇员共同决定修正法》、德国《监事会三分之一雇员代表法》或德国《跨国合并情况下的雇员共同决定法》被委派到监事会或被选为代表雇员的监事会成员；②净收入的分配；③批准董事会和监事会成员采取的行动，并减免他们的责任；④年度账目审计员的任命；⑤章程的修订；⑥筹集资本和削减资本的措施；⑦任命审计员，审计公司成立或管理事务过程中采取的行动和发生的事件；⑧公司的解散。

b. 只有在董事会要求的情况下，股东大会才可就公司事务的管理事宜作出决定。

因此，股东大会一般仅就上述规定的事宜作出决定，只有在董事会要求的情况下，才能干涉公司事务的管理事宜。

（2）监事会职责

在德国股份公司中，监事会负责任免、监督董事会，董事会负有向监事会报告的义务。

股份公司的监事会由 3 名成员组成。章程也可以规定一个较多的成员数目。为了符合关于共同决定权利的法律的要求，该数目必须能够被 3 整除。对于拥有不同股本的公司，监事会成员的最高成员数目如表 36 所示：

表 36　监事会成员数目

股本	成员数目
最高 150 万欧元	9 名
超过 150 万欧元	15 名
超过 1000 万欧元	21 名

根据德国《股份公司法》的规定，监事会应任命董事会成员，最长任期为5年。允许连任或延长任期，每次最多5年。仅对于任期短于5年的任命，可以规定延长任期，而无须监事会通过新的决议，前提是这不会导致总任期超过5年。这应比照适用于雇佣合同，雇佣合同可以规定，在任期延长的情况下，该协议将继续有效，直至任期届满。委任多名董事会成员的，监事会可委任1名成员为董事会主席。

监事会可因重大原因撤销对董事会成员的任命和对董事会主席的任命。此类严重原因应包括严重失职、无法妥善管理公司事务或股东大会投不信任票，因明显不相关的原因而丧失信任的除外。如果董事会缺少必要的成员，那么在紧急情况下，法院应根据相关方的相应请求任命该成员。对已作出的决定，可容许提出投诉。[①]

①一般法律义务

股份公司的监事会一般法律义务主要包含三方面：监督董事会管理公司的行为、批准公司经审计的年度财务报表，以及随时检查公司的账册。具体法律依据系德国《股份公司法》第111条第1款至第4款，其详细规定监事会的主要职责包括如下方面：

i. 监督管理层。

ii. 检查和审计公司的账簿和记录及其资产，特别是公司的现金以及证券和货物的库存。它也可以指示某个监事会成员执行这些任务，或者可以委托专门的专家执行某些任务。监事会应指示年度账目审计员根据《商业法》（HGB）第290条审计年度账目和合并财务报表。此外，监事会可指示对非财务报表或单独的非财务报告［《商业法》（HGB）第289b节］或合并的非财务报表或单独的合并的非财务报告［《商业法》（HGB）第315b节］的实质内容进行外部审计。

iii. 依照公司的最大利益需要，监事会将召集股东大会。

iv. 日常业务的执行虽不得转移至监事会，但章程可规定某些类型的商业交易只能在监事会同意的情况下进行。如果监事会拒绝同意，则董事会可以要求股东大会作出决议，但股东大会的决议需要至少3/4的多数票。

其中，针对第1款监事会的义务，在德国的股份公司中，按照规定，如果股份公司不能偿还到期债务，董事会必须在不超过3周的时间内使公司进入破产司

① 参见德国《股份公司法》第85条。

法程序。如果董事会没有履行此职责而导致相应损失就会因此而承担相应的民事责任，而在此情况下，公司的监事也难逃干系，因为他们也承担着监督董事履行此种职责的责任。[①]

②注意义务

监事必须以担任该职位的勤勉和尽责的商人的注意程度履行职责。德国《股份公司法》第116条规定了监事会成员的尽职尽责的要求，即德国《股份公司法》第93条董事的尽职尽责要求应比照适用于监事会成员。

如果监事玩忽职守未能履行尽职尽责的商人的注意义务，则根据德国《股份公司法》第117条的规定，其需承担赔偿责任。德国《股份公司法》第117条的规定："任何人利用其对公司的影响，故意强迫董事会或监事会的成员、拥有完全商业代理权的公司高级职员（Prokurist）或授权代理人做出损害公司或其股东的行为，都有义务向公司赔偿因此遭受的损失。只要股东遭受的损害超出了对公司造成的损害，该方也有义务赔偿股东因此遭受的损害。除此之外，如果董事会或监事会的成员玩忽职守，他们应作为数个共同债务人承担责任。如果所采取的行动是基于股东大会通过的合法决议，则董事会或监事会成员不应对公司和股东承担赔偿责任。但如果仅监事会批准该行为，则并不能免除其赔偿责任。"

③诚信义务

作为监事会的成员负有诚信义务，尤其是关于对公司净资产状况的描述或总结，在股东大会的陈述中需要提供真实、准确和完整的陈述。

若监事会成员在对公司净资产状况的描述或总结中，在对股东大会的陈述中，或在对股东大会的信息陈述中，错误地陈述或隐瞒公司的情况，包括其与关联企业的关系，或在向公司或关联企业的审计员提供的任何澄清声明或证明中提供虚假信息，或不正确地陈述或隐瞒公司的情况的，可被判处不超过3年的监禁或缴付罚款[②]。

（3）董事会职责

①担任资格

与有限责任公司董事总经理一样，法律对股份公司董事也作出了资格限制，

① 参见隋平、罗康:《德国监事民事责任制度在实践中的障碍》，载《湘潭大学学报（哲学社会科学版）》2012年第3期。

② 参见德国《股份公司法》第400条。

但是并不要求必须是德国国籍。根据德国《股份公司法》第 76 条，下述人员不能作为董事会的成员：

a. 作为受监管的人，就其财产事项而言，完全或部分受制于保留的同意。

b. 根据法院裁决或行政当局可执行的决定，禁止从事某一职业、专业活动、贸易或商业活动，只要股份公司的宗旨整体或部分与禁令所针对的主题相符。

c. 被判犯有一项或多项故意实施的刑事罪，并包括下列任何一项：

i. 在破产程序启动时未提交申请（破产延期）；

ii.《德国刑法典》第 283—283d 条规定的罪名（破产犯罪）；

iii. 根据德国《股份公司法》第 399 条或德国《有限责任公司法》第 82 条提供虚假信息；

iv. 德国《股份公司法》第 400 条、《德国商法典》第 313 条、《德国公司改制法》第 313 条或德国《公开披露法》第 17 条所规定的提供不准确描述；

v. 根据《德国刑法典》第 263—264a 条或第 265b—266a 条（包括第 265 c—265e 条），监狱服刑 1 年以上的。

②一般法律义务

a. 管理公司事务

根据德国《股份公司法》第 76 条、第 77 条的规定，董事会自行负责管理公司事务。董事会按议事规则，经营管理企业，对企业的发展进行规划、协调，进行人员任免，充分考虑股东、职工的利益，负责公司的财务会计事务，另外筹备股东大会、起草股东大会决议。

如果董事会由几个人组成，董事会的任何和所有成员都有权共同管理公司的事务。章程或董事会的议事规则可据此作出减损决定；但是，它们不得规定，在董事会意见有分歧的情况下，董事会的一名或几名成员可以作出一项决定而不顾大多数成员的意见。

除非章程规定监事会有责任制定议事规则，或监事会为董事会制定议事规则，否则董事会可自行制定其议事规则。章程可对议事规则的各个方面作出约束性规定。董事会就议事规则通过的决议必须一致通过。

根据德国《股份公司法》第 90 条的规定，董事会应就下列事项向监事会做报告，报告必须符合认真可信的基本原则：

i. 董事会打算推行的业务政策和公司规划的其他基本事项（特别是财务规划、

投资规划和人力资源规划)，在这种情况下，应解决实际发展偏离先前报告的目标的任何情况，并提供原因；

ii. 公司的盈利能力，尤其是股本回报率；

iii. 经营过程，特别是公司的销售情况及其经济状况；

iv. 可能对公司盈利能力或流动性有重大影响的交易。

监事会可在任何时候要求董事会向其提交一份报告，内容涉及公司的事项、其与关联企业的法律上和业务上的关系，以及这些企业正在进行的对公司经济状况产生重大影响的业务进展。单个成员也可以要求提交此类报告，但是报告的收件人只能是监事会。

b. 禁止竞争的义务

未经监事会许可，董事会成员既不允许经商，也不允许在公司业务部门中为本人或他人的利益从事商业活动。未经许可，他们也不得担任其他商业公司的董事会成员或者业务领导人或者无限责任股东。

如果一名董事会成员违反了这一禁令，监事会可以要求其赔偿损失。公司也可以要求该成员将他为个人利益而从事的商业活动作为是为公司的利益而从事的商业活动，以及要求交出他在为他人利益而从事的商业活动中所获得的报酬或者放弃对报酬的请求权。①

c. 注意义务

德国《股份公司法》第93条规定了董事会成员的尽职尽责的注意义务。董事会成员在领导业务时，应当具有一个正直的、有责任心的业务领导人的细心。对于有关公司的机密数据和秘密，特别是那些在董事会工作中了解到的经营或商业秘密，必须做到守口如瓶。

若董事会成员违反上述注意义务，则应作为连带债务人对公司因此遭受的任何损害承担赔偿责任。具体而言，如董事作出下列行为，则可能会认为董事未尽注意义务，②应向公司承担赔偿损失的责任：

i. 将资本偿还给股东；

ii. 付给股东利息或红利；

---

① 参见德国《股份公司法》第76条、第77条。

② 参见德国《股份公司法》第93条。

iii. 认购、购买、作为抵押接收或收回公司自己的股票或者另一公司的股票；

iv. 在股票的票面价值或其溢价完全付清之前发行股票；

v. 分配公司资产；

vi. 付款违反德国《股份公司法》第 92 条第 2 款；

vii. 向监事会成员发放报酬；

viii. 向董事提供信用贷款；

ix. 新发行的股票是在有条件增资的背景下发行的，这是在为此规定的目的之外或在等值已经全部支付之前完成的。

但是，如果上述行为系经股东大会合法决议进行的，那就不存在公司向董事索赔的问题。但是如果仅由监事会同意，则仍然无法排除董事赔偿义务。

需要注意的是，虽然公司可以放弃或通过和解而豁免董事的赔偿义务，但是如果公司的债权人没有从公司那里得到补偿，则债权人也可以基于董事违反注意义务向董事提出赔偿要求；如果公司已经进入破产程序，则由破产管理人对董事行使债权人权利。①

③发生亏损、资不抵债或支付不能时的义务与责任

a. 及时召开股东大会的义务

根据德国《股份公司法》第 92 条第 1 款规定，在制定年度资产负债表或年中资产负债表时，或者是根据所负义务进行判断时，如果发现公司发生高额亏损已经达到公司股本（Grundkapital）的一半时，则董事会应立即召开股东大会，并在股东大会上指出该情况。

b. 及时申请破产启动程序的义务

根据德国《股份公司法》第 92 条第 2 款规定，如果公司已经出现资不抵债或支付不能时，那么董事会应最迟在发生支付不能情况 3 周内申请破产程序，不得无故延迟。

该情况与有限责任公司董事总经理及时申报破产义务一样。“破产申请迟延责任”最早源于原德国《有限责任公司法》第 64 条第 1 款和原德国《股份公司法》第 92 条第 2 款关于业务执行人 / 董事破产申请义务的规定。2008 年年底德国《有限责任公司法》改革，将所有公司法规中的破产申请义务均予以删除，同时德国《破

① 参见德国《股份公司法》第 93 条第 5 款。

产条例》第15a条第1款第1句进行了统一规定，将该破产及时申请义务适用于所有的德国公司类型。依照该规定，在法人支付不能或者资不抵债/过度负债的情况下，法人代表机关的成员或者清算人应无过失不迟延地、最迟在此情形出现后的3周的时间内，申请启动破产程序。[①]

如果董事违反上述义务，尤其是未能及时申请破产启动程序，则将与有限责任公司董事总经理一样，承担民事赔偿责任甚至刑事责任。详细内容请参考上文对有限责任公司董事总经理在“违反及时提起破产申请义务时的法律责任”项下的阐述。

4. 德国公司治理结构对中国企业赴德投资的影响

建立有效的监督机制是治理公司的重要任务，通过分析德国公司的治理结构，我们可以发现：一是两合公司往往用于避税或家族企业中；二是在有限责任公司中，并不必然需要设立董事会，日常管理中主要是由董事总经理负责；三是在德国股份公司中，监事会发挥重要作用，其对董事会的任免权将导致监事会的决议可以对董事会形成约束力，有效实现监督功能。

鉴于德国法律与我国公司法的绝大不同，中国投资者在德国投资时应当尤其注意如下三点：

一是综合考虑公司形式。中国投资者在德国投资过程中，应当结合诸如税收、融资、股东责任、控制权等因素加以选择公司形式。比如，无论是有限责任公司或是股份公司均需缴纳企业所得税、股东缴纳股息税以及出售股份所得的资本利得税；而在两合公司中，合伙企业在缴纳企业所得税时是透明的纳税实体。合伙企业在缴纳企业所得税时，合伙企业所得仅停留在合伙企业的层面；有限合伙人源于资产和责任的收入，包括与合伙企业经营相关的收入，将完全被算作是合伙人的收入，合伙人应对此缴税。[②]

二是注重发挥德国监事会在公司治理结构中的作用。实践中，中国投资者在德国投资过程中往往会考虑到经营稳定性以及社会关系等因素，而继续选择聘用目标公司原有管理人员继续担任董事总经理。但同时，中国投资者可能存

---

① 参见胡晓静：《公司破产时董事对债权人责任制度的构建——以德国法为借鉴》，载《社会科学战线》2017年第11期。

② 参见https：//www.jianshu.com/p/6abc9ee2b897，最后访问日期：2020年5月15日。

在认识误区，误以为只要掌控住德国公司的董事会就可以保证对公司重大经营的控制权，而忽略了监事会的作用。然而，在德国现行立法下，监事会对董事会有显著约束作用。因此，中国企业在收购德国企业股权后应当注意发挥德国监事会的监督作用，重点考虑如何通过有效设置监督机构，从监事会层面以及授权对签字权人选方面对董事总经理加以控制，以避免在事实上失去对德国目标公司的控制。

三是谨慎担任德国的董事总经理、董事或者监事等职位，必要时采取必要的保护措施。德国的董事总经理、董事或者监事由于具有较大的权力，因而都承担较大的法律责任，甚至是刑事责任。为了适当减轻董事会成员及监事会成员的责任风险，一般公司会选择为董事会成员及监事会成员投保董事及高管责任险（D&O）以作为董事会成员及监事会成员责任的救济。对于中国投资者而言，如果前往德国投资，但难以长时间在德国工作，又对德国情况不了解的，应当向专业法律顾问咨询，以在法律允许范围内最大程度保护自己利益，避免承担不利后果。

四、税收制度

1. 税收法律体系

《联邦德国税收通则》是德国现行的税收基本法，于 1977 年颁布，主要规定了纳税义务人、税收征收程序、行政处罚与刑罚、救济等，是一部内容完善的税法。

德国近年来未发生重大税制改革，仅在部分税收相关法规中作出调整。例如，在企业所得税方面，自 2020 年 1 月 1 日起，居民和非居民企业从事符合规定的业务，都可以在每年不超过 200 万欧元的范围内申请 25% 的研发补贴。[①] 又如，为了应对新冠肺炎疫情，德国出台了税收优惠政策。

鉴于资料和信息的时效性，中国企业在前往德国投资时面对纳税申报、税收

---

① 符合规定的业务是基础研究、应用研究和实验开发活动，其中包括增加关于人类、文化和社会的知识储备及基于现有知识开发新应用的创造性和系统性的工作。费用限额在一个财务年内最高不超过 200 万欧元，每个项目的费用限额最高不超过 1500 万欧元。税收抵免的金额是应税金额的 25%。为了减轻新冠肺炎疫情对经济的影响，在 2020 年 7 月 1 日至 2025 年 12 月 31 日，200 万欧元的最高限额可暂时提高至 400 万欧元。

优惠申请、税收协定待遇申请、税务稽查等方面的实际问题时，应当及时向德国税务主管机关或专业机构进行咨询，以规避税务合规风险。

同时有别于我国的“国际条约优先使用”规定，中国企业在德国投资，需要兼顾中德税收协定和德国国内税法有关内容。①

2. 中德税收协定

目前，德国已和包括中国在内的96个国家和地区签订了税收协定。中国同德国于1985年首次签署《中德避免双重征税协定》，随后两国于2007年重新修订有关条款。2014年，中德两国签署新的《对所得和财产避免双重征税和防止偷漏税的协定》(以下简称《新协定》)，适用于2017年1月1日以后取得的所得。中德签署的《新协定》主要涉及中国的个人所得税、企业所得税；在德国，是指个人所得税、企业所得税、贸易税以及财产税等。②

尽管有前述德国国内税法相关规定，中德新协定同样就中国对德国投资的企业在德国取得所得应在哪国缴税以及税率问题进行明确（如表37、表38所示）。

表37　协定中约定税率的三项所得（股息、利息和特许权使用费）

收入类型	税收管辖	协定规定	
		税率	条件
股息	居民国和来源国均有征税权	5%	受益所有人是公司（合伙企业除外），并直接拥有支付股息的公司至少25%资本
		10%	除5%、15%以外的其他情形
		15%	据以支付股息的所得或收益由投资工具直接或间接从投资于第6条所规定的不动产所取得，在该投资工具按年度分配大部分上述所得或收益，且其来自上述不动产的所得或收益免税

① 我国《企业所得税法》中明确规定“中华人民共和国政府同外国政府订立的有关税收的协定与本法有不同规定的，依照协定的规定办理”，而德国的宪法、其他法律或不成文法都未涉及国际条约的优先适用问题。法院与专家的意见是，缔结国际条约以后制定的国内法，即使同国际条约有抵触，在国内仍具有约束力。

② 参见国家税务总局：《中国居民赴德国投资税收指南（2020）》。

续表

收入类型	税收管辖	协定规定	
		税率	条件
利息	居民国和来源国均有征税权	10%	除下述免税以外的其他情形
		免税	支付给缔约国另一方政府、因缔约国另一方或其全资拥有的任何金融机构担保或保险的贷款而支付的利息
		免税	《新协定》第 11 条第 3 款第 4 项列明的利息取得机构
		居民国征税	受益所有人取得的利息支付与赊销商业设备或科学设备有关
特许权使用费	居民国和来源国均有征税权	10%	一般项目
		60% × 10%	为使用或有权使用工业、商业、科学设备所支付的作为报酬的各种款项

表 38　协定中未约定税率的其他所得

收入类型	税收管辖	协定规定条件
营业利润	居民国征税	构成常设机构
不动产所得	不动产所在国征税	根据不动产所在地判断
财产收益	不动产所在国征税	转让不动产取得收益以及转让股份取得收益，其所转让股份价值的 50%（不含）以上直接或间接来自位于缔约国另一方的不动产
	常设机构所在国征税	转让在缔约国另一方的常设机构营业财产部分的动产、或缔约国一方居民在缔约国另一方从事独立个人劳务的固定基地的动产取得的收益
	实际管理机构所在国征税	转让从事国际运输的船舶或飞机，或者转让与上述船舶或飞机的运营相关的动产取得的收益
	被投资企业所在国征税	缔约国一方居民转让其在缔约国另一方居民企业的股份取得收益，转让行为前的 12 个月内，曾经直接或间接拥有该公司至少 25% 的股份
	投资方所在国征税	缔约国一方居民在被认可的证券交易所进行实质和正规交易转让其在缔约国另一方居民企业的股份取得收益，该居民在转让行为发生的纳税年度内所转让股票的总额不超过上市股票的 3%
	转让财产的居民所在国征税	转让除上述财产外的其他财产取得收益
董事费	来源国征税	缔约国一方居民作为缔约国另一方居民公司的董事会成员取得的董事费和其他类似款项，可以在缔约国另一方征税

3. 税收征收和管辖

德国的税务管理机构分为高层、中层、基层三层。联邦财政部和各州财政部共同构成德国税务管理的高层机构，高等税政署是德国税务管理的中层机构，地方税务局是德国税务管理的基层机构，企业报税、缴税和申请减、免、退税都需要到注册地或居住地的地方税务局办理。①

德国的税收管辖权主要包括本地管辖权和经营管理部门所在地管辖权。一般来说，一些特定的事项的税收征收和管辖规定如下：②

有关农林产业、地产、营业场所和矿产开采权的事项，由所在地税务机关管辖；若产业、地产、营业场所和矿产开采权涉及多个税务机关的管辖范围，由最有价值的部分所在地税务机关管辖。

有关商业产业的事项，若其经营管理部门位于《德国财政法典》规定适用的范围内，由该经营管理部门所在地的税务机关管辖；若其经营管理部门不在《德国财政法典》规定适用的范围内，由常设机构所在地税务机关管辖；有多个常设机构的情况，由最有商业价值的常设机构所在地税务机关管辖。

对于企业、组织和财团的企业所得税和财产税，一般适用经营管理部门所在地管辖权。经营管理部门位于《德国财政法典》适用范围之外的，或是经营管理部门所在地难以确认的，应由纳税人的公司注册地税务机关管辖。经营管理部门和公司注册地都不在《德国财政法典》适用范围内的，应由纳税人资产所在地税务机关管辖；资产所在地涉及多个税务机关的，由最有价值的资产所在地税务机关管辖。经营管理部门和公司注册地、纳税人资产均不在《德国财政法典》适用范围内的，应由经营活动主要执行地或开发地税务机关管辖。

4. 主要税种

（1）公司所得税

公司所得税的法律依据是德国《公司所得税法》（KStG）。公司所得税属联邦税。无论公司是保留利润还是分配利润，税率统一为 15%，此外考虑到对应纳企业所得税额征收的 5.5%的团结附加税，企业所得税的实际税率为 15.825%。

德国公司所得税的纳税主体分为无限纳税人和有限纳税人，无限纳税人适用

① 参见《德国投资与经贸风险分析报告》，载《国际融资》2012 年第 3 期。

② 参见《德国财政法典》第 1 部分第 3 章。

于德国居民企业，凡注册地或实际管理机构设在德国境内的公司承担无限纳税义务，就其境内外全部所得纳税。[①] 而为避免双重征税，中德签订前述税收协定，对企业在多国拥有业务时的纳税义务进行分配。有限纳税人适用于非居民和某些德国公共实体。德国非居民企业仅就源于德国境内的经营收入、投资所得（包括股息和特定形式的利息）缴纳企业所得税，经营收入主要包括以下来源：①在德国的常设机构的运营；②出售或出租德国不动产和德国常设机构使用的权利；③出售德国公司的股份，但前提是卖方在出售前 5 年的任何时候拥有该公司至少 10%的股份；④居民或非居民企业的股份的出售，如果在转让之前的 365 天内，这些股份的价值的 50%以上直接或间接来自位于德国的不动产（自 2019 年 1 月 1 日起生效）；⑤与①无关的租金和特许权使用费。

依据德国现有的税收优惠制度，非居民企业直接出售持有的居民企业的股份而获得的利得一般是不用缴纳税款的，除非非居民企业在过去 5 年内直接或间接持有该居民企业 10%以上的股份。此外由非居民获得的股份的资本利得是免税的，但是由银行、金融服务机构和金融企业为了交易目的出售股份获得的资本利得不免税。[②]

（2）贸易税

贸易税的法律依据是德国《贸易税法》，属于地方政府对企业营业收入征收的税种。所有在德国经营的企业以及常设机构都是贸易税的征收对象。

德国联邦政府确定的贸易税的统一税率为 3.5%，并由各地方政府确定本地的稽征率，由税率乘以稽征率最终确定应缴纳的贸易税额。[③] 企业营业率计算公式 = 企业收入 × 税率指数 × 稽征率。德国各地方政府的稽征率可以根据财政需要而增加，因而差异较大，大致在 360%—580% 浮动，不得低于 200%，因此营业税的实际税负大致在 12.6%—20.3%。目前，德国各地方平均稽征率为 400%，平均有效贸易税税率为 14%，其中部分地区贸易税稽征率如表 39 所示。[④]

---

① 参见赵辉、朱轶凡：《德国税法体系介绍》，载《国际经济合作》2007 年第 1 期。

② 参见苏毓敏、赵岩：《德国公司并购税制：变迁、内容及特点》，载《涉外税务》2010 年第 9 期。

③ 参见于雯杰：《论德国财政平衡的实现及对中国的启示》，载《中国财经信息资料》2015 年第 18 期。

④ 参见驻德意志联邦共和国大使馆经济商务处：《德国税制知多少？》，载 http：//de.mofcom.gov.cn/article/ztdy/202009/20200902999011.shtml，最后访问日期：2021 年 8 月 30 日。

表 39　德国部分地区贸易税税率　单位：%

地区	稽征率	有效贸易税税率
柏林	410	14.35
法兰克福	460	16.1
汉堡	470	16.45
慕尼黑	490	17.15

五、外汇管理

自 1958 年起，德国实行货币自由兑换制，取消外汇管制规定。德国政府对企业或个人持有、买卖或汇出外汇均没有限制，企业或个人可通过银行将存款汇出德国，但单次汇款超过 1.25 万欧元，汇款者需要向德国联邦银行履行报告义务。[①]

六、知识产权[②]

中国企业赴德国投资并购之前必须对目标企业的知识产权状况充分了解，同时也要对德国知识产权制度以及投资者自身可能存在的知识产权法律风险保持警惕。

德国颁布《专利法》、《实用新型法》、《外观设计法》、《商标法》及配套实施细则，对包括发明专利、实用新型、外观设计、商标权等在内的知识产权予以立法保护。在德国，商标权、专利权须经知识产权行政主管部门登记取得，著作权不须登记即可获得，以上规定与我国知识产权制度一致。此外，在技术转移方面，德国法律对于外国企业并购德国企业之后，在知识产权保护技术（专利）转移方面采取了以下保护措施。

在商标方面，投资者需要注意其他国家的第三方是否享有在先权利，从而可能会潜在地妨碍在其他国家使用目标公司商标，妨碍的范围可能是全部的目标活动或至少是当前计划拟定的特定活动。并且如果在其他国家的第三方拥有这样的权利，其可以要求商标权人立即停止使用商标，也可能提出进一步索赔。

① 参见中国商务部：《对外投资合作国别（地区）指南：德国（2019 年版本）》。

② 本节摘录自王清华、施珵：《收购德国企业的五大注意事项》，载 https：//www.sohu.com/a/149012560_284463，最后访问日期：2021 年 8 月 30 日。

在外观设计方面，投资者需要注意的是，德国法律仅保护经注册的外观设计；而在欧盟，未被注册的欧共体外观设计也被保护。

在公司名称方面，德国法律规定公司名称作为一个商业标志也可被设定为标志权，并且公司的名称赋予其所有者在德国为商业活动之目的而使用该名称的排他性权利。投资者需要注意的是，如果商标局或法院认为公司名称缺乏显著性，则有可能会存在此类公司名称权被拒绝的风险。并且，如果第三方在德国对相关产品拥有在先的标志权（如商标权或/和公司名称权），则在先者可阻止公司使用该标志并提起诉讼。而在欧盟并没有对公司名称权作出保护规定。

在软件的版权保护方面，德国法律规定，软件受到版权保护，其中对于在雇主指导下形成的软件所有权转移给用人单位，但各方另有约定的除外。这也表明德国法律可能更偏向独立开发或创造某一产品的个人，关于此产品的所有权利并非自动归属于雇主及客户。因此取得全部知识产权的合同需要事先进行协商。

在专有知识保护方面，仅在专有知识是（1）秘密的，即不为普遍知晓或容易取得的；（2）重要的，即对产品生产是重要且有用的；（3）可识别的，即以充分全面方式描述使其可能满足秘密性和重要性的标准——专有知识才受到保护。

对于知识产权转移方面，投资者需要注意：（1）如果目标公司签署了许可协议，需要关注许可协议是否允许转许可；（2）相关产品的专利、版权、商标是否登记在目标公司名义下，如果不是登记在目标公司名义下，则应当要求转至目标公司名义下；（3）目标公司的拥有专有知识的核心员工是否与目标公司签署了长期劳动协议或是否愿意继续留在公司。

附录一 投资数据

（一）2011—2019 年各年末中国对欧盟直接投资流量情况①

附表 1　2011—2019 年各年末中国对欧盟直接投资流量情况　　单位：万美元

国家	2011 年	2012 年	2013 年	2014 年	2015 年	2016 年	2017 年	2018 年	2019 年
爱尔兰	1693	4888	11,702	3711	1430	33,193	24,134	7516	6428
爱沙尼亚	—	—	—	—	—	—	12	5322	202
奥地利	2022	5343	15	4371	10,432	19,172	41,219	13,814	3239
保加利亚	5390	5417	2069	2042	5916	−1503	8887	−168	246
比利时	3590	9840	2578	15,328	2346	2835	3034	563	5985
波兰	4866	750	1834	4417	2510	−2411	−433	11,783	11,160
丹麦	589	514	2730	5723	−2416	12,573	1521	3048	6026
德国	51,238	79,933	91,081	143,892	40,963	238,058	271,585	146,799	145,901

① 商务部历年《中国对外直接投资统计公报》，其中《2020 年度中国对外直接投资统计公报》为公布附表详细数据。

续表

国家	2011年	2012年	2013年	2014年	2015年	2016年	2017年	2018年	2019年
法国	348,232	15,393	26,044	40,554	32,788	149,957	95,215	–7502	8722
芬兰	156	136	852	1042	3868	3667	2347	14,104	3404
荷兰	16,786	44,245	23,842	102,997	1,346,284	116,972	–22,312	103,834	389,317
捷克	884	1802	1784	246	–1741	185	7295	11,302	6053
克罗地亚	—	—	—	355	—	22	3184	2239	2869
拉脱维亚	—	—	—	—	45	—	8	1068	—
立陶宛	—	100	551	—	—	225	—	–447	—
卢森堡	126,500	113,301	127,521	457,837	–1,145,317	160,188	135,340	248,733	68,587
罗马尼亚	30	2541	217	4225	6332	1588	1586	157	8411
马耳他	27	—	12	193	503	15,480	167	1011	–118
葡萄牙	—	515	1494	387	1072	1137	104	1171	1855
瑞典	4901	28,522	17,082	13,001	31,719	12,768	129,026	106,395	191,571
塞浦路斯	8954	348	7634	—	176	525	60,341	11,390	8242
斯洛伐克	594	219	33	4566	—	—	68	1462	–53
斯洛文尼亚	—	—	—	—	—	2186	39	1328	2684
西班牙	13,974	4624	—14,575	9235	14,967	12,541	5879	53,768	11,491
希腊	43	88	190	—	–137	2939	2857	6030	57
匈牙利	1161	4140	2567	3402	2320	5746	6559	9495	12,315
意大利	22,483	11,858	3126	11,302	9101	63,344	42,454	29,761	64,979
英国	141,970	277,473	141,958	149,890	184,816	148,039	206,630	102,664	110,345
合计	756,083	611,990	452,341	978,716	547,977	999,426	1,026,746	886,640	1,069,918

（二）2011—2019 年各年末中国对欧盟直接投资存量情况

附表 2　2011—2019 年各年末中国对欧盟直接投资存量情况　　单位：万美元

国家	2011 年	2012 年	2013 年	2014 年	2015 年	2016 年	2017 年	2018 年	2019 年
爱尔兰	15,683	19,377	32,325	24,972	24,832	57,377	88,263	97,277	107,401
爱沙尼亚	750	350	350	350	350	350	362	5684	6333
奥地利	2454	7946	7666	20,170	32,799	53,051	85,149	46,163	49,218
保加利亚	7256	12,674	14,985	17,027	23,597	16,607	25,046	17,109	15,681
比利时	14,050	23,069	31,501	49,347	51,953	54,403	47,923	32,641	47,095
波兰	20,126	20,811	25,704	32,935	35,211	32,132	40,552	52,373	55,559
丹麦	4913	5324	8437	20,815	8217	22,611	22,883	24,653	29,485
德国	240,144	310,435	397,938	578,550	588,176	784,175	1,216,320	1,368,861	1,423,399
法国	372,389	395,077	444,794	844,488	572,355	511,617	570,271	659,879	595,434
芬兰	3100	3403	4255	5899	9507	21,170	21,307	32,754	34,038
荷兰	66,468	110,792	319,309	419,408	2,006,713	2,058,774	1,852,900	1,942,899	2,385,482
捷克	6683	20,245	20,468	24,269	22,431	22,777	16,490	27,923	28,749
克罗地亚	—	—	831	1187	1182	1199	3908	6908	9840
拉脱维亚	54	54	54	54	94	94	102	1170	1163
立陶宛	393	697	1248	1248	1248	1529	1713	1289	981
卢森堡	708,197	897,789	1,042,376	1,566,677	773,988	877,660	1,393,615	1,538,870	1,390,221
罗马尼亚	12,583	16,109	14,513	19,137	36,480	39,150	31,007	30,462	42,827
马耳他	337	337	349	542	1045	16,364	16,498	23,049	22,932
葡萄牙	3313	4038	5532	6069	7142	8774	11,023	10,593	5857
瑞典	153,122	240,817	273,771	301,292	338,196	355,368	730,742	689,681	857,869
塞浦路斯	9090	9495	17,126	10,717	10,915	11,005	71,869	84,543	106,147
斯洛伐克	2578	8601	8277	12,779	12,779	8277	8345	9929	8274

续表

国家	2011 年	2012 年	2013 年	2014 年	2015 年	2016 年	2017 年	2018 年	2019 年
斯洛文尼亚	500	500	500	500	500	2686	2725	4009	18,960
西班牙	38,931	43,725	31,571	42,453	60,801	73,647	69,263	106,014	111,057
希腊	463	598	11,979	12,085	11,948	4808	18,222	24,247	23,102
匈牙利	47,535	50,741	53,235	55,635	57,111	31,370	32,786	32,069	42,736
意大利	44,909	57,393	60,775	71,969	93,197	155,484	190,379	214,535	257,017
英国	253,058	893,427	1,179,792	1,280,465	1,663,246	1,761,210	2,031,817	1,988,323	1,714,390
合计	2,029,079	3,153,824	4,009,661	5,421,039	6,446,013	6,983,669	8,601,480	9,073,907	9,391,247

（三）欧盟委员会反垄断审查结果（近十年）

附表 3　欧盟委员会反垄断审查结果（2011—2021 年）　单位：件

阶段	情况	2011 年	2012 年	2013 年	2014 年	2015 年	2016 年	2017 年	2018 年	2019 年	2020 年	2021 年 1—3 月
申报	申报案件量	309	283	277	303	337	362	380	414	382	361	121
	第一阶段撤销	9	4	1	6	6	8	7	10	12	7	1
	第二阶段撤销	1	1	0	0	2	1	2	2	0	2	2
第一阶段审查结果	不属于管辖范围	0	0	0	1	1	1	0	0	0	1	0
	第一阶段获批（总）	304	263	263	292	310	346	371	383	353	347	118
	（其中）无条件批准	299	254	252	280	297	327	353	366	343	334	115
	（其中）附承诺批准	5	9	11	12	13	19	18	17	10	13	3
第二阶段审查结果	启动第二阶段案件量	8	10	6	8	11	8	7	12	8	8	1
	第二阶段获批（总）	5	7	4	7	8	7	2	10	6	4	3
	（其中）无条件批准	4	1	2	2	1	1	0	4	0	1	0
	（其中）附承诺批准	1	6	2	5	7	6	2	6	6	3	3
	禁止交易	1	1	2	0	0	0	0	0	0	0	1

附表 4　近十年欧盟作出禁止集中审查决定的案件

年份	交易方	行业
2011	奥林匹克航空公司 / 爱琴海航空公司	航空
2012	德意志交易所 / 纽约泛欧证交所	证券
2013	UPS/TNT 快递公司	物流
2013	瑞安航空公司 / 爱尔兰航空公司 II	物流

（四）全球外商直接投资流入量

1. 按区域划分外商直接投资流入量

附表 5　按区域划分外商直接投资流入量

范围	2019 年投资流入量	2020 年投资流入量	增长率 /%
全球	1530	999	–35
发达经济体	749	312	–58
欧洲	363	73	–80
北美洲	309	180	–42
发展中经济体	723	663	–8
非洲	47	40	–15
拉丁美洲和加勒比地区	160	88	–45
亚洲	516	535	4
转型经济体	58	24	–59

2. 前二十大外商直接投资流入量

附表 6　前二十大外商直接投资流入量（2019—2020 年）　单位：十亿美元

排名（2020 年）	国家或地区	2019 年	2020 年
1	美国	261	156
2	中国内地	141	149
3	中国香港	74	119
4	新加坡	114	91
5	印度	51	64

续表

排名（2020 年）	国家或地区	2019 年	2020 年
6	卢森堡	15	62
7	德国	54	36
8	爱尔兰	81	33
9	墨西哥	34	29
10	瑞典	10	26
11	巴西	65	25
12	以色列	19	25
13	加拿大	48	24
14	澳大利亚	39	20
15	阿拉伯联合酋长国	18	20
16	英国	45	20
17	印度尼西亚	24	19
18	法国	34	18
19	越南	16	16
20	日本	15	10

3. 已披露的绿地项目：按部门和特定行业划分

附表 7　已披露的绿地项目：按部门和特定行业划分

部门行业		价值 / 十亿美元		增长率 /%	数量 / 个		增长率 /%
		2019 年	2020 年		2019 年	2020 年	
总行业		846	564	–33	18,261	12,971	–29
初级品部门		21	11	–47	151	100	–34
制造业		402	237	–41	8180	5139	–37
服务业		422	315	–25	9930	7732	–22
价值排名前十的行业部门	能源和天然气供应	113	99	–13	560	529	–6
	信息与通信	66	81	22	3332	2903	–13
	电子和电气设备	53	46	–14	1201	862	–28

续表

部门行业		价值 / 十亿美元		增长率 /%	数量 / 个		增长率 /%
		2019 年	2020 年		2019 年	2020 年	
价值排名前十的行业部门	化学制品	47	40	–15	752	442	–41
	建筑	66	35	–47	437	319	–27
	汽车	62	33	–47	1022	558	–45
	焦炭和精炼石油	94	30	–69	109	54	–50
	运输和储存	43	26	–39	764	627	–18
	贸易	22	23	5	688	572	–17
	金融与保险	24	19	–19	1028	715	–30

4. 按部门和特定行业划分跨境并购净额

附表 8　按部门和特定行业划分跨境并购净额（2019—2020 年）

部门行业		价值 / 十亿美元		增长率 /%	数量 / 个		增长率 /%
		2019 年	2020 年		2019 年	2020 年	
总行业		507	475	–6	7118	6201	–13
初级品部门		37	25	–31	433	658	52
制造业		243	228	–6	1633	1136	–30
服务业		227	221	–3	5052	4407	–13
价值排名前十的行业部门	食品、饮料和烟草[1]	20	86	323	193	136	–30
	信息与通信[2]	25	80	225	1312	1248	–5
	制药[3]	98	56	–43	186	211	13
	电子和电气设备[4]	21	40	94	279	165	–41
	公共事业	12	33	165	190	190	0
	电信	6	29	373	84	61	–27
	金融与保险	49	28	–43	619	562	–9
	采掘业	35	24	–31	354	527	49
	房地产	37	22	–40	436	327	–25
	贸易	16	18	10	575	496	–14

〔1〕与总体趋势相反，由于联合利华（英国）与联合利华（荷兰）以 810 亿美元的价格进行了

公司重组，食品、饮料和烟草方面的跨境并购价值翻了两番，达到 860 亿美元。

〔2〕 疫情给数字和卫生部门带来了巨大的推动，因此最大的目标行业是信息和通信以及制药。

〔3〕 在 2019 年的大幅增长之后，医药行业的并购销售额稳定在 560 亿美元，但交易数量显著增加，达到 211 笔，创下历史最高纪录。这似乎反映了该行业扩张战略的转变：从大型并购到小型收购，特别是在治疗领域，以及研发合作，例如，辉瑞（美国）和生物技术公司（德国）针对 COVID-19 疫苗方面的合作。

〔4〕 数字相关行业的资产销售显著增长（主要是计算机、电子、光学产品和电气设备制造业，以及信息和技术领域）。值得注意的交易包括英飞凌（德国）以 98 亿美元收购赛普拉斯（美国）。

（五）全球外商投资政策变化情况

附表 9　全球外资新政及限制性外资新政数量（2003—2020 年）　单位：个

分类	2003—2007 年	2008 年	2009 年	2010 年	2011 年	2012 年	2013 年	2014 年	2015 年	2016 年	2017 年	2018 年	2019 年	2020 年
新政数量	128	68	89	116	86	92	87	74	100	125	144	112	107	152
限制性数量	20	15	24	33	21	21	21	12	14	22	23	31	21	50

（六）中国企业对欧投资主要项目

中国企业对欧投资重大案件如附表 10 所示：

附表 10　中国企业对欧投资重大案件

年份	投资方	金额 / 百万美元	股权 /%	交易方	行业	国家
2006	中国化工集团 China National Chemical（ChemChina）	480	100	Adisseo	农业	法国
2006	四川长虹 Sichuan Changhong	100	75	Sterope investments	金融	荷兰
2007	中国化工集团 China National Chemical（ChemChina）	700	—	Rhodia	化学	法国
2007	林德国际物流 LinkGlobal Logistics	130	—	Parchim Airport	交通运输	德国

续表

年份	投资方	金额 / 百万美元	股权 /%	交易方	行业	国家
2007	中国远洋海运集团 China Ocean Shipping（COSCO）	140	80	Burg Industries	交通运输	荷兰
2007	平安 Ping An	2700	4	Fortis	金融	比利时
2008	国家外汇管理局 State Administration of Foreign Exchange（SAFE）	2800	2	Total	能源	法国
2008	中联重科 Zoomlion	250	60	Compagnia Italiana Forme Acciaio	房地产	意大利
2008	中国海洋石油集团 China National Off-shore Oil（CNOOC）	2490	100	Awilco Off-shore	能源	挪威
2008	三一重工 Sany Heavy Industry	140	—	—	房地产	德国
2008	中国远洋海运集团 China Ocean Shipping（COSCO）	5790	—	—	交通运输	希腊
2009	中国联通 China United Network Communications（Unicom）	1000	1	Telefonica	科技	西班牙
2009	长城汽车 Great Wall Motor	120	—	Litex Motors	交通运输	马耳他
2009	中国航空工业集团 Aviation Industry Corp.（AVIC）	140	81	Future Advanced Composite Components	交通运输	奥地利
2010	万华实业 Wanhua Industrial	190	—	BorsodChem	化学	匈牙利
2010	浙江吉利控股集团 Zhejiang Geely	2700	—	Volvo	交通运输	瑞典
2010	江苏综艺股份有限公司 Jiangsu Zongyi	200	100	—	能源	意大利

续表

年份	投资方	金额/百万美元	股权/%	交易方	行业	国家
2010	海航集团 HNA	380	—	—	交通运输	挪威
2010	中化集团 Sinochem	270	50	DSM	健康	荷兰
2011	中国化工集团 China National Chemical (ChemChina)	2010	100	Elkem	化学	挪威
2011	中国石油天然气集团 China National Petroleum Corp. (CNPC)	510	50	INEOS France	能源	法国
2011	江苏金昇实业 Jiangsu Jinsheng	130	50	EMAG	其他	德国
2011	中国联通 China United Network Communications (Unicom)	500	1	Telefonica	科技	西班牙
2011	万华实业 Wanhua Industrial	1660	58	BorsodChem	化学	匈牙利
2011	宁波均胜汽车电子 Ningbo Joyson Electronic	100	75	Preh	交通运输	德国
2011	复兴国际 Fosun	120	10	Folli Follie	其他	希腊
2011	联想集团 Lenovo	670	82	Medion	科技	德国
2011	北京汽车 Beijing Auto (BAIC)	270	100	Inalfa Roof Systems	交通运输	荷兰
2011	中信戴卡 China International Trust and Investment (CITIC)	420	100	德国 KSM 铸造集团 KSM Castings	交通运输	德国
2011	中国投资有限责任公司 China Investment Corporation (CIC)	3240	30	GDF Suez	能源	法国
2011	国家外汇管理局 State Administration of Foreign Exchange (SAFE)	720	3	Munich Re	金融	德国

续表

年份	投资方	金额/百万美元	股权/%	交易方	行业	国家
2011	万华实业 Wanhua Industrial	260	96	—	化学	匈牙利
2011	卧龙 Wolong	140	100	ATB Group	交通运输	奥地利
2011	华为 Huawei Technologies	130	—	—	科技	意大利
2011	中国长江三峡集团 China Three Gorges	3510	21	Energias de Portugal	能源	葡萄牙
2012	三一重工，中信戴卡 Sany Heavy Industry，China International Trust and Investment（CITIC）	480	100	普茨迈斯特公司 Putzmeister	房地产	德国
2012	山东重工集团 Shandong Heavy Industry	460	75	Ferretti	交通运输	意大利
2012	中化集团 Sinochem	260	35	Siat	能源	比利时
2012	国家电网 State Grid	510	25	REN	能源	葡萄牙
2012	广西柳工机械 Guangxi Liugong Machinery	100	—	Huta Stalowa Wola	交通运输	波兰
2012	徐州徐工机械 Xuzhou Construction Machinery	330	52	Schwing	房地产	德国
2012	华为 Huawei Technologies	1200	100	—	科技	匈牙利
2012	Hanergy	510	100	Solibro	能源	德国
2012	中国投资有限责任公司 China Investment Corporation（CIC）	490	7	Eutelsat	科技	法国
2012	圣元国际 Synutra	120		Sodiaal	农业	法国

续表

年份	投资方	金额/百万美元	股权/%	交易方	行业	国家
2012	武汉钢铁公司 Wuhan Iron and Steel	450	100	蒂森克虏伯激光拼焊集团 ThyssenKrupp Tailored Blanks	金属	德国
2012	山东重工集团 Shandong Heavy Industry	930	25	Kion	房地产	德国
2012	中国长江三峡集团 China Three Gorges	470	49	Renovaveis	能源	葡萄牙
2012	中联重科 Zoomlion	240	40	Compagnia Italiana Forme Acciaio	房地产	意大利
2013	招商局集团 China Merchants Group	530	49	CMA CGM	交通运输	法国
2013	海航集团 HNA	310	20	NH Hoteles	旅游	西班牙
2013	北京控股 Beijing Enterprises（BEHL）	100	100	Compagnie Generale de Eaux	公用事业	葡萄牙
2013	复兴国际 Fosun	360	46	Club Med	旅游	法国
2013	绿地控股 Shanghai Greenland	240	—	Melia Hotels	旅游	西班牙
2013	中材国际 Sinoma	140	59	Hazemag & EPR	房地产	德国
2013	海航集团 HNA	470	100	TIP Trailer Services	物流	荷兰
2013	中国南车 China South Locomotive	400	—	ZF Friedrichshafen	交通运输	德国
2013	中国航空工业集团 Aviation Industry Corp.（AVIC）	260	59	KHD	房地产	德国

续表

年份	投资方	金额/百万美元	股权/%	交易方	行业	国家
2013	河南航空 Henan Civil Aviation	220	35	Cargolux Airlines	交通运输	卢森堡
2014	复兴国际 Fosun	2030	80	Caixa Geral	金融	葡萄牙
2014	好孩子国际 Goodbaby	100	100	Columbus Holding	其他	德国
2014	中粮集团、中粮集团有限公司 China National Cereal，Oil and Foodstuffs（COFCO）	2040	51	Nidera	农业	荷兰
2014	华信邮电 Huaxin Post and Telecom	310	85	Alcatel—Lucent	科技	法国
2014	东风汽车 Dongfeng Motor	1100	14	Pugeot	交通运输	法国
2014	国家外汇管理局 State Administration of Foreign Exchange（SAFE）	2760	2，3	Eni，Enel	能源	意大利
2014	复兴国际 Fosun	140	19	BHF	金融	德国
2014	中国电力投资集团 China Power Investment	440	33	EneMalta	能源	马耳他
2014	上海电气 Shanghai Electric	560	40	Ansaldo Energia	能源	意大利
2014	海航集团 HNA	180	—	NH Hoteles	旅游	西班牙
2014	中航工业集团公司 Aviation Industry Corp.（AVIC）	640	100	海力达 Hilite	交通运输	德国
2014	万达集团 Dalian Wanda	360	—	Santander	房地产	西班牙
2014	国家外汇管理局 State Administration of Foreign Exchange（SAFE）	520	2	Telecom Italia	科技	意大利

续表

年份	投资方	金额 / 百万美元	股权 /%	交易方	行业	国家
2014	国家外汇管理局 State Administration of Foreign Exchange（SAFE）	110	2	Prysiam	科技	意大利
2014	国家外汇管理局 State Administration of Foreign Exchange（SAFE）	280	2	Fiat	交通运输	意大利
2014	复兴国际 Fosun	110	23	Tom Tailor	其他	德国
2014	国家外汇管理局 State Administration of Foreign Exchange（SAFE）	630	2	Generali	金融	意大利
2014	中国进出口银行 Ex-Im Bank	200	50		能源	波兰
2014	国家外汇管理局 State Administration of Foreign Exchange（SAFE）	140	2	Mediobanca	金融	意大利
2014	安邦保险 Anbang	310	100	J.C. Flowers	金融	比利时
2014	国家外汇管理局 State Administration of Foreign Exchange（SAFE）	630	—	HIH and RFR	房地产	德国
2014	复兴国际 Fosun	590	96	Espirito Santo Saude	健康	葡萄牙
2014	国家外汇管理局 State Administration of Foreign Exchange（SAFE）	170	50	Covent Garden	房地产	比利时
2014	中国化工集团 China National Chemical（ChemChina）	640	100	REC Solar ASA	能源	挪威
2014	国家电网 State Grid	2760	35	CDP Reti	能源	意大利

续表

年份	投资方	金额 / 百万美元	股权 /%	交易方	行业	国家
2014	锦江国际 Jin Jiang International	1490	100	Louvre Group	旅游	法国
2014	国家外汇管理局 State Administration of Foreign Exchange（SAFE）	100	2	Saipem	能源	意大利
2014	安邦保险 Anbang	230	—	Delta Lloyd	金融	比利时
2014	海通证券 Haitong Securities	470	—	Novo Banco	金融	葡萄牙
2014	山东高速集团 Shandong Gaosu	190	25	Friedmann Pacific Asset Management	交通运输	法国
2015	宁波均胜汽车电子 Ningbo Joyson Electronic	110	75	Quin GmbH	交通运输	德国
2015	复兴国际 Fosun	1130	100	Club Med	旅游	法国
2015	安邦保险 Anbang	1670	100	Vivat	金融	荷兰
2015	安徽中鼎 Anhui Zhongding	110	100	Wegu Holding	交通运输	德国
2015	国家外汇管理局 State Administration of Foreign Exchange（SAFE）	730	—	Madrilena Red de Gas	能源	西班牙
2015	中国投资有限责任公司 China Investment Corporation（CIC）	1800	100	RF Power Units	科技	荷兰
2015	华信能源 CEFC China Energy	100	5	J&T Finance	金融	捷克
2015	锦江国际 Jin Jiang International	430	4	Accor Hotels	旅游	法国

续表

年份	投资方	金额 / 百万美元	股权 /%	交易方	行业	国家
2015	中国化工集团、国家外汇管理局 China National Chemical (ChemChina), State Administration of Foreign Exchange (SAFE)	7860	100	Pirelli	交通运输	意大利
2015	国家外汇管理局 State Administration of Foreign Exchange (SAFE)	1220	2	Intesa Sanpaolo	金融	意大利
2015	国家外汇管理局 State Administration of Foreign Exchange (SAFE)	820	2	Unicredit	金融	意大利
2015	复兴国际 Fosun	230	100	Hauck & Aufhaeuser	金融	德国
2015	中国投资有限责任公司 China Investment Corporation (CIC)	1150	100	CBRE Global Investors	房地产	法国
2015	中国投资有限责任公司 China Investment Corporation (CIC)	290	100	CBRE Global Investors	房地产	比利时
2015	中国民生投资集团 China Minsheng Investment	2590	100	Sirius International Insurance	金融	瑞典
2015	复兴国际 Fosun	380	—	Palazzo Broggi	房地产	意大利
2015	美的集团 Midea	170	5	Kuka	科技	德国
2015	中国投资有限责任公司 China Investment Corporation (CIC)	590	15	Tank & Rast	交通运输	德国
2015	海航集团 HNA	5170	100	Avolon	交通运输	爱尔兰
2015	光明食品集团、中国建投、深圳东华通 Bright Foods，JIC，Shenzhen Donghuatong	120	100	Miquel Alimentacio	农业	西班牙

续表

年份	投资方	金额 / 百万美元	股权 /%	交易方	行业	国家
2015	华信能源 CEFC China Energy	100	5	J&T Finance	金融	捷克
2015	中国民生投资集团 China Minsheng Investment	130	34	Luxaviation	交通运输	卢森堡
2015	国家外汇管理局 State Administration of Foreign Exchange（SAFE）	200	2	Poste Italiane	物流	意大利
2015	北京汽车 Beijing Auto（BAIC）	480		Borgward	交通运输	德国
2015	中国长江三峡集团 China Three Gorges	340	49	EDP	能源	波兰
2015	中国长江三峡集团 China Three Gorges	100	49	EDP	能源	意大利
2015	国家外汇管理局、中国国新 State Administration of Foreign Exchange（SAFE），China Reform Holdings	590	5	Energias de Portugal	能源	葡萄牙
2015	锦江国际 Jin Jiang International	110	2	Accor	旅游	法国
2016	中国化工集团 China National Chemical（ChemChina）	1000	100	KraussMaffei	房地产	德国
2016	华彬集团 Reignwood	110	51	Voss	其他	挪威
2016	海航集团 HNA	1200	—	Avolon	交通运输	爱尔兰
2016	宁波均胜汽车电子 Ningbo Joyson Electronic	200	100	TechniSat Digital	交通运输	德国
2016	北京控股 Beijing Enterprises（BEHL）	1590	100	EEW	能源	德国
2016	成都天翔 Chengdu Techcent	220	—	Bilfinger	公用事业	德国

续表

年份	投资方	金额/百万美元	股权/%	交易方	行业	国家
2016	锦江国际 Jin Jiang International	450	6	Accor	旅游	法国
2016	美的集团 Midea	140	5	Kuka	科技	德国
2016	山东如意集团 Shandong Ruyi	1480	70	SMCP	其他	法国
2016	硅产业集团 China National Silicon（consortium of Shanghai state firms）	190	100	Okmetic	科技	芬兰
2016	锦江国际 Jin Jiang International	280	3	Accor	旅游	法国
2016	中国航空工业集团、大族激光 Aviation Industry Corp.（AVIC），Han's Laser	120	95	Aritex	交通运输	西班牙
2016	美的集团 Midea	150	3	Kuka	科技	德国
2016	中国远洋海运集团 China Ocean Shipping（COSCO）	140	35	Euromax Terminal Rotterdam	物流	荷兰
2016	苏宁 Suning.com	310	69	Inter Milan	娱乐	意大利
2016	中国投资有限责任公司、智路资本 China Investment Corporation（CIC），Wise Road Capital	2750	—	NXP Semi	科技	荷兰
2016	中国长江三峡集团 China Three Gorges	1540	80	WindMW	能源	德国
2016	山东重工集团 Shandong Heavy Industry	2100	—	DH Services	物流	卢森堡
2016	光大 Everbright	140	—	Novago	公用事业	波兰

续表

年份	投资方	金额 / 百万美元	股权 /%	交易方	行业	国家
2016	腾讯 Tencent	8600	84	Supercell	娱乐	芬兰
2016	安徽中鼎 Anhui Zhongding	150	100	AMK Holding	交通运输	德国
2016	奇虎、北京昆仑 Qihoo，Beijing Kunlun	610	—	Opera Software	科技	挪威
2016	IDG 资本、木林森、义务国有资本 IDG Capital，MLS，Yiwu State-Owned Assets	440	—	Osram	其他	德国
2016	美的集团 Midea	4680	82	Kuka	科技	德国
2016	中国远洋海运集团 China Ocean Shipping（COSCO）	420	51	—	交通运输	希腊
2016	上海电气 Shanghai Electric	220	100	Deutsche Beteiligung and Frankfurt am Main	交通运输	德国
2016	中粮集团、中粮集团有限公司 China National Cereal，Oil and Foodstuffs（COFCO）	1440	49	Nidera	农业	荷兰
2016	IDG 资本 IDG Capital	110	20	Olympique Lyonnais	娱乐	法国
2016	沈阳蓝英 Shenyang Blue Silver	110	85	Durr Ecoclean	Other	德国
2016	渝商投资 Chongqing USUM	260	—	Scholz Holding	Other	德国
2016	中国广东核电集团 China General Nuclear Power	110	—	Eolfi	能源	法国

续表

年份	投资方	金额 / 百万美元	股权 /%	交易方	行业	国家
2016	中国节能、江苏大厦、中国天楹 China Energy Conservation and Environmental Protection，Jiangsu Dadang，China Tianying	1570	—	ACS	公用事业	西班牙
2016	德尔集团 Dare Group	210	—	AlpInvest Partners	交通运输	德国
2016	成都天翔 Chengdu Techcent	340	60	Alba	其他	德国
2016	国家电网 State Grid	350	24	Public Power	能源	希腊
2016	安邦保险 Anbang	560	—	Blackstone	房地产	荷兰
2016	中国投资有限责任公司 China Investment Corporation（CIC）	1130	—	BGP	房地产	德国
2016	中国远洋海运集团 China Ocean Shipping（COSCO）	150	40	Maersk	交通运输	意大利
2016	华信能源 CEFC China Energy	310	—	Penta	房地产	捷克
2016	复兴国际 Fosun	180	17	Banco Comercial Portugues	金融	葡萄牙
2016	安徽中鼎 Anhui Zhongding	200	100	Bavaria Industries	交通运输	德国
2016	中国广东核电集团 China General Nuclear Power	430	—	Gaelectric	能源	爱尔兰
2016	甘肃刚泰 Gansu Gangtai	240	85	Buccellati	其他	意大利
2016	复兴国际 Fosun	200	—	Lamda	交通运输	希腊
2016	万州国际（前双汇集团） WH Group（formerly Shuanghui）	350	37	Alfa	农业	西班牙

续表

年份	投资方	金额/百万美元	股权/%	交易方	行业	国家
2017	万达集团 Dalian Wanda	960	—	Nordic Cinema	娱乐	瑞典
2017	浙江金科 Zhejiang Jinke	1050	—	Outfit7	娱乐	斯洛文尼亚
2017	中国进出口银行 Ex-Im Bank	210	—	Invitel Group	科技	匈牙利
2017	复兴国际 Fosun	310	7	Banco Comercial Portugues	金融	葡萄牙
2017	海航集团 HNA	800	3	Deutsche Bank	金融	德国
2017	中国长江三峡集团 China Three Gorges	260	49	EDP	能源	葡萄牙
2017	海航集团 HNA	460	2	Deutsche Bank	金融	德国
2017	中欧体育 Sino-Europe Sports	530	—	Elliott Management	娱乐	意大利
2017	上海仪电 Shanghai Inesa	110	100	Konsalnet	其他	波兰
2017	爱尔眼科 Aier Eye Hospital	160	59	Clinica Baviera	健康	西班牙
2017	海航集团 HNA	230	74	C—Quadrat Investment	金融	奥地利
2017	海航集团 HNA	1360	5	Deutsche Bank	金融	德国
2017	郑州煤机、崇德资本 Zhengzhou Coal，Rennaisance Capital	600	—	Robert Bosch	交通运输	德国
2017	浙江吉利控股集团 Zhejiang Geely	390	26	Saxo	金融	丹麦
2017	楚天科技 Truking Group	110	75	Romaco	健康	德国

续表

年份	投资方	金额/百万美元	股权/%	交易方	行业	国家
2017	上海公报、凯信荣 Shanghai Gongbao，KaiXinRong	560	—	Forthnet	科技	希腊
2017	北京中环 Beijing Zhonghuan	1240	—	—	交通运输	德国
2017	山东重工集团 Shandong Heavy Industry	1420	18	Kion	房地产	德国
2017	安邦保险 Anbang	390	—	Blackstone	旅游	荷兰
2017	中国沣沅资本 Fortune Fountain Capital	180	89	Baccarat	其他	法国
2017	中国远洋海运集团 China Ocean Shipping（COSCO）	230	51	Noatum Ports	交通运输	西班牙
2017	三元食品、复兴国际 Sanyuan Foods，Fosun	730	—	Montagu	农业	法国
2017	中国东方航空 China Eastern	440	10	Air France–KLM	交通运输	法国
2017	上海泰盛 Shanghai Taison	290	100	Nordic Paper	其他	瑞典
2017	君联资本 Legend	1760	90	Qatar royal family	金融	卢森堡
2017	立讯精密 Luxshare	770	—	—	交通运输	德国
2017	Hongbo Group	100	100	—	其他	波兰
2017	Hubei Province Investment Arm	220	—	—	科技	比利时
2017	忠旺集团 Zhongwang	230	100	Aluminiumwerk	金属	德国
2017	海航集团 HNA	140	19	Rezidor	旅游	瑞典
2017	中国钢研 China Iron and Steel Research Institute	130	—	Cotesa	交通运输	德国

续表

年份	投资方	金额 / 百万美元	股权 /%	交易方	行业	国家
2017	浙江吉利控股集团 Zhejiang Geely	340	22	Saxo Bank	金融	丹麦
2017	国家能源投资集团 China Energy Investment	1640	75	Copelouzos	能源	希腊
2017	Shanghai-based consortium	360	—	Esaote	健康	意大利
2018	洛阳钼业 China Molybdenum	470	100	Louis Dreyfus	金属	荷兰
2018	Creat	1150	90	Biotest	健康	德国
2018	中信戴卡 China International Trust and Investment（CITIC）	490	100	Axilone	其他	法国
2018	浙江吉利控股集团 Zhejiang Geely	3270	8	Volvo Trucks	交通运输	瑞典
2018	东方证券 Orient Securities	1260	54	Mediapro	娱乐	西班牙
2018	复兴国际 Fosun	120	—	Lanvin	其他	法国
2018	浙江吉利控股集团 Zhejiang Geely	9030	10	Daimler	交通运输	德国
2018	中国北方工业集团 China North Industries（Norinco）	220	76	Enerjia Projekt	能源	克罗地亚
2018	金沙江资本 GSR	500	—	NEVS	交通运输	瑞典
2018	腾讯 Tencent	460	5	—	娱乐	法国
2018	安徽山鹰 Anhui Shanying	610	—	—	其他	芬兰
2018	上海高研创投	360	90	NMS	健康	意大利
2018	Yu Kuo	320	100	—	农业	法国

续表

年份	投资方	金额/百万美元	股权/%	交易方	行业	国家
2018	药明康德 WuXi Pharma	390	100	—	健康	爱尔兰
2018	微创 Shanghai MicroPort Scientific	190	100	LivaNova	健康	法国
2018	腾讯 Tencent	1690	9	Spotify	娱乐	瑞典
2018	海信集团 Hisense Group	340	100	Gorenje	其他	斯洛文尼亚
2018	曲美家居、华泰证券 Qumei Home Furnishing，Huatai Securities	630	100	Ekornes	其他	挪威
2018	海印集团 Highsun	230	—	Fibrant	化学	荷兰
2018	华住集团 Huazhu Hotels	560	5	Accor	旅游	法国
2018	中信戴卡 China International Trust and Investment（CITIC）	350	—	J&T	金融	捷克
2018	深圳远望谷 Shenzhen Invengo	200	80	OEP	科技	荷兰
2018	浙江森马 Zhejiang Semir	130	—	Sofiaza	其他	法国
2018	临港集团 Shanghai Lingang	100	—	—	物流	比利时
2018	宁波继峰 Ningbo Jifeng	450	50	Grammer	交通运输	德国
2018	复兴国际 Fosun	650	100	Aton	其他	德国
2018	北京汽车 Beijing Auto（BAIC）	710	—	Borgward	交通运输	德国

续表

年份	投资方	金额 / 百万美元	股权 /%	交易方	行业	国家
2018	清华控股 Tsinghua Holdings	2570	100	Linxens	科技	法国
2018	中国南方电网公司 Southern Power Grid	470	25	—	公用事业	卢森堡
2018	中国广东核电集团 China General Nuclear Power	710	75	Macquarie & GE	能源	瑞典
2018	华润集团 China Resources	540	1	Heineken	农业	荷兰
2018	复兴国际 Fosun	110	80	International Gemological Institute	其他	荷兰
2018	海尔集团 Haier	550	100	Candy	其他	意大利
2018	闻泰科技 Wingtech	880	80	Nexperia	科技	荷兰
2018	宁德时代 Contemporary Amperex Tech	280	100	Thuringia	交通运输	德国
2018	巨人网络 Shanghai Giant Network	110	—	Wooga	娱乐	德国
2019	Alibaba	100	100	Artisans	科技	德国
2019	恒大集团 Evergrande Group	930	51	NEVS	交通运输	瑞典
2019	恒大集团 Evergrande Group	320	65	—	交通运输	瑞典
2019	浙江吉利控股集团 Zhejiang Geely	280	50	—	交通运输	法国
2019	安踏 Anta Sports-led consortium	5050	79	Amer Sports	娱乐	芬兰
2019	灵胜投资 Lingsheng Investment	100	100	Salcomp	其他	芬兰

续表

年份	投资方	金额 / 百万美元	股权 /%	交易方	行业	国家
2019	中国通用技术 China General Technology（Genertec）	110	—	—	能源	匈牙利
2019	恒大集团 Evergrande Group	290	17	—	交通运输	瑞典
2019	北京汽车 Beijing Auto（BAIC）	2750	5	Daimler	交通运输	德国
2019	中国北方工业 China North Industries（Norinco）	130	—	—	交通运输	德国
2019	万华实业 Wanhua Industrial	130	—	Chematur Technologies	化学	瑞典
2019	华为 Huawei Technologies	1250	—	—	科技	意大利
2019	巨人网络 Shanghai Giant Network	270	—	Seriously	娱乐	芬兰
2019	中国远洋海运集团 China Ocean Shipping（COSCO）	670	—	—	交通运输	希腊
2019	亿帆医药 Yifan Pharmaceuticals	100	32	Bioton	健康	波兰
2019	招商局集团 China Merchants Group	420	100	KLG Europe	交通运输	荷兰
2019	Alibaba	110	100	—	物流	比利时
2019	宁德时代 Contemporary Amperex Tech	1770	—	—	交通运输	德国
2019	招商局集团 China Merchants Group	870	—	CMA CGM	物流	法国
2019	华住集团 Huazhu Hotels	780	100	Deutsche Hospitality	旅游	德国
2019	药明康德 WuXi Pharma	240	—	—	健康	爱尔兰
2019	恒大集团 Evergrande Group	150	14	—	交通运输	瑞典

续表

年份	投资方	金额 / 百万美元	股权 /%	交易方	行业	国家
2019	汇顶科技 Goodix Technology	170	—	NXP	科技	荷兰
2019	国家外汇管理局 State Administration of Foreign Exchange（SAFE）	240	4	Euroclear	金融	比利时
2019	腾讯 Tencent	3130	—	Universal Music	娱乐	法国
2019	中国铁建 China Railway Construction	280	75	Aldesa	房地产	西班牙
2019	广东文灿 Guangdong Wencan	170	62	Le Belier	金属	法国
2020	腾讯 Tencent	110	71	Funcom	娱乐	挪威
2020	闻泰科技 Wingtech	890	24	Nexperia	科技	荷兰
2020	复兴国际 Fosun	140	—	BioNTech	健康	德国
2020	复兴国际 Fosun	230	100	Bankhaus Lampe	金融	德国
2020	腾讯 Tencent	100	—	Lilium	交通运输	德国
2020	中国银行 Bank of China	180	13	Norwegian Air	交通运输	挪威
2020	恒大集团 Evergrande Group	380	18	NEVS	交通运输	瑞典
2020	字节跳动 Bytedance	500	100	—	科技	爱尔兰
2020	中国长江三峡集团 China Three Gorges	610	—	X-Elio	能源	西班牙
2020	腾讯 Tencent	330	20	Voodoo	娱乐	法国

续表

年份	投资方	金额 / 百万美元	股权 /%	交易方	行业	国家
2020	中国化工集团 China National Chemical (ChemChina)	580	100	Valagro	农业	意大利
2020	中国交通建设集团 China Communications Construction	200	23	Mota-Engil	房地产	葡萄牙
2020	华为 Huawei Technologies	240	100	—	科技	法国
2020	药明康德 WuXi AppTec	180	—	Bayer	健康	德国
2020	腾讯 Tencent	3420	—	Vivendi	娱乐	法国
2020	环旭电子 Universal Scientific Industrial	450	100	Asteelflash	科技	法国
2021	中国长江三峡集团 China Three Gorges	490	—	Corporacion Masaveu	能源	西班牙
2021	高瓴资本 Hillhouse Capital	4380	100	Philips	其他	荷兰
2021	星源材质 Shenzhen Senior Technology	290	—	—	能源	瑞典
2021	中国东方航空 China Eastern	190	—	Air France-KLM	交通运输	法国
2021	中国移动 China Mobile Communications	100	—	—	科技	德国
2021	迈瑞医疗 Mindray Medical	660	100	Hytest	健康	芬兰
2021	远景科技 Envision Energy	890	—	—	交通运输	法国

数据来源 :“中国全球投资追踪”数据库，由美国企业研究所和美国传统基金会共同设立，收录了 2005—2021 年交易金额超过 1 亿美元的中国企业对外投资重大案件。

（七）在德国部分中资企业名单

在德国部分中资企业如附表 11 所示：

附表 11　在德国的部分中资企业

序号	企业名称	序号	企业名称
1	德国五矿有限公司	29	中钢德国有限公司
2	中丝（德国）公司	30	宝钢欧洲有限公司
3	中国机械设备进出口总公司驻德国代表处	31	中国银行汉堡分行
4	通用技术欧洲德玛斯公司	32	中国工商银行汉堡分行
5	中国国际航空公司法兰克福办事处	33	中粮欧洲有限公司
6	中国东方航空公司法兰克福办事处	34	天津保税区欧洲办事处
7	中国南方航空公司法兰克福办事处	35	三利进出口有限公司
8	中石化欧洲代表处	36	上海汽车欧洲公司
9	中国银行法兰克福分行	37	上海电气集团德国沃伦贝格机床厂
10	中国农业银行法兰克福分行	38	博戈橡胶与塑料集团
11	中国工商银行法兰克福分行	39	中航国际德国公司
12	中国建设银行法兰克福分行	40	凯世曼铸造集团
13	交通银行法兰克福分行	41	安弗施无线射频系统公司
14	中国图书贸易有限公司	42	中国东方航空公司慕尼黑办事处
15	华为技术德国公司	43	一汽集团进出口公司德国分公司
16	中图总公司驻德国代表处	44	华德宇航技术有限公司
17	中国开司米有限公司	45	中兴通讯德国公司
18	中国国际航空公司柏林办事处	46	奥特发德国有限公司
19	海南航空公司柏林办事处	47	普瑞有限责任公司
20	航盛科技有限公司	48	斐讯欧洲有限公司
21	中国银行柏林分行	49	中国国际航空公司慕尼黑办事处
22	中国工商银行柏林分行	50	德国开元集团
23	中远海运欧洲公司	51	中国银行慕尼黑分行
24	中国外运长航集团德国公司	52	中国工商银行慕尼黑分行
25	中国船舶重工国际贸易有限公司汉堡代表处	53	海之宝德国公司
26	中国船舶工业贸易公司欧洲代表处	54	新特欧洲科技有限责任公司
27	中国船级社（欧洲）有限公司	55	大连华锐重工德国有限公司
28	中国检验认证集团不莱梅有限公司	56	珠江钢琴集团欧洲有限公司

（八）中国企业对德并购重点案例

2010年以后，中国投资者对德开展并购投资活动数量明显增大，且逐渐将并购的关注点从问题标的向优质资产转移，详见附表12。

附表12　中国企业对德并购重点案例

日期	德国标的公司	中国投资者
2010年6月22日	CMChemiemetall	未公开
2010年8月30日	杜克普爱华 DurkoppAdler	中捷缝纫机
2010年12月8日	埃马克机床集团 Emag Holding	江苏金昇实业
2010年12月21日	洪堡公司 KHDHumboldtWedag International	中航工业集团公司
2011年1月25日	Gustrower Warmepumpen GmbH	睿能太宇（沈阳）能源技术
2011年3月29日	威运高 VivancoGruppe	一舟集团
2011年4月3日	萨固密集团 SaarGummi International	重庆轻纺控股集团
2011年4月8日	Preh	宁波均胜汽车电子
2011年6月1日	Medion	联想集团
2011年6月16日	罗德施瓦茨公司 Rhode & Schwarz Professional Mobile Radio	海能达通信
2011年7月7日	德国KSM铸造集团 KSMCastings	中信戴卡
2011年8月9日	太阳能电站	浙江向日葵光能科技
2011年8月24日	Roth & Rau CTF Solar GmbH	未公开
2011年9月7日	Format Tresorbau Beteiligungs	多维科技控股有限公司
2011年11月9日	塞尔纳公司 Sellner und IPG Industriepalast	宁波华翔电子
2011年12月16日	VitsPrint	上海电气集团股份
2012年1月2日	Sunways	江西赛维LDK太阳能高科技
2012年1月10日	Kromberg & Schubert Group	深圳得润电子
2012年1月18日	Saunalux	安徽桑乐金

续表

日期	德国标的公司	中国投资者
2012年1月30日	普茨迈斯特公司 Putzmeister	三一重工
2012年3月13日	凯毅德 Keichert	河北凌云工业集团
2012年4月21日	施维英 Schwing Group	徐工集团
2012年9月26日	Solibro	汉能控股
2012年9月28日	蒂森克虏伯激光拼焊集团 Thyssenkrupp Tailored Blanks	武汉钢铁公司
2013年5月3日	Kugel-und Rollenlagerwerk Leipzig	瓦房店轴承集团
2013年5月4日	SpharionTechnologies	合勤科技 ZyXEL
2013年9月30日	Flex 电动工具公司 FlexPowerTools	泉峰控股有限公司
2014年1月28日	CYBEX	好孩子（香港）
2014年5月29日	海力达 Hilite	中航工业集团公司
2015年7月8日	Hauck&Aufhaeuser	复兴国际
2016年1月11日	南克劳斯玛菲集团 KraussMaffeiGroup	中国化工集团公司
2016年2月4日	EEW Energy from Waste （仍待卡特尔局批注）	背景控股
2016年2月6日	比尔芬格水处理公司 Bilfinger Water Technologies	成都天翔环境有限公司
2016年3月22日	曼兹 MANZ	上海电气集团

资料来源：参见《德勤：投资德国中国企业指南》，载 https://www.sohu.com/a/112823064_4873389，最后访问日期：2021年2月8日。

附录二 政策法规汇总

（一）中国对外投资相关政策文件（2019—2020 年）

1. 党中央政策文件

2019 年和 2020 年上半年，党中央在多项纲领性文件中部署对外投资合作工作，明确了新时期对外投资合作在全面对外开放新格局中的战略定位、发展目标、行动路径。

附表 13 党中央政策文件

发布时间	文件名称
2019 年 4 月 25 日至 27 日	《齐心开创共建“一带一路”美好未来》（第二届“一带一路”国际合作高峰论坛成果清单）
2019 年 12 月 10 日至 12 日	中央经济工作会议在北京举行
2020 年 3 月 26 日	《携手抗疫 共克时艰》
2019 年 1 月 3 日	《中共中央、国务院关于坚持农业农村优先发展做好“三农”工作的若干意见》
2019 年 1 月 21 日	《中央农村工作领导小组办公室、农业农村部关于做好 2019 年农业农村工作的实施意见》（中农发〔2019〕1 号）
2019 年 2 月 18 日	中共中央、国务院印发《粤港澳大湾区发展规划纲要》

续表

发布时间	文件名称
2019 年 4 月 7 日	《中共中央办公厅、国务院办公厅关于促进中小企业健康发展的指导意见》
2019 年 11 月 19 日	《中共中央、国务院关于推进贸易高质量发展的指导意见》
2019 年 12 月 1 日	中共中央、国务院印发《长江三角洲区域一体化发展规划纲要》
2020 年 3 月 3 日	中共中央办公厅、国务院办公厅印发《关于构建现代环境治理体系的指导意见》
2020 年 5 月 11 日	《中共中央、国务院关于新时代加快完善社会主义市场经济体制的意见》

2. 综合性政策文件

商务部、外交部、国家发展和改革委员会、科学技术部、司法部、人力资源和社会保障部、国家审计署、国务院国有资产监督管理委员会、国家市场监督管理总局、国家移民管理局、国家知识产权局等多部门颁布实施政策措施，助力构建以国内大循环为主体、国内国际双循环相互促进的新发展格局，推动对外投资合作高质量发展。

附表 14　综合性政策文件

发布时间	发布机关	文件名称
2019 年 1 月 31 日	国务院	《关于全面推进北京市服务业扩大开放综合试点工作方案的批复》（国函〔2019〕16 号）
2019 年 3 月 5 日	国务院	《政府工作报告》
2019 年 3 月 29 日	国务院	《关于落实〈政府工作报告〉重点工作部门分工的意见》（国发〔2019〕8 号）
2019 年 5 月 18 日	国务院	《关于推进国家级经济技术开发区创新提升打造改革开放新高地的意见》（国发〔2019〕11 号）
2019 年 8 月 1 日	国务院办公厅	《关于促进平台经济规范健康发展的指导意见》（国办发〔2019〕38 号）
2019 年 8 月 2 日	国务院	《关于印发 6 个新设自由贸易试验区总体方案的通知》（国发〔2019〕16 号）
2019 年 8 月 10 日	国务院办公厅	《关于印发体育强国建设纲要的通知》（国办发〔2019〕40 号）
2020 年 5 月 22 日	国务院	《政府工作报告》

续表

发布时间	发布机关	文件名称
2020年6月11日	国务院	《关于落实〈政府工作报告〉重点工作部门分工的意见》(国发〔2020〕6号)
2019年1月8日	商务部	《关于印发〈对外承包工程业务统计调查制度〉和〈对外劳务合作业务统计调查制度〉的通知》(商合函〔2019〕10号)
2019年1月8日	商务部等3部门	《关于印发〈对外直接投资统计制度〉的通知》(商合函〔2019〕3号)
2019年5月16日	商务部办公厅	《关于印发〈对外投资备案(核准)报告实施规程〉的通知》(商办合函〔2019〕176号)
2019年8月29日	商务部等19部门	《关于促进对外承包工程高质量发展的指导意见》(商合发〔2019〕273号)
2020年1月6日	商务部等8部门	《关于推动服务外包加快转型升级的指导意见》(商服贸发〔2020〕12号)
2020年2月10日	商务部办公厅	《关于加强境外经贸合作区疫情防控工作的通知》(商办合函〔2020〕49号)
2020年2月11日	商务部办公厅	《关于积极指导帮助走出去企业做好新冠肺炎疫情应对工作的通知》(商办合函〔2020〕50号)
2020年2月12日	商务部	《关于请继续做好对外承包工程领域应对新冠肺炎疫情有关工作的通知》(商合电〔2020〕102号)
2020年2月18日	商务部	《关于应对新冠肺炎疫情做好稳外贸稳外资促消费工作的通知》(商综发〔2020〕30号)
2020年2月28日	商务部、国家开发银行	《关于应对新冠肺炎疫情发挥开发性金融作用支持高质量共建“一带一路”的工作通知》(商合函〔2020〕61号)
2020年3月6日	商务部、财政部	《关于用好内外贸专项资金支持稳外贸稳外资促消费工作的通知》(商办财函〔2020〕98号)
2020年3月9日	商务部	《关于完善境外投资备案(核准)无纸化管理的通知》(商办合函〔2020〕82号)
2020年3月23日	商务部、中国进出口银行	《关于应对新冠肺炎疫情支持边境(跨境)经济合作区建设促进边境贸易创新发展有关工作的通知》
2020年4月10日	商务部等8部门	《关于进一步做好供应链创新与应用试点工作的通知》(商建函〔2020〕111号)
2019年4月15日	国家发改委、科技部	《关于构建市场导向的绿色技术创新体系的指导意见》(发改环资〔2019〕689号)

续表

发布时间	发布机关	文件名称
2019年2月12日	国家发改委等15部门	《关于印发全国投资项目在线审批监管平台投资审批管理事项统一名称和申请材料清单的通知》(发改投资〔2019〕268号)
2019年8月20日	国家发改委	《第三方市场合作指南和案例》
2020年2月25日	国家发改委等8部门	《关于加快煤矿智能化发展的指导意见》(发改能源〔2020〕283号)
2020年2月27日	国家发改委、民政部	《关于积极发挥行业协会商会作用支持民营中小企业复工复产的通知》(发改办体改〔2020〕175号)
2020年3月10日	国家发改委、农业农村部	《关于支持民营企业发展生猪生产及相关产业的实施意见》(发改农经〔2020〕350号)
2020年5月	国家发改委	《境外投资核准备案百问百答》
2019年10月9日	科学技术部	《关于组织申报2020年度发展中国家技术培训班项目的通知》(国科外〔2019〕15号)
2020年3月5日	司法部、国家外汇管理局	《关于做好律师事务所在境外设立分支机构相关管理工作的通知》(司发通〔2020〕29号)
2019年2月19日	人力资源和社会保障部	《关于实施中国—卢森堡社会保障协定的通知》(人社厅发〔2019〕36号)
2019年4月25日	审计署	《关于印发2019年度内部审计工作指导意见的通知》(审办内审发〔2019〕39号)
2019年3月1日	国务院国有资产监督管理委员会	《中央企业负责人经营业绩考核办法》(国务院国有资产监督管理委员会令第40号)
2020年6月16日	国家知识产权局	《关于进一步加强知识产权维权援助工作的指导意见》(国知发保字〔2020〕22号)

3. 财税金融政策措施

2019年以来，财政部、国家税务总局、国家外汇管理局等部门发布了一系列政策文件及配套解读，明确跨境应税活动适用的税收政策，为“走出去”纳税人境外投资经营提供法律保障，助力“走出去”企业高质量发展。

附表 15　财税金融政策措施

发布时间	发布机关	文件名称
2020 年 6 月 15 日	财政部	《〈民间非营利组织会计制度〉若干问题的解释》（财会〔2020〕9 号）
2020 年 4 月 24 日	中国人民银行等 4 部门	《关于金融支持粤港澳大湾区建设的意见》（银发〔2020〕95 号）
2019 年 1 月 3 日	国家税务总局	《关于哈萨克斯坦超额利润税税收抵免有关问题的公告》（国家税务总局公告 2019 年第 1 号）
2019 年 4 月 1 日	国家税务总局	《关于调整〈中国税收居民身份证明〉有关事项的公告》（国家税务总局公告 2019 年第 17 号）
2019 年 7 月 9 日	国家税务总局	《关于修订〈中华人民共和国政府和印度共和国政府关于对所得避免双重征税和防止偷漏税的协定〉的议定书生效执行的公告》（国家税务总局公告 2019 年第 28 号）
2019 年 12 月 6 日	国家税务总局	《关于开具〈无欠税证明〉有关事项的公告》（国家税务总局公告 2019 年第 47 号）
2019 年 12 月 9 日	国家税务总局	《关于〈中华人民共和国政府和博茨瓦纳共和国政府对所得避免双重征税和防止偷漏税的协定〉生效执行的公告》（国家税务总局公告 2019 年第 40 号）
2019 年 12 月 29 日	财政部、国家税务总局	《关于远洋船员个人所得税政策的公告》（财政部、国家税务总局公告 2019 年第 97 号）
2019 年 12 月 31 日	国家税务总局	《关于〈中华人民共和国政府和新西兰政府对所得消除双重征税和防止逃避税的协定〉及议定书生效执行的公告》（国家税务总局公告 2019 年第 50 号）
2019 年 12 月 31 日	国家税务总局	《关于〈内地和香港特别行政区关于对所得避免双重征税和防止偷漏税的安排〉第五议定书生效执行的公告》（国家税务总局公告 2019 年第 51 号）
2020 年 1 月 17 日	财政部、国家税务总局	《关于境外所得有关个人所得税政策的公告》（财政部、国家税务总局公告 2020 年第 3 号）
2020 年 4 月 8 日	国家税务总局	《关于修订〈中华人民共和国政府和智利共和国政府对所得避免双重征税和防止逃避税的协定〉的议定书生效执行的公告》（国家税务总局公告 2020 年第 7 号）
2020 年 5 月 25 日	国家税务总局	关于〈内地和澳门特别行政区关于对所得避免双重征税和防止偷漏税的安排〉第四议定书生效执行的公告》（国家税务总局公告 2020 年第 11 号）
2019 年 12 月 30 日	中国银保监会	《关于推动银行业和保险业高质量发展的指导意见》（银保监发〔2019〕52 号）

续表

发布时间	发布机关	文件名称
2019 年 3 月 21 日	证监会	《关于取消部分行政许可事项申请材料、压缩部分行政许可事项承诺办理时限的公告》(证监会公告〔2019〕9 号)
2019 年 6 月 4 日	证监会	《期货公司监督管理办法》(证监会令第 155 号)
2019 年 11 月 14 日	证监会	《H 股公司境内未上市股份申请“全流通”业务指引》(证监会公告〔2019〕22 号)
2020 年 2 月 21 日	证监会	《关于废止部分证券期货规范性文件的决定》(证监会公告〔2020〕14 号)
2020 年 3 月 3 日	证监会	《关于取消或调整证券公司部分行政审批项目等事项的公告》(证监会公告〔2020〕18 号)
2019 年 3 月 15 日	国家外汇管理局	《跨国公司跨境资金集中运营管理规定》(汇发〔2019〕7 号)
2019 年 10 月 23 日	国家外汇管理局	《关于进一步促进跨境贸易投资便利化的通知》(汇发〔2019〕28 号)
2020 年 3 月 15 日	司法部、国家外汇管理局	《关于做好律师事务所在境外设立分支机构相关管理工作的通知》(司发通〔2020〕29 号)
2020 年 4 月 10 日	国家外汇管理局	《关于优化外汇管理支持涉外业务发展的通知》(汇发〔2020〕8 号)

(二)欧盟外商投资审查法律法规

1. 外商直接投资审查相关法律法规

附表 16　外商直接投资审查相关法律法规

年份	法规名称	备注
2019	《欧洲议会和欧盟理事会关于制定欧盟外商直接投资审议条例以建立欧盟外商直接投资审查框架的规定》(《欧盟外商直接投资审查条例》) REGULATION (EU) 2019/452 OF THE EUROPEAN PARLIAMENT AND OF THE COUNCIL establishing a framework for screening of foreign direct investments into the Union	允许欧盟委员会审查(但无权否决)“影响欧盟利益”的特定投资,并向投资涉及的成员国出具无约束力的意见
2020	《欧盟成员国关于外商直接投资审查的指引》	—

2. 传统反垄断规制相关法律法规

附表 17 传统反垄断规制相关法律法规

年份	法规名称	备注
1957	《欧洲经济共同体条约》 Treaty Establishing the European Economic Community	（第 81 条禁止限制竞争协议、第 82 条禁止滥用市场支配地位）
1962	《第 17 号理事会条例》 Council Regulation（EC）No. 17/1062	反竞争行为 / 滥用市场支配地位（欧盟第一部执行《欧共体条约》第 81 条和第 82 条的条例）
1989	《第 4064/89 号关于企业并购控制的理事会条例》 Council Regulation（EEC）No. 4064/89 on the control of concentrations between undertakings	合并（规制在欧盟范围内造成影响的企业并购）
2001	《关于第 4064/89 号理事会条例和第 447/89 号欧委会条例中可接受的补偿的欧委会通知》 Commission Notice on remedies acceptable under Council Regulation（EEC）No. 4064/89 and under Commission Regulation（EC）No. 447/98	合并
2002	《关于实施条约第 81 条和第 82 条制定的竞争规则的（EC）第 1/2003 号理事会条例》 Council Regulation（EC）No. 1/2003 on the implementation of the rules on competition laid down in Articles 81 and 82 of the Treaty	反竞争行为 / 滥用市场支配地位（规定欧盟委员会执行欧共体第 81 条和第 82 条的程序性框架，授权成员国的竞争监管机构和成员国法院实施欧盟竞争法）
2004	《关于企业合并控制的第 139/2004 号条例》 Commission Regulation（EC）No. 139/2004 on the Control of Concentration between Undertakings	合并（明确了企业合并的审查标准及程序）
2004	《关于在欧共体条约第 81、82 条下处理申诉的委员会通告》 Commission Notice on the handling of complaints by the Commission under Articles 81 and 82 of the EC Treaty	反竞争行为 / 滥用市场支配地位
2004	《关于在欧盟竞争网络中互相合作的通知》 Commission Notice on cooperation within the Network of Competition Authorities	欧盟与成员国反垄断主管机构管辖权划分

续表

年份	法规名称	备注
2004	《关于欧盟委员会根据欧共体条约第 81、82 条调查程序的第 773/2004 号协议》 Commission Regulation（EC）No. 773/2004 of 7 April 2004 relating to the conduct of proceedings by the Commission pursuant to Articles 81 and 82 of the EC Treaty	反竞争行为 / 滥用市场支配地位
2004	《关于实施条约第 81（3）条的指南》 Guidelines on the application of Article 81（3）of the Treaty.（2004/C 101/08）	反竞争行为 / 滥用市场支配地位（若企业符合第 81 条第 3 款的豁免标准，行为自动有效，无须取决于任何行政决定）
2004	《关于在控制企业并购的理事会条例下横向合并评估指南》 Guidelines on the assessment of horizontal mergers under the Council Regulation on the control of concentrations between undertakings	合并（当委员会能够在充分证据的基础上得出结论，认为合并所产生的效率能够抵消合并可能对竞争所产生的不利影响）
2004	《关于欧共体合并控制行为程序的最佳实践指南》 Best Practices on the conduct of EC merger control proceedings	合并（举行申报前会议和专门会议，使双方有机会寻找有效的补救性措施）
2004	《关于执行〈关于控制企业集中的（EC）第 139/2004 号理事会条例〉第 802/2004 号委员会条例及其附件》 Commission Regulation（EC）No. 802/2004 of 7 April 2004 implementing Council Regulation（EC）No. 139/2004 on the control of concentrations between undertakings	合并（包括 CO 申报表、简化 CO 申报表和简化 RS 申报表）
2005	《关于经营者集中案件转介的通知》 Commission Notice on case referral in respect of concentrations，OJ C56，05.03.2005，p. 2 - 23	合并（转介机制）
2013	《欧委会关于第 139/2004 号理事会条例中处理某些企业并购的简化程序的通知》 Commission Notice on a simplified procedure for treatment of certain concentrations under Council Regulation（EC）No. 139/2004（2013/C 366/04）	合并

续表

年份	法规名称	备注
2020	欧盟委员会和英国竞争和市场监督管理局（CMA）均发布了过渡期结束后英国脱欧对竞争法（包括合并控制）影响的最终指南 European Commission，"Commission Notice to stakeholders：Withdrawal of the United Kingdom and EU rules in the field of competition law"，Rev. 1，2 December 2020；CMA，"Guidance on the functions of the CMA after the end of the Transition Period"，CMA 125，1 December 2020	合并
2021	《关于〈合并控制条例〉第 22 条规定的转接申请机制的指南》 Commission Guidance on the application of the referral mechanism set out in Article 22 of the Merger Regulation to certain categories of cases	合并（转介机制，允许各成员国将未达本国经营者集中申报门槛的交易转介到欧委会进行审查）

3. 数字市场反垄断规制相关法律法规

附表 18　数字市场反垄断规制相关法律法规

年份	法规名称	备注
2020	《数字服务法》	对具有重大网络影响力的大型互联网平台（看门人）的数据垄断行为实施事前监督
2020	《数字市场法》	适用于几乎所有提供互联网服务的企业，旨在加强网上违法内容和商品的打击力度

4. 外国补贴监管相关法律法规

附表 19　外国补贴监管相关法律法规

日期	法规名称	备注
2020 年 6 月 17 日	针对外国财政补贴的《白皮书》 WHITE PAPER on levelling the playing field as regards foreign subsidies	专门针对外国财政补贴，填补欧盟当前的监管漏洞
2020 年 10 月	《初步影响分析》	欧盟委员会立法过程中的又一进展

续表

日期	法规名称	备注
	《有关更新工业战略的报告》	宣布了减少对战略性技术和工业依赖的计划。在欧盟认定依赖的产品中，超过 50% 的产品的原产国为中国
2021 年 5 月 5 日	欧盟委员会发布了《外国政府补贴条例（草案）》 Proposal for a Regulation of the European Parliament and the Council on foreign subsidies distorting and internal market	授权欧盟委员会调查扭曲欧盟内部市场的外国补贴（非欧盟政府给予的补贴），并纠正这种扭曲
2021 年 5 月 5 日	《影响评估报告》 IMPACT ASSESSMENT Accompanying the Proposal for a Regulation of the European Parliament and of the Council on foreign subsidies distorting the internal market	

5. 个人数据安全

附表 20　个人数据安全规范

日期	法规名称	备注
2016 年 4 月 27 日	《一般数据保护条例》 Corrigendum to Regulation（EU）2016/679 of the European Parliament and of the Council of 27 April 2016 on the protection of natural persons with regard to the processing of personal data and on the free movement of such data，and repealing Directive 95/46/EC（General Data Protection Regulation）	2018 年 5 月 25 日正式实行，通过对个人数据的处理进行规范与约束，以保护个人数据权利
2016 年 4 月 27 日	《2016/680 指令》 Directive（EU）2016/680 of the European Parliament and of the Council of 27 April 2016 on the protection of natural persons with regard to the processing of personal data by competent authorities for the purposes of the prevention，investigation，detection or prosecution of criminal offences or the execution of criminal penalties，and on the free movement of such data，and repealing Council Framework Decision 2008/977/JHA	适用于主管机构为预防、调查、侦查或起诉刑事犯罪或执行刑事处罚而进行的个人数据处理。指令于 2016 年 5 月 5 日生效，必须转化为欧盟成员国的立法，才能在 2018 年 5 月 6 日之前完全适用

续表

日期	法规名称	备注
2018年10月23日	《2018/1725条例》 Regulation (EU) 2018/1725 of the European Parliament and of the Council of 23 October 2018 on the protection of natural persons with regard to the processing of personal data by the Union institutions, bodies, offices and agencies and on the free movement of such data, and repealing Regulation (EC) No. 45/2001 and Decision No. 1247/2002/EC	于2018年12月11日生效，规定了适用于欧盟机构的数据保护规则

附表21　欧盟数据保护委员会（EDPB）2020年新规

发布时间	文件名称
2020年1月28日	《关于处理车联网有关应用中的个人数据的第01/2020号指南》 01/2020 Guidelines 01/2020 on processing personal data in the context of connected vehicles and mobility related applications
2020年12月15日	《关于2016/679号条例第46（2）（a）条和第46（3）（b）条在欧盟和非欧盟公共机构之间个人数据传输的第02/2020号指南》 Guidelines 02/2020 on Arts. 46 (2) (a) and 46 (3) (b) of Regulation 2016/679 for transfers of personal data between EEA and non-EEA public authorities and bodies
2020年	《关于为新冠疫情背景下的科学研究目的处理健康数据的第03/2020号指南》 Guidelines 03/2020 on the processing of data concerning health for the purpose of scientific research in the context of the COVID-19 outbreak
2020年	《关于在新冠疫情中使用位置数据和接触者追踪工具的第04/2020号指南》 Guidelines 04/2020 on the use of location data and contact tracing tools in the context of the COVID-19 outbreak
2020年5月4日	《关于2016/679号条例项下同意条款的第05/2020号指南》 Guidelines 05/2020 on consent under Regulation 2016/679
2020年7月17日	《关于〈支付服务指令Ⅱ〉和GDPR的协调适用关系的第06/2020号指南》 Guidelines 06/2020 on the interplay with the Second Payments Services Directive and the GDPR
2020年9月2日	《关于GDPR中数据控制者和数据处理者概念的第07/2020号指南》 Guidelines 07/2020 on the concepts of controller and processor in the GDPR
2020年9月2日	《关于社交媒体用户提供定向服务的第08/2020号准则》 Guidelines 08/2020 on the targeting of social media users

续表

发布时间	文件名称
2020 年 10 月 8 日	《关于 2016/679 号条例项下的相关和合理异议的第 09/2020 号指南》 Guidelines 09/2020 on relevant and reasoned objection under Regulation 2016/679
2020 年 12 月 15 日	《关于 GDPR 第 23 条项下的限制主体权利的第 10/2020 号指南》 Guidelines 10/2020 on restrictions under Art.23 GDPR
2020 年	《关于采取传输工具补充措施以确保符合欧盟个人数据保护水平的第 01/2020 号建议》 Recommendations 01/2020 on measures that supplement transfer tools to ensure compliance with the EU level of protection of personal data supplementary measures
2020 年	《针对监控措施的关于欧盟重要保障的第 02/2020 号建议》 Recommendations 02/2020 on the European Essential Guarantees for surveillance measures
2020 年 1 月 29 日	《关于通过视频设备处理个人数据的第 03/2019 号指南》 Guidelines 03/2019 on processing personal data through video devices
2020 年 7 月 7 日	《关于 GDPR 下搜索引擎案件中被遗忘权认定标准的第 05/2019 号指南（第 1 部分）》 Guidelines 05/2019 on the criteria of the Right to be Forgotten in the search engines cases under GDPR（part1）
2020 年 10 月 20 日	《关于 GDPR 第 25 条的设计和默认隐私保护 2.0 的第 04/2019 号指南》 Guidelines 04/2019 on Art.25 GDPR Data Protection by Design and by Default Version 2.0

资料来源：https://edpb.europa.eu/system/files/2021-06/edpb_aar_2020_final_27.05.21.pdf，最后访问日期：2022 年 2 月 16 日。

（三）欧盟成员国外商直接投资审查政策

附表 22　欧盟成员国外商直接投资审查政策（2020—2021 年第一季度）

国家	投资政策 / 措施	备注
奥地利	《投资控制法》	取代此前《对外贸易法》下适用的外商直接投资审查制度，扩大了对 FDI 的事先批准要求。该法引入了对外国投资商业活动的审查，包括药品、疫苗、医疗设备和个人防护设备的研发；卫生领域的关键基础设施；药品和疫苗、医疗设备和个人防护设备的供应（包括这些领域的研发）；生物技术
芬兰	《外国公司并购审查法》新修	使芬兰的投资审查机制与 2019 年《欧盟外商直接投资审查条例》相一致，该条例为此类机制引入了共同标准

续表

国家	投资政策 / 措施	备注
法国	《修订外资审查办法》	将生物技术增补至需要外商直接投资审查的行业名单，降低了需要政府事先审查的外国并购门槛，即外资占比从 25% 降至 10%。法国外商直接投资审查制度的这一临时改变（最初计划在 2020 年 12 月 31 日截止）已被延长至 2021 年年底
德国	《对外贸易和支付条例》新修	规定外国对研发、制造或生产用于治疗高度传染性疾病的疫苗、药品、保护性医疗设备和其他医疗用品的德国公司的并购涉及 10% 的控股权时，必须事先获得政府批准。 在执行 2019 年《欧盟外商直接投资审查条例》时，将外国并购审查的范围扩大至“可能损害”公共秩序或安全的领域,取代了此前的“实际风险”评估
立陶宛	加强国家安全审查机制	使立陶宛的投资审查机制与 2019 年《欧盟外商直接投资审查条例》相一致，还扩大了被认为与国家安全有关的行业和实体名单，包括放射性废物处理公司、5G 服务提供商和基础设施开发商、安全公共数据传输网络、公共安全和应急服务、数字移动无线电通信网络运营商和特定的发电公司
马耳他	外商投资审查	成立了国家外商投资审查办公室，负责执行 2019 年《欧盟外商直接投资审查条例》
荷兰	《电信部门不良控制法》新修	为涉及电信供应商的并购引入了审查机制。任何计划收购电信供应商控制权的投资者均应提前 8 周通知相关部委
波兰	强制审批制度	要求来自欧洲经济区（EEA）以外国家的外国投资者在某些条件下进行国内收购时必须事先获得波兰竞争管理局主席的许可
罗马尼亚	国家安全审查制度	允许当局以国家安全为由拒绝向非欧盟实体授予油田的勘探、开发和开采特许权
斯洛文尼亚	临时审查机制	引入了临时审查机制，涵盖涉及特定部门或经营活动的外国投资。例如，卫生领域的关键基础设施、关键技术和两用物品，包括生物技术；卫生、医疗和制药技术；关键资源的供应，其中也包括医疗和防护设备
西班牙	外商直接投资审查制度	暂停了外商投资自由化制度，因为新冠肺炎疫情威胁到了包括位于战略部门的上市和非上市西班牙公司。现在，包括关键基础设施、核心技术、媒体和食品安全领域在内的特定部门，外国收购 10% 或以上的股权都需要获得政府批准
捷克	重建外商直接投资审查制度	根据欧盟关于外商直接投资审查的指导意见，推出了新的外商直接投资审查机制。根据这项新的条例，任何非欧盟投资者在拥有捷克公司的有效控制权之前必须获得许可

续表

国家	投资政策 / 措施	备注
斯洛伐克	新建外商直接投资审查制度	任何对关键基础设施运营超过 10% 的股份或投票权的收购，都可能会因存在威胁公共秩序或国家安全的可能性而受到审查。政府否决并购的权力适用于包括运输、信息和通信技术、能源、采矿、邮政服务、制药和化工、冶金、保健、水和卫生、金融和农业在内的一系列部门
英国	《国家安全与投资法案》	新的法律旨在获得位于被政府确定为敏感部门的公司或资产的控制权的企业引入了单独的投资审查制度

（四）融资方式法律法规

1. 内保外贷

附表 23　内保外贷规范

颁布日期	发布部门	文件名称
2014 年 5 月 12 日	国家外汇管理局	《跨境担保外汇管理规定》（汇发〔2014〕29 号） 附件 2《跨境担保外汇管理操作指引》
2017 年 1 月 11 日	中国人民银行	《关于全口径跨境融资宏观审慎管理有关事宜的通知》（银发〔2017〕9 号）
2017 年 1 月 18 日	国家外汇管理局	《关于进一步推进外汇管理改革完善真实合规性审核的通知》（汇发〔2017〕3 号）
2017 年 11 月 24 日	国家外汇管理局	《关于完善银行内保外贷外汇管理的通知》（汇综发〔2017〕108 号）

2. 境内并购贷款

附表 24　境内并购贷款规范

颁布日期	发布部门	文件名称
2014 年 3 月 7 日	国务院	《关于进一步优化企业兼并重组市场环境的意见》（国发〔2014〕14 号）
2015 年 2 月 10 日	原中国银行业监督管理委员会	《商业银行并购贷款风险管理指引》（银监发〔2015〕5 号）

3. 境外发债

附表 25　境外发债规范

颁布日期	发布部门	文件名称	备注
2013 年 4 月 28 日	国家外汇管理局	《外债登记管理办法》（汇发〔2013〕19 号）（已被修订）	直接发债模式
2015 年 9 月 14 日	国家发展和改革委员会	《关于推进企业发行外债备案登记制管理改革的通知》（发改外资〔2015〕2044 号）	外债事前备案登记制
2016 年 4 月 26 日	国家外汇管理局	《关于进一步促进贸易投资便利化完善真实性审核的通知》（汇发〔2016〕7 号）	
2017 年 1 月 13 日	中国人民银行	《关于全口径跨境融资宏观审慎管理有关事宜的通知》（银发〔2017〕9 号）	直接发债模式
2018 年 5 月 11 日	国家发展和改革委员会、财政部	《关于完善市场约束机制严格防范外债风险和地方债务风险的通知》（发改外资〔2018〕706 号）[1]	房地产企业境外发债资金用途
2020 年 2 月 4 日	国家发展和改革委员会	《关于企业申请延长外债备案登记证明有效期事宜的指引》	外债事前备案登记制

〔1〕 国家发展和改革委员会负责人就该通知答记者问中进一步明确，引导规范房地产企业境外发债资金投向，房地产企业境外发债主要用于偿还到期债务，避免产生债务违约，限制房地产企业外债资金投资境内外房地产项目、补充运营资金等，并要求企业提交资金用途承诺。

4. 并购基金

附表 26　并购基金规范

颁布日期	发布部门	文件名称	备注
2014 年 8 月 21 日	证监会	《私募投资基金监督管理暂行办法》	将私募证券基金、私募股权基金等均纳入监管，确定了私募基金登记备案、合格投资者、资金募集、投资运作、行业自律、监督管理等方面的具体要求
2015 年 4 月 24 日	全国人大常委会	《证券投资基金法》	首次将非公开募集基金纳入调整范围，单设“非公开募集基金”章节。但是，由于主要监管对象是公募基金，仅对私募证券基金作了原则性规定
2016 年 7 月 15 日	中国证券投资基金业协会	《证券期货经营机构私募资产管理业务运作管理暂行规定》	“新八条底线”，主要涉及私募证券投资基金

续表

颁布日期	发布部门	文件名称	备注
2017 年 8 月 30 日	原国务院法制办公室	《私募投资基金管理暂行条例（征求意见稿）》	正式稿尚未出台。一旦正式生效，效力仅次于《证券投资基金法》，被称为私募基金的上位法
2018 年 4 月 27 日	央行、银保监会、证监会、外管局	《关于规范金融机构资产管理业务的指导意见》	“资管新规”。私募投资基金适用私募投资基金专门法律、行政法规，私募投资基金专门法律、行政法规中没有明确规定的适用本意见
2020 年 10 月 30 日	证监会	《证券期货投资者适当性管理办法》	首部投资者保护的专项规章，私募管理人也适用
2020 年 12 月 30 日	证监会	《关于加强私募投资基金监管的若干规定》	证监会第一次发布的专门针对私募基金的此类规定，更加全面地规范了私募基金业务

（五）中国与欧洲国家双边投资协定

附表 27　中国与欧洲国家双边投资协定规范

序号	国家	名称	签署日期	生效日期	备注
1	瑞典	中华人民共和国政府和瑞典王国政府关于相互保护投资的协定	1982 年 3 月 29 日	1982 年 3 月 29 日	
		中华人民共和国政府和瑞典王国政府关于修改一九八二年三月二十九日《中华人民共和国政府和瑞典王国政府关于相互保护投资的协定》的议定书	2004 年 9 月 27 日	2004 年 9 月 27 日	议定书
2	德国	中华人民共和国和德意志联邦共和国关于促进和相互保护投资的协定及议定书	1983 年 10 月 7 日	1985 年 3 月 18 日	已变更
		中华人民共和国和德意志联邦共和国关于促进和相互保护投资的协定及议定书	2003 年 12 月 1 日	2005 年 11 月 11 日	重新签订
3	法国	中华人民共和国政府和法兰西共和国政府关于相互鼓励和保护投资的协定	1984 年 5 月 30 日	1985 年 3 月 19 日	
		中华人民共和国政府和法兰西共和国政府关于相互促进和保护投资的协定	2007 年 11 月 26 日	2010 年 8 月 20 日	重新签订

续表

序号	国家	名称	签署日期	生效日期	备注
4	比利时与卢森堡	中华人民共和国政府和比利时—卢森堡经济联盟关于相互鼓励和保护投资协定及议定书	1984 年 6 月 4 日	1986 年 10 月 5 日	
		中华人民共和国政府和比利时—卢森堡经济联盟关于相互促进和保护投资的协定	2005 年 6 月 6 日	2009 年 12 月 1 日	重新签订
5	芬兰	中华人民共和国政府和芬兰共和国政府关于保护投资的协定及议定书	1984 年 9 月 4 日	1986 年 1 月 26 日	
		中华人民共和国政府和芬兰共和国政府关于鼓励和相互保护投资协定及议定书	2004 年 11 月 15 日	2006 年 11 月 15 日	重新签订
6	挪威	中华人民共和国政府和挪威王国政府关于相互保护投资的协定及议定书	1984 年 11 月 21 日	1985 年 7 月 10 日	
7	意大利	中华人民共和国政府和意大利共和国政府关于鼓励和相互保护投资协定及议定书	1985 年 1 月 28 日	1987 年 8 月 28 日	
8	丹麦	中华人民共和国政府和丹麦王国政府关于鼓励和相互保护投资协定	1985 年 4 月 29 日	1985 年 4 月 29 日	
9	荷兰	中华人民共和国和荷兰王国关于相互鼓励和保护投资协定及议定书	1985 年 6 月 17 日	1987 年 2 月 1 日	
		中华人民共和国政府和荷兰王国政府关于鼓励和相互保护投资协定	2001 年 11 月 26 日	2004 年 8 月 1 日	重新签订
10	奥地利	中华人民共和国和奥地利共和国关于促进和相互保护投资协定及议定书	1985 年 9 月 12 日	1986 年 10 月 11 日	
11	英国	中华人民共和国政府和大不列颠及北爱尔兰联合王国政府关于促进和相互保护投资协定	1986 年 5 月 15 日	1986 年 5 月 15 日	
12	瑞士	中华人民共和国政府和瑞士联邦政府关于相互促进和保护投资协定及议定书	1986 年 11 月 12 日	1987 年 3 月 18 日	
		中华人民共和国政府和瑞士联邦委员会关于促进和相互保护投资协定及其议定书	2009 年 1 月 27 日	2010 年 4 月 13 日	重新签订

续表

序号	国家	名称	签署日期	生效日期	备注
13	波兰	中华人民共和国政府和波兰人民共和国政府关于相互鼓励和保护投资协定	1988 年 6 月 7 日	1989 年 1 月 8 日	
14	保加利亚	中华人民共和国政府和保加利亚人民共和国政府关于相互鼓励和保护投资协定	1989 年 6 月 27 日	1994 年 8 月 21 日	
		中华人民共和国政府和保加利亚共和国政府关于《中华人民共和国政府和保加利亚人民共和国政府关于相互鼓励和保护投资协定》的附加议定书	2007 年 6 月 26 日	2007 年 11 月 10 日	附加议定书
15	俄罗斯	中华人民共和国政府和俄罗斯联邦政府关于促进和相互保护投资协定及议定书	2006 年 11 月 9 日	2009 年 5 月 1 日	
16	匈牙利	中华人民共和国和匈牙利共和国关于鼓励和相互保护投资协定	1991 年 5 月 29 日	1993 年 4 月 1 日	
17	捷克和斯洛伐克	中华人民共和国政府与捷克和斯洛伐克联邦共和国政府关于促进和相互保护投资协定	1991 年 12 月 4 日	1992 年 12 月 1 日	
	斯洛伐克	中华人民共和国政府和斯洛伐克共和国政府关于《中华人民共和国政府和捷克和斯洛伐克联邦共和国政府关于促进和相互保护投资协定》的附加议定书	2005 年 12 月 7 日	2007 年 5 月 25 日	附加议定书
18	葡萄牙	中华人民共和国政府和葡萄牙共和国政府关于鼓励和相互保护投资协定	1992 年 2 月 3 日	1992 年 12 月 1 日	
		中华人民共和国和葡萄牙共和国关于促进和相互保护投资的协定及议定书	2005 年 12 月 9 日	2008 年 7 月 26 日	重新签订
19	西班牙	中华人民共和国和西班牙王国关于相互鼓励和保护投资协定	1992 年 2 月 6 日	1993 年 5 月 1 日	
		中华人民共和国和西班牙王国关于促进和相互保护投资的协定及议定书	2005 年 11 月 14 日	2008 年 7 月 1 日	重新签订
20	希腊	中华人民共和国政府和希腊共和国政府关于鼓励和相互保护投资协定	1992 年 6 月 25 日	1993 年 12 月 21 日	

续表

序号	国家	名称	签署日期	生效日期	备注
21	乌克兰	中华人民共和国政府和乌克兰政府关于鼓励和相互保护投资协定	1992年10月31日	1993年5月29日	
22	摩尔多瓦	中华人民共和国政府和摩尔多瓦共和国政府关于鼓励和相互保护投资协定	1992年11月6日	1995年3月1日	
23	白俄罗斯	中华人民共和国政府和白俄罗斯共和国政府关于鼓励和相互保护投资协定	1993年1月11日	1995年1月14日	
24	阿尔巴尼亚	中华人民共和国政府和阿尔巴尼亚共和国政府关于鼓励和相互保护投资协定	1993年2月13日	1995年9月1日	
25	克罗地亚	中华人民共和国政府和克罗地亚共和国政府关于鼓励和相互保护投资协定	1993年6月7日	1994年7月1日	
26	爱沙尼亚	中华人民共和国政府和爱沙尼亚共和国政府关于促进和相互保护投资协定	1993年9月2日	1994年2月25日	
27	斯洛文尼亚	中华人民共和国政府和斯洛文尼亚共和国政府关于鼓励和相互保护投资协定	1993年9月13日	1995年1月1日	
28	立陶宛	中华人民共和国政府和立陶宛共和国政府关于鼓励和相互保护投资协定	1993年11月8日	1994年6月1日	
29	冰岛	中华人民共和国政府和冰岛共和国政府关于促进和相互保护投资协定	1994年3月31日	1997年3月1日	
30	罗马尼亚	中华人民共和国政府和罗马尼亚政府关于鼓励和相互保护投资协定	1994年7月12日	1995年9月1日	
		关于《中华人民共和国政府和罗马尼亚政府关于鼓励和相互保护投资协定》	2007年4月16日	2008年9月1日	附加议定书
31	南斯拉夫	中华人民共和国政府和南斯拉夫联盟共和国政府关于相互鼓励和保护投资协定	1995年12月18日	1996年9月12日	由塞尔维亚承接
32	马其顿	中华人民共和国政府和北马其顿共和国政府关于鼓励和相互保护投资协定	1997年6月9日	1997年11月1日	
33	马耳他	中华人民共和国政府和马耳他政府关于促进和保护投资的协定	2009年2月22日	2009年4月1日	

续表

序号	国家	名称	签署日期	生效日期	备注
34	塞浦路斯	中华人民共和国政府和塞浦路斯共和国政府关于相互促进和保护投资协定及议定书	2001 年 1 月 15 日	2002 年 4 月 29 日	
35	拉脱维亚	中华人民共和国政府和拉脱维亚共和国政府关于促进和保护投资的协定及议定书	2004 年 4 月 15 日	2006 年 1 月 2 日	

资料来源：参见《我国对外签订双边投资协定一览表》，载 http://tfs.mofcom.gov.cn/article/Nocategory/201111/20111107819474.shtml，最后访问日期：2022 年 3 月 30 日。

（六）中国与欧洲国家税收协定

附表 28　中国与欧洲国家税收协定

序号	国家或地区	签署日期	生效日期	执行日期
1	法国	1984 年 5 月 30 日	1985 年 2 月 21 日	1986 年 1 月 1 日
	法国	2013 年 11 月 26 日	2014 年 12 月 28 日	2015 年 1 月 1 日
2	英国	1984 年 7 月 26 日	1984 年 12 月 23 日	1985 年 1 月 1 日
	英国	2011 年 6 月 27 日	2013 年 12 月 13 日	中：2014 年 1 月 1 日； 英：所得税和财产收益税 2014 年 4 月 6 日，公司税 2014 年 4 月 1 日
3	比利时	1985 年 4 月 18 日	1987 年 9 月 11 日	1988 年 1 月 1 日
	比利时	2009 年 10 月 7 日	2013 年 12 月 29 日	2014 年 1 月 1 日
4	德国[1]	1985 年 6 月 10 日	1986 年 5 月 14 日	1985 年 1 月 1 日
	德国	2014 年 3 月 28 日	2016 年 4 月 6 日	2017 年 1 月 1 日
5	挪威	1986 年 2 月 25 日	1986 年 12 月 21 日	1987 年 1 月 1 日
6	丹麦	1986 年 3 月 26 日	1986 年 10 月 22 日	1987 年 1 月 1 日
	丹麦	2012 年 6 月 16 日	2012 年 12 月 27 日	2013 年 1 月 1 日
7	芬兰	1986 年 5 月 12 日	1987 年 12 月 18 日	1988 年 1 月 1 日
	芬兰	2010 年 5 月 25 日	2010 年 11 月 25 日	2011 年 1 月 1 日
8	瑞典	1986 年 5 月 16 日	1987 年 1 月 3 日	1987 年 1 月 1 日

续表

序号	国家或地区	签署日期	生效日期	执行日期
9	意大利	1986年10月31日	1989年11月14日	1990年1月1日
	意大利	2019年3月23日	尚未生效	
10	荷兰	1987年5月13日	1988年3月5日	1989年1月1日
	荷兰	2013年5月31日	2014年8月31日	2015年1月1日
11	捷克斯洛伐克（适用于斯洛伐克）[2]	1987年6月11日	1987年12月23日	1988年1月1日
12	波兰	1988年6月7日	1989年1月7日	1990年1月1日
13	南斯拉夫（适用于波斯尼亚和黑塞哥维那）[3]	1988年12月2日	1989年12月16日	1990年1月1日
14	保加利亚	1989年11月6日	1990年5月25日	1991年1月1日
15	瑞士	1990年7月6日	1991年9月27日	1990年1月1日
	瑞士	2013年9月25日	2014年11月15日	2015年1月1日
16	塞浦路斯	1990年10月25日	1991年10月5日	1992年1月1日
17	西班牙	1990年11月22日	1992年5月20日	1993年1月1日
	西班牙	2018年11月28日	2021年5月2日	非源泉扣缴税收2022年1月1日；其他税收2021年5月2日
18	罗马尼亚	1991年1月16日	1992年3月5日	1993年1月1日
	罗马尼亚	2016年7月4日	2017年6月17日	2018年1月1日
19	奥地利	1991年4月10日	1992年11月1日	1993年1月1日
20	匈牙利	1992年6月17日	1994年12月31日	1995年1月1日
21	马耳他	1993年2月2日	1994年3月20日	1995年1月1日
	马耳他	2010年10月18日	2011年8月25日	2012年1月1日
22	卢森堡	1994年3月12日	1995年7月28日	1996年1月1日
23	俄罗斯	1994年5月27日	1997年4月10日	1998年1月1日
	俄罗斯	2014年10月13日	2016年4月9日	2017年1月1日

续表

序号	国家或地区	签署日期	生效日期	执行日期
24	克罗地亚	1995年1月9日	2001年5月18日	2002年1月1日
25	白俄罗斯	1995年1月17日	1996年10月3日	1997年1月1日
26	斯洛文尼亚	1995年2月13日	1995年12月27日	1996年1月1日
27	乌克兰	1995年12月4日	1996年10月18日	中：1997年1月1日 企业所得税：1997年1月1日
28	冰岛	1996年6月3日	1997年2月5日	1998年1月1日
29	立陶宛	1996年6月3日	1996年10月18日	1997年1月1日
30	拉脱维亚	1996年6月7日	1997年1月27日	1998年1月1日
31	南斯拉夫联盟（适用于塞尔维亚和黑山）[4]	1997年3月21日	1998年1月1日	1998年1月1日
32	马其顿	1997年6月9日	1997年11月29日	1998年1月1日
33	葡萄牙	1998年4月21日	2000年6月7日	2001年1月1日
34	爱沙尼亚	1998年5月12日	1999年1月8日	2000年1月1日
35	爱尔兰	2000年4月19日	2000年12月29日	中：:2001年1月1日
36	摩尔多瓦	2000年6月7日	2001年5月26日	2002年1月1日
37	希腊	2002年6月3日	2005年11月1日	2006年1月1日
38	阿尔巴尼亚	2004年9月13日	2005年7月28日	2006年1月1日
39	捷克	2009年8月28日	2011年5月4日	2012年1月1日

〔1〕中国政府于1985年6月10日、1987年6月8日先后与德意志联邦共和国、德意志民主共和国政府签订避免对所得和财产双重征税协定、避免对所得双重征税和防止偷漏税协定。1990年10月3日，德意志联邦共和国与德意志民主共和国统一为德意志联邦共和国，中国政府于1985年6月10日与德意志联邦共和国政府签订的避免对所得和财产双重征税协定继续适用于中国和统一以后的德意志联邦共和国。

〔2〕中国政府于1987年6月11日与捷克斯洛伐克社会主义共和国政府签订避免对所得双重征税和防止偷漏税协定。1990年，捷克斯洛伐克社会主义共和国先后改国名为捷克斯洛伐克联邦共和国、捷克和斯洛伐克联邦共和国，上述协定继续适用。1993年1月1日，捷克和斯洛伐克联邦共和国分解为捷克共和国和斯洛伐克共和国，上述协定继续适用于中国和上述两国。2009年8月28日，中国政府与捷克共和国政府签订避免对所得双重征税和防止偷漏税协定，该协定适用于捷克共和国。

〔3〕中国政府于1988年12月2日与南斯拉夫社会主义联邦共和国议会联邦执行委员会（南斯拉夫政府）签订避免对所得和财产双重征税协定，后来南斯拉夫解体，据外交部，该协定由解体后

的各国继承，后来中国政府陆续与解体后的各国政府签订避免对所得和财产双重征税协定，仅有波斯尼亚和黑塞哥维那政府未单独签订，上述协定继续适用于中国和波斯尼亚和黑塞哥维那。

〔4〕 中国政府于1997年3月21日与南斯拉夫联盟共和国联盟政府（南斯拉夫联盟政府）签订避免对所得和财产双重征税协定。2003年2月4日，南斯拉夫联盟共和国改国名为塞尔维亚和黑山共和国，上述协定继续适用。2006年6月3日，塞尔维亚和黑山共和国分解为塞尔维亚共和国和黑山共和国，上述协定继续适用于中国和上述两国。

（七）中德双边协定和协议

中国同德国签署的多项双边协定和协议，请见附表29。

附表29 中德双边协定和协议

序号	签署时间/年	协定名称
1	1979	《中德两国政府经济合作协定》
2	1982	《中德两国政府技术合作协定》
3	1983	《中德关于促进和相互保护投资的协定》
4	1985	《中德两国政府财政合作协定》 《中德避免双重征税协定》
5	2000	新《中德两国政府经济合作协定》 《中德基础设施合作谅解备忘录》
6	2001	《中德社会保险协定》
7	2003	新《中德关于促进和相互保护投资的协定》
8	2004	《中国国家发展和改革委员会与德国经济与劳动部关于在中小企业领域加强合作的谅解备忘录》
9	2006	《关于在中德经济技术合作论坛框架下开展医药经济和生物技术合作的框架协议》
10	2007	《中华人民共和国国家发展和改革委员会与德意志联邦共和国联邦经济和技术部关于在中德经济技术合作论坛框架下成立能源工作组的框架协议和关于在中德经济技术合作论坛框架下成立环保技术和循环经济工作组的框架协议》
11	2009	《中德关于共同努力稳定世界经济形势的联合声明》

续表

序号	签署时间 / 年	协定名称
12	2010	《关于加强中德服务企业合作的联合声明》 《关于共同支持建立中德生态园的谅解备忘录》 《关于开展出口信贷机构合作的谅解备忘录》 《关于加强经济技术合作的联合意向声明》
13	2011	《关于便利和促进中德双向投资的联合声明》 《关于成立中德标准化合作委员会的联合声明》 《关于建筑节能与低碳生态城市建设技术合作谅解备忘录》 《关于开展动力电池回收利用领域合作的谅解备忘录》
14	2012	《关于进一步促进双向投资的联合声明》 《关于建立中德经济顾问委员会的联合声明》 《关于汽车燃料经济性领域合作的谅解备忘录》 《关于拓展在电动汽车和气候保护方面合作的联合声明》 《关于在半导体照明技术领域合作的联合声明》
15	2013	《关于为中德企业开展投资合作提供法律支持的联合声明》 《关于在节能和提高能效领域加强合作的联合声明》 《关于深化农业领域合作意向的联合声明》
16	2014	《建立中德全方位战略伙伴关系的联合声明》 《中德对所得和财产避免双重征税和防止偷漏税的协定》 《关于加强市场监管领域法律与政策交流的联合声明》 《关于在创新驱动技术和相关基础设施领域深化拓展合作的联合声明》
17	2015	《首次中德高级别财金对话联合声明》
18	2016	《关于进一步深化合作的谅解备忘录》 《关于第五代移动通信网络战略合作的谅解备忘录》 《关于加强交通与燃料战略及政策措施领域合作的谅解备忘录》 《关于成立中德可持续发展中心的联合意向声明》 《关于加强可持续农业领域合作的共同意向声明》 《中德智能制造（江苏）研究所项目合作谅解备忘录》 《关于建立创新医疗伙伴关系的联合声明》
19	2017	《〈中国制造 2025〉创新中心合作协议》 《关于数字化技术应用合作的谅解备忘录》 《关于进一步推动航空航天合作的谅解备忘录》

续表

序号	签署时间 / 年	协定名称
20	2018	《关于智能制造科技创新合作联合意向声明》 《关于自动网联驾驶领域合作的联合意向声明》 《关于青年农业实用人才交流项目的联合意向声明》 《关于深化两国高校和职业教育合作的联合意向声明》 《关于深化气候变化研究合作的联合意向声明》 《关于在气候和环境领域开展资金合作的联合意向声明》 《关于促进法律合作的联合意向声明》 《关于 2018 年—2020 年合作的框架计划》
21	2019	《第二十一次中国—欧盟领导人会晤联合声明》 《关于在共建“一带一路”框架下加强合作的谅解备忘录》

外国政府补贴条例（草案）

附录三

第一章　一般条款

第一条　主题和范围

（1）本条例规定了调查扭曲内部市场的外国政府补贴和纠正此类干涉的相关规则和程序。此类扭曲可能出现在任何经济活动，尤其是在集中和公共采购程序中发生。

（2）本条例关注已批核给予外国政府补贴的企业在国内市场的经济活动。会被视为在内部市场从事的经济活动包括企业取得控制权或与在欧盟成立的企业合并，或者是参与公共采购程序的企业。

第二条　外国政府补贴的存在

（1）就本协定而言，"外国政府补贴"一词指第三方国家提供的财政资助，用以在内部市场的经济活动提供利益，而在法律或事实上，仅限于个别企业或行业或多个企业或行业。

（2）就本协定而言，（a）财政资助包括：（i）资金或负债的转移，例如注资、赠款、贷款、贷款担保、财政激励、抵消经营亏损、补偿公共当局施加的财务负担、债务减免、债转股或重新安排；（ii）其他形式的应得收入；（iii）提供或采购货物和服务。（b）由第三国家提供的财政资助应包括由以下机构提供的财政资助：（i）中央政府和其他各级政府机关；（ii）其行为可被归因于第三国的外国公共实体，根据实体的特征、实体经营所在国的法律和经济环境，包括政府在经济中的作用等因素作考虑；（iii）因应相关情况，其行为可归因于第三国的任何私人实体。

第三条　内部市场的扭曲

（1）用以改善相关企业在内部市场竞争地位的外国政府补贴，并实际上或有机会对内部市场的竞争造成负面影响，则被视为扭曲内部市场。能决定外国政府补贴有否扭曲内部市场的指标包括：

（a）补贴的金额；

（b）补贴的性质；

（c）接受补贴的企业和有关市场的情况；

（d）接受补贴的企业在内部市场的经济活动水平；

（e）外国政府补贴的目的和附带条件。

（2）在三个连续的财政年度内，不超过500万欧元的外国政府补贴将被视为不太可能扭曲内部市场的外国政府补贴。

第四条　最有可能被定义为外国政府补贴的类别

以下的类别最有可能被定义为致使内部市场扭曲的外国政府补贴：

（1）向境况不佳的企业，即在没有任何补贴的情况下在短期或中期有可能倒闭的企业，提供的外国政府补贴，即被视为扭曲内部市场，除非已有能够长远帮助该企业的重组计划，包括该企业自身需作出重大的贡献；

（2）以无限担保形式提供的资助，即没有金额和时期限制的资助；

（3）直接促成经营者集中的外国政府补贴；

（4）使企业在投标中获得不当优势的补贴。

第五条　权衡测试

（1）在评估来自第三国的政府补贴是否扭曲内部市场时，欧委会应结合外国政府补贴对市场产生的扭曲效果以及对相关经济活动发展的积极影响进行权衡。

（2）欧委会在决定救济措施或接受承诺时，应考虑外国政府补贴所带来的正面和负面影响，以及救济措施和承诺的性质和水平。

第六条　承诺和救济措施

（1）为弥补因外国政府补贴实际上或可能带来的内部市场扭曲效果，欧委会可接受承诺或救济措施。

（2）接受承诺或救济措施应完全和有效地弥补外国政府补贴为内部市场带来的扭曲效果。

（3）接受承诺或救济措施可以是以下的形式：

（a）在公平和非歧视性条件下向由有扭曲效果的外国补贴获得或支持的基础设施提供准入，除非欧盟已立法规定了此类型的准入；

（b）降低产能或缩小市场规模；

（c）避免某些投资；

（d）对由外国政府补贴帮助获得的资产提供有公平、合理和非歧视性条款的许可证；

（e）公布研究和开发的成果；

（f）剥离资产；

（g）要求有关企业解散集中；

（h）偿还外国政府补贴并支付利息。

（4）欧委会可强制规定报告和透明度的要求。

（5）如果企业提供的承诺能充分、有效地纠正扭曲内部市场的效果，欧委会可以接受，并依照第九条第三项的规定，使其承诺具有约束力。

（6）当偿还外国政府补贴涉及相关利息时，欧委会可接受此款项为承诺，但同时需确保此还款是透明和有效的，及考虑到规避的风险。

第二章　外国政府补贴的依职权审查

第七条　外国政府补贴的依职权审查

欧委会可主动审查任何有关声称带有扭曲内部市场的外国政府补贴的信息及其来源。

第八条　初步审查

（1）欧委会应寻求所有必要的数据，以便初步评估所审查的财政资助是否构成外国政府补贴，以及是否有扭曲内部市场。欧委会尤其可以：

（a）按照第十一条要求相关资料；

（b）按照第十二条或第十三条在欧盟内外进行检查。

（2）经过初步评估，若欧委会认为有足够的指标证实企业获得了有扭曲内部市场效果的外国政府补贴，欧委会应：

（a）决定展开深入调查（“展开深入调查的决定”），该调查应总结相关的事实和法律问题，并包括初步评估外国政府补贴的存在以及内部市场的实际或潜在扭曲效果；

（b）通知有关企业；

（c）在《欧洲联盟官方杂志》上发表一项通知，邀请有关各方，成员国和有关第三方国家在规定时间内以书面形式表达意见。

（3）当欧委会经过初步调查，认为没有外国政府补贴或实际上或潜在的扭曲内部市场情况，因此总结没有足够证据启动深入调查，则欧委会应结束初步调查并通知有关企业。

第九条　深入调查

（1）进行深入调查时，欧委会应按照第十一条、第十二条和第十三条所需要的数据，进一步评估在“决定展开深入调查”时发现的扭曲内部市场的外国政府补贴。

（2）若欧委会根据第三条和第五条发现有扭曲内部市场的外国政府补贴，便可采取救济措施（“采取救济措施的决定”）。

（3）若欧委会根据第三条和第五条发现扭曲内部市场的外国政府补贴，而有关企业提供了欧委会认为适当、充分和有效纠正扭曲效果的承诺，欧委会可以通过一项决定使其具有约束力（“附承诺的决定”）。按照第六条第六款的规定而接受偿还外国政府补贴的决定，应当被视为有承诺的决定。

（4）如遇到以下情况，欧委会应采取无异议的决定：

（a）“决定展开深入调查”里的初步评估尚未得到证实；

（b）内部市场的扭曲效果大于第五条定义的正面影响。

第十条　临时措施

在以下的情况，欧委会可采取临时措施：

（1）有足够的证据显示财政资助足以构成外国政府补贴和扭曲内部市场；

（2）国内市场的竞争存在严重和无法弥补的损害风险。

第十一条　信息请求

（1）欧委会可以要求相关企业提供所有所需的信息。

（2）欧委会也可以从其他相关企业或企业协会提供这种信息。

（3）向企业或企业协会索取信息的要求：

（a）说明其法律依据和目的，具体说明需要的信息和设定提供信息的适当时限；

（b）载有一项声明，指出如果提供的信息不正确、不完整或有误导的成分，可按照第十五条规定罚款；

（c）载有一项声明，按照第十四条，若有关企业拒绝合作，欧委会有权根据已知的事实作出决定。

（4）按欧委会的要求，成员国应向欧委会提供执行本条例的一切必要信息。

（5）欧委会亦可要求相关第三方国家提供所有必须的信息。

第十二条　欧盟境内的调查

（1）欧委会可以对企业进行必要的调查。

（2）当欧委会进行此项调查，授权进行调查的官员应拥有相当权力：

（a）进入有关企业的任何场所和土地；

（b）检查账目和其他业务记录，并取走或要求副本；

（c）要求企业的任何代表或工作人员就检查的主题和目的提供解释，并记录在案；

（d）在调查期间和必须的情况下，要求封锁任何营业场所、账目或记录。

（3）有关企业应当接受欧委会的调查决定。欧委会要求官员及其陪同人员在进行调查时应出示欧委会的决定，并行使适当权力：

（a）具体说明检查的主题和目的；

（b）载有一项声明，按照第十四条，若有关企业拒绝合作，欧委会有权根据已知的事实作出决定；

（c）按照第十五条的规定罚款和处罚。

（4）在调查前的适当时间，欧委会应向将被调查的成员国发出调查通知。

（5）欧委会官员和被成员国授权或任命的官员应因应成员国或欧委会的要求，积极协助欧委会官员和其他陪同人员。因此，他们应享有本条（2）规定的权力。

（6）如果欧委会授权的官员或其他陪同人员发现有关企业在本条款的定义之下反对调查，成员国应提供必要的协助，并视乎情况要求公安或同等执法当局的协助，以便进行调查。

（7）按照欧委会的要求，成员国应在其境内，根据其国家法，进行任何调查或实况调查，以确定是否有扭曲内部市场的外国政府补贴。

第十三条　欧盟境外的检查

为了履行本条例赋予的职责，欧委会可在第三国家境内进行调查，但需得到有关企业的同意和第三方政府的正式通知，并同意有关调查。第十二条（1）、（2）和（3）（a）（b）应同样地适用于此。

第十四条　不合作规定

（1）如相关企业或第三国家有以下情况，欧委会可以根据第八条或第九条和现有的事实作出决定：

（a）因应第十一条的信息要求，提供不正确、不完整或具有误导性的信息；

（b）未能在欧委会指定时间内提供要求的信息；

（c）拒绝接受欧委会按照第十二条或第十三条要求在欧盟境内或境外的调查；

（d）妨碍初步调查或深入调查。

（2）若企业或企业协会、成员国或第三国家提供不正确或误导性的信息予欧委会，该信息会被无视。

（3）若有关企业，包括由国家直接或间接控制的公共事业，未能提供必须的数据，以确定财政资助是否为企业带来好处，则该企业会被视为已获得好处。

（4）综合所有事实，程序的结果可能会比企业配合合作更为不利。

第十五条　罚款和定期罚款

（1）若发现企业或企业协会故意或疏忽地进行以下情况，欧委会可以处以罚款和定期罚款：

（a）按照第十一条的要求提供不正确、不完整或误导性的信息，或未能在规定限期内提出所需信息。

（b）根据第十二条有关调查的规定，提供不完整的经营账目或记录。

（c）根据第十二条（2）（c），在回答问题时：（i）提供不正确或误导性的答案；（ii）未能在欧委会规定的时限内，纠正工作人员提供的不完整或误导性的答复；（iii）未能或拒绝根据第十二条（3）作出的调查决定就调查的主题和目的提供完整的答案。

（d）拒绝接受第十二条规定的调查，或未能遵守第十二条（2）（d）的承诺。

（2）按照（1）的罚款不应超过企业或企业协会上一业务年度总营业额的1%。

（3）按照（1）的定期罚款不应超过企业或企业协会上一业务年度每个耽误

的工作天平均总营业额的5%，由决定当天开始计算，直到欧委会收到要求的完整及正确的信息。

（4）在按照（1）作出任何决定前，欧委会应设定两个星期的最终时限，以便从企业或企业协会收取未提供的信息。

（5）当有关企业不遵守第九条（3）作出的承诺，按照第十条命令采取临时措施或第九条（2）采取补救措施的决定，欧委会可强制执行：

（a）罚款不超过有关企业上一业务年度总营业额的10%。

（b）定期罚款不超过相关企业上一业务年度每个不遵守承诺的日子的平均总营业额的5%，从欧委会决定落实罚款当天开始计算，直到有关企业符合该承诺。

（6）在确定罚款金额或者是定期罚款的金额时，应当充分考虑违规的性质、严重性和期限，并适当考虑相称性和适当性的原则。

第十六条　撤销

欧委会可按照第九条（2）、（3）或（4）撤销决定，或在以下任何情况下作出新的决定：

（1）有关企业违反承诺或补救措施；

（2）有关决定建基于不完整、不正确或误导性的信息。

第三章　集　　中

第十七条　集中外国政府补贴对内部市场的扭曲

对于集中来说，以第三条或第四条来评估的扭曲内部市场效果应只局限于有关集中。评估应只考虑在协议签订前三个日历年给予的外国政府补贴，公开招标公告或控股权的收购。

第十八条　集中的定义和通知界限

（1）本条例规定，若以下的控制权更改有永久的效果，则被视为集中：

（a）两个或以上独立企业或部分企业的合并；

（b）由一个或以上已经控制至少一企业的人，或由一或多间企业，无论是通过购买证券或资产，通过合同还是其他方式，直接或间接控制整个或部分企业的收购。

（2）设立具有长期职能的合资企业应当构成（1）所指的集中。

（3）就第十九条而言，“可识别集中”指的是：

（a）被收购的企业或其中一间合并的企业是在欧盟成立的，并且在欧盟内的总营业额至少为五亿欧元；

（b）有关企业在收到通知的三个日历年之前从第三方国家收到多于五千万的财政资助。

（4）在（2）所称的合资公司成立时，以下的情况将被视为“可识别集中”：

（a）合资公司本身或其中一间母公司在欧盟内成立，而且在欧盟的总营业额至少为五亿欧元；

（b）合资公司本身或其中一间母公司从第三方国家在通知之前的三个日历年收到多于五千万的财务资助。

第十九条　集中的事前通知

（1）在协议实施前和签订后、公开招标公告或取得控股权后，应当通知欧委会“可识别集中”。

（2）有关企业若向欧委会表明善意的意图缔造协定时，可通知拟议的集中，或如果以公开投标的形式，并公开宣布打算进行此项投标，则此项协议或投标会根据（1）被认为是可识别集中。

（3）按照第十八条（1）（a）在合并当中的集中，或按照第十八条（1）（b）联合控制当中的收购，都应由合并各方或取得合并控制的各方共同通知。在其他情况下，通知应由个人或获得控制整个或多于一个企业的人负责。

（4）若有关企业未能履行责任通知，欧委会可按照本条例要求集中通知，并审阅可识别通知。在这情况下，欧委会将不受第二十三条（1）和（4）的时限所约束。

（5）如欧委会怀疑有关企业有可能在集中前三年内受益于外国政府补贴，欧委会可在任何执行之前，要求按照第十八条被定义为非识别集中的任何集中的事前通知。根据此条例，此集中仍被视为可识别集中。

第二十条　管制的定义

（1）就第十八条规定，管制应考虑到所涉及的事实及法律，由权利、合同或其他手段单独或共同构成，并有可能对企业有决定性的影响，尤其是：

（a）使用企业的全部或部分资产的权利或拥有权；

（b）对企业的组成、表决或决定具有决定性影响的权利或合同。

（2）管制应由以下的个人或企业获得：

（a）有权利的人或根据有关合同享有权利的人；

（b）虽然不是权利持有人或根据合同享有权利，但有权利使用相关权力。

第二十一条　营业额的计算方法

（1）总营业额应包括有关企业上一财政年度销售产品所得的金额扣除销售回扣、加值税和其他与营业额有直接相关的税项后，企业在正常服务中所得到的金额。有关企业的总营业额不应包括在（4）所描述的产品销售和服务。

内部市场的营业额应包括产品销售和在内部市场向企业或消费者提供的服务。

（2）与（1）违背，当一个集中包括收购一间或多间企业的部分，无论企业是否构成法人，都只考虑跟卖家相关的部分，而且是跟集中有关的营业额。

但是，两年内在同一人或企业发生的符合（1）子项的两项或以上的交易，应被视为在最后交易期所产生的一项交易，以及有相同集中的交易。

（3）下列项目应应用于下列类别的业务，而不是营业额。

（a）对于信贷机构和其他金融机构而言，按照理事会第 86/635/EEC 所定义的以下收入的总和，在扣除加值税和其他这些项目有关的税项后：

（i）利息收入和同类收入。

（ii）证券收入。

—股票和其他可变收益率证券收入；

—参与利息所得的收入；

—附属企业的股票收入。

（iii）应收佣金。

（iv）财务营运净利润。

（v）其他营运收入。

（b）对于保险业，保险额应包括所有保险企业或代表保险企业签发的保险合同中收到和应收的金额，以及即将卸任的再保险保费，扣除个人保费金额或总额所收取的税款、准保费或税额：

就（a）而言，对于内部市场的信贷或金融机构，总营业额应包括（a）所述的收入，并且是由内部市场建立的分支机构或部门机构所接收。

（4）在不影响（2）的情况下，有关机构的总营业额应通过以下各营业额的加算来计算：

（a）有关企业。

（b）直接或间接跟企业有关的其他企业：

（i）拥有一半以上的资本或商业资产；

（ii）有权行使一半或以上的投票权；

（iii）有权依法任命一半以上监事会、行政委员会或机构的代表；

（iv）有权管理企业的事务。

（c）跟拥有（b）权利或权力的企业相关的企业。

（d）跟在（c）拥有任何（b）描述的权利或权力的企业有关的企业。

（e）跟在（a）到（d）拥有任何（b）描述的权利或权力的两间或以上的企业有关的企业。

（5）当企业共同享有（4）所描述的权利和权力，有关企业在计算总营业额时：

（a）应当考虑到由销售产品和共同企业和第三方企业共同提供的服务的营业额，此营业额应在有关企业之间平均分配；

（b）不应考虑由销售产品或共同企业和各大相关企业或其他在（4）（b）—（e）描述的企业提供的服务所得的营业额。

第二十二条　财政资助的总额

企业的财政资助总额应该等同所有在第二十一条（4）（a）—（e）所描述的企业分别所获得的财政资助的总和。

第二十三条　终止集中和时限

（1）可识别集中应在通知之后进行。

而且，以下的时间限制应当适用：

（a）如果欧委会收到完整的通知，则在收到通知的 25 个工作天内不得进行集中；

（b）当欧委会在收到完整通知后不多于 25 个工作天内展开深度调查，在深度调查展开后的 90 天内不得进行集中，如有关企业按照第六条提出承诺，以纠正其对国内市场的扭曲，此限期可被延长 15 个工作天；

（c）当根据第二十四条（3）（a）或（b），集中被宣布不影响内部市场的运作，此后即可实施。

每段期间都应分别在收到完整通知或欧委会通过有关决定后的工作天开始。

（2）不应阻止公开竞价或一系列证券的交易，包括由各种卖家控制的市场认可可转换证券的交易，只要：

（a）按照第十九条准时通知欧委会的集中；

（b）收购方不行使有问题证券的投票权或得到欧委会（3）的违背认可仅以维持投资的面值。

（3）欧委会可因应要求，以（1）或（2）规定的义务批准违背认可。这种要求应说明理由。在决定要求时，欧委会应特别考虑到暂停对一间或多间企业集中的影响，或对第三方国家和集中对于扭曲内部市场的风险的影响。此类违背认可受某些条件和义务所约束，以确保内部市场不被扭曲。违背认可可在通知之前或交易之后申请和授予。

（4）如果有关企业在按照第八条深入调查展开后的15个工作天内提出要求，在（1）（b）所享的时限应被延长。有关企业只能提出一次要求。同样地，在深入调查展开后的任何时间，在（1）（b）所享的时限应被欧委会延长，并得到有关企业的同意。符合此条款而获得的延长时间不应多过20个工作天。

（5）如企业并未提供欧委会按照第十一条所要求的完整信息，或拒绝接受按照第十二条所发出的调查命令，在（1）所规定的时限在这些特殊情况下可能会被取消。

（6）在以下的情况，欧委会可按照第二十四条（3）采取决定，并且不受（1）和（4）的时间所限制：

（a）欧委会发现一项已进行的集中违反第二十四条（3）（a）所附的承诺，并在没有承诺的情况下，有扭曲内部市场的效果；

（b）一项决定已根据第二十四条（1）被撤销。

（7）任何违反（1）的交易只有在按照第二十四条（3）作出决定后才被视为有效。

（8）本条例不影响证券交易的有效性，包括在交易市场买卖的可转换证券交易，除非买家和卖家双方知道或应当知道交易是违反（1）规定的。

第二十四条　适用于初步调查及已识别集中的深入调查的程序规则

（1）第八条，第九条（1）、（3）和（4），第十条，第十一条，第十二条，第十三条，第十四条和第十六条同样适用于已识别集中。

（2）在收到完整通知后的25个工作天内，按照第八条（2），欧委会可启动深入调查。

（3）启动深入调查后，欧委会可以采取以下决定：

（a）根据第九条（3）作出承诺的决定；

（b）根据第九条（4）作出无异议的决定；

（c）如欧委会根据第三条至第五条发现有扭曲内部市场的外国政府补贴，欧委会可作禁止集中的决定。

（4）根据（3）所立的决定应在深入调查展开后 90 天内进行，或因应第二十三条（1）（b），（4）和（5）所描述的情况延长。如果欧委会在指定时间内并未作出决定，有关企业可进行集中。

（5）在任何要求企业提供资料的情况下，欧委会应说明时限会否因为企业未能在指定时间内提供完整资料而根据第二十三条（5）而取消。

（6）如发现一项已进行的集中有扭曲市场的效果，欧委会可根据第三条到第五条采取以下的措施：

（a）要求有关企业解散集中，尤其是通过解散的合并或售出所有已购资产或股份，以恢复在进行集中前的情况。在不能通过解散集中来恢复集中前的情况下，欧委会可采取任何适当的措施，尽可能恢复这种情况；

（b）采取任何适当的措施，确保有关企业解散集中或根据其决定的要求采取任何恢复措施。

（a）和（b）的方法可以（3）（c）或者是单独决定来实施。

如发现有已进行的集中违反（3）（a）的决定，即在没有承诺的情况下，集中若符合（3）（c）的要求，欧委会可采取任何（a）或（b）的措施。

（7）当欧委会发现以下情况，可根据第十条采取临时措施：

（a）有一项已进行的集中违反第十九条的规定；

（b）有一项已进行的集中违反此条例（3）（a）有关决定的承诺。

第二十五条　适用于集中的罚款和定期罚款

（1）欧委会可按照第十五条实施罚款和定期罚款。

（2）此外，根据第十九条或其相关条款，如发现有关企业故意或疏忽提供不正确或错误的信息，欧委会可处以不超过企业在上一业务年度的总营业额 1% 的罚款。

（3）如发现有关企业故意或疏忽地发生以下情况，欧委会可对有关企业处以不超过其上一业务年度总营业额 10% 的罚款：

（a）未能在进行集中前按照第十九条通知可识别集中，除非有关企业根据第二十三条得到相关的准许；

（b）进行违反第二十三条的可识别集中；

（c）进行按照第二十四条（3）（c）所禁止的可识别集中。

第四章　公共采购程序

第二十六条　外国政府补贴在公共采购程序中扭曲内部市场

在公共采购程序有扭曲市场效果的外国政府补贴，应当被理解为使一间企业在投标时有关工作、用品或服务可能得到不正当的利益。而根据第三条而评估内部市场是否有扭曲效果或评估有关工作、用品或服务的投标是否有不当利益的时候，应当只限在有问题的公共采购程序上。评估应只考虑在通知前三年内给予的外国政府补贴。

第二十七条　公共采购程序的定义和通知界限

（1）以第二十八条而言，公共采购程序的定义为：

（a）欧洲议会和理事会根据欧盟指令第二条（1）（5）所定义的公共合同总结而成立的欧盟 2014/24/EU 指令和 2014/25/EU 指令的任何授予程序，或根据欧盟指令 2014/25/EU 第二条（1）所界定的工作、产品和服务合同。

（b）根据欧洲议会和理事会的欧盟指令 2014/23/EU 第五条（1）所定义的工作或服务特许权的授予程序。

（c）根据欧盟指令 2014/23/EU 第十条（4）（a）、2014/24/EU 第九条（1）（a）和 2014/25/EU 第二十条（1）（a）所述合同的授予程序。

（2）对于第二十八条而言，如公共采购的估值大于或等于 2.5 亿欧元，则可被认为是在欧盟的公共采购程序当中的可识别外国财务资助。

（3）属于欧洲议会和理事会欧盟指令 2009/81/EC 的合同授予程序并不属于本章规限范围。

（4）对于此章而言，欧盟指令 2014/23/EU 第六条、2014/23/EU 第二条（1）和 2014/25/EU 第三条对“合同权”一词的定义，和欧盟指令 2014/23/EU 第七条和 2014/25/EU 第四条对“合同实体”一词的定义，都适用于此。

第二十八条　在公共采购程序中预先通知的外国财务资助

（1）在提交投标或参与公共采购程序的要求时，企业应通知订约当局或合同实体在该通知前三年所有收到的外国财务资助，或在声明确认他们过去三年并未收到任何外国财务资助。未提交此类信息或声明的企业不得授予合同。

（2）根据本条款通知外国财务资助的义务应扩大欧盟指令 2014/23/EU 第二十六条（2）、2014/24/EU 第十九条（2）、2014/25/EU 第三十七条（2）所指的经济经营者和经济经营者群体，主要分包商和主要供应商。如分包商或供应商的参与是确保合同履行的关键因素，而且其经济贡献份额超过估计合同价值的30%，他们会被视为主要参与者。

（3）对经济经营者、主要分包商和主要供应商，主要经济经营者应保证通知。

（4）承包机关或者承包单位应当及时将通知转交委员会。

（5）按（1）所称经济经营者或经济经营者团体若未通知获得外国财务资助，或者未将通知转交欧委会，欧委会可发起审查。

（6）若欧委会怀疑一间企业在提交投标书或要求参加公共采购程序之前的三年内，有可能从外国政府补贴中得益，欧委会可在合同授予前的任何时间，要求通知该企业在任何公共采购程序中收到的不属于第二十七条（2）所规定或属于本条款（5）的外国政府资助。欧委会一旦要求通知此类财务资助，它将被视为公共采购程序中的可识别外国财务资助。

第二十九条　适用于公共采购程序中已通知财务资助的初步审查和深入调查的程序规则

（1）第八条、第九条（1）（3）（4）、第四条、第十一条、第十二条、第十三条、第十四条、第十六条、第二十二条应当适用于公共采购程序中通知的财务资助。

（2）欧委会应在收到通知后 60 天内进行初步审查。

（3）欧委会应决定是否在完成初步审查的时限内展开深入调查，并立即通知有关企业和合同当局或者是合同实体。

（4）欧委会可在收到通知后 200 天内作出决定，结束深入调查。在特殊情况下，经与有关合同当局或合同实体协商后，可延长这一时限。

第三十条　欧委会决定

（1）经深入调查后，欧委会发现，企业从外国政府补贴中获得利益，而外国政府补贴根据第三条至第五条扭曲了内部市场，而有关企业充分和有效地消除内部市场的扭曲，则应根据第九条（3）作出承诺。第五条规定的评估不得修改企业提交的不符合工会法的初始投标。

（2）如果有关企业不作出承诺，或者欧委会认为（1）中提到的承诺既不适当也不足以充分和有效地消除扭曲，则应通过一项决定，禁止将合同授予有关企业（“禁止授予合同的决定”）。

（3）经深入调查，若欧委会未发现企业从扭曲内部市场的外国政府补贴中获利，应当依照第九条（4）作出决定。

第三十一条　涉及通知和暂停裁决的公共采购程序中的评估

（1）在初步审查和深入调查期间，可以继续对公共采购程序中的投标进行评价。合同不得在第二十九条（2）规定的期限届满前授予。

（2）若依照第二十九条（3）作出了深入调查的决定，在欧委会按照第三十条（3）或第二十九条（4）规定的限期作出决定之前，不得将合同授予根据第二十八条提交通知的企业。如果欧委会并未在时限内通过决定，则合同可授予任何企业，包括提交通知的企业。

（3）在欧委会作出第三十条中提及的任何决定前或第二十九条（4）规定的期限届满之前，只有在投标估值已确定的情况下，即所涉及的企业已提交了最具经济优势的投标，方可根据第二十八条授予合同给已申请的企业。

（4）若欧委会根据第三十条（2）就最具经济优势的投标作出了决定，则合同可授予提交了参加投标的企业，而不受根据第三十条（2）作的决定所约束。

（5）若欧委会根据第三十条（1）或（3）作出决定，合同可授予任何提交了最具经济优势投标的企业，包括因应情况而定，已根据第二十八条提交通知的有关企业。

（6）在任何情况下，合同当局或合同实体应将与公共采购程序结果有关的任何决定通知欧委会。

（7）公共采购程序中涉及的所有活动均应遵守有关公共采购的原则，包括相称性、非歧视性、平等待遇和透明度。根据本条例的规定，对外国政府补贴的调查不应导致合同当局或合同实体以违反这些原则的方式对待有关企业。

（8）每个时限应在收到通知或通过相关欧委会决定后的工作日开始。

第三十二条　适用于公共采购程序中的财务资助的罚款和定期罚款

（1）欧委会可根据第十五条的规定处以罚款和定期罚款。

（2）此外，如果企业故意或疏忽地在根据第二十八条或其补充规定的通知提供不正确或误导性的信息，欧委会可决定对有关企业处以不超过上一业务年度总营业额1%的罚款。

（3）如果有关企业在公共采购程序中故意或疏忽地未按照第二十八条的规定通知补贴，欧委会可决定对有关企业处以不超过其上一业务年度总营业额10%的罚款。

第五章　共同程序规定

第三十三条　程序之间的关系

（1）在第十九条规定的集中背景下通知的财务资助可能与另一项经济活动相关，并需再次评估。

（2）根据第二十八条在公共采购程序中通知的财务资助可能与另一项经济活动相关，并需再次评估。

第三十四条　市场调查

（1）若现有的信息构成了一个对特定部门、特定类型的经济活动或基于特定补贴用途的外国政府补贴可能扭曲内部市场的合理怀疑，则欧委会可对特定部门、特定类型的经济活动或使用该补贴的媒体进行市场调查。在该市场调查过程中，欧委会可要求企业或企业协会提供必要的信息，并进行必要的检查。欧委会亦可要求成员国或第三国提供信息。

（2）委员会可以发布关于其对特定部门、特定类型的经济活动或特定补贴媒体的市场调查结果的报告，并征求有关各方的意见。

（3）欧委会可以在本法规的程序框架内使用从此类市场调查中获得的信息。

（4）本条例第十一条、第十二条、第十三条、第十五条的规定都适用于此。

第三十五条　时效期

（1）欧委会在第九条的权力应受十年的时效期限所限制，并由外国政府补贴被授予有关企业之日开始计算。欧委会根据第八条、第十一条、第十二条或第十三条就外国政府补贴采取的任何行动都会中断时效期限。每次中断后，时效期将重新计算。

（2）欧委会根据第十五条、第二十五条和第三十二条处以罚款和定期罚款的权力应以三年为限，从第十五条、第二十五条或第三十二条所述的侵权行为发生日开始计算。在持续或重复侵权的情况下，时效期限应由侵权行为停止日开始计算。任何欧委会根据第十五条、第二十五条和第三十二条所述的侵权行为而采取的行动将影响处以罚款或定期罚款的时效。每次中断后，时效期都重新计算。

（3）欧委会根据第十五条、第二十五条和第三十二条处以罚款和定期罚款的权力，应受到五年的时效所限制，并从欧委会作出罚款或定期罚款的决定之日开始计算。任何欧委会或代表欧委会的成员国采取的行动，用以执行罚款或定期罚款的支付，均会中断该时效期限。每次中断后，时效期将会重新计算。

第三十六条　决定的公布

（1）欧委会应发布根据第八条（2）通过的决定的摘要通知。

（2）欧委会应在《欧盟官方公报》公布根据第九条（2）、（3）和（4），第二十四条（3）和第三十条（1）、（2）和（3）通过的决定。

（3）当欧委会发布摘要通知和决定时，应当充分考虑企业者的合法利益，以保护其商业秘密和其他机密信息。

第三十七条　决定的对象

（1）根据第八条、第九条、第十五条、第二十四条（3）、第二十五条、第三十条（1）和三十二条通过的决定应针对有关企业或企业协会。欧委会应立即通知对象有关的决定，并让对象有机会向欧委会表明其认为哪些信息是机密。欧委会应向合同当局或有关的合同实体提供一份欧委会针对参与公共采购程序的企业的副本。

（2）根据第三十条（2）和（3）通过的决定应提交给合同当局或有关的合同实体。欧委会应向禁止授予公共合同的企业提供该决定的副本。

第三十八条　披露和辩护权

（1）在根据第九条、第十五条、第二十四条（3）（c）、第二十五条、第三十条（2）或第三十二条作出决定之前，欧委会应给予相关企业机会提交意见，原因是欧委会打算通过其决定。

（2）欧委会应仅根据相关企业所提交的意见而作出决定。

第三十九条　专业保密

（1）根据本条例获得的信息应仅用于其获得的目的。

（2）欧委会及其官员和其他在其监督下工作的相关人员有义务不得披露他们根据本条例所获得的专业秘密。

（3）（1）和（2）不应阻止发布不包含可识别特定企业或企业协会信息的统计数据和报告。

第六章　与其他条文的关系

第四十条　与其他条文的关系

（1）本条例不影响理事会条例（EC）No 1/2003 和理事会条例（EC）No 139/2004 条约第一百零一、一百零二、一百零六、一百零七、一百零八条的应用。

（2）本条例不影响欧洲议会和理事会 2016 年 6 月 8 日法规（EU）2016/1037 的应用。

（3）本法规不影响欧洲议会和理事会法规 2019/452 的适用。

（4）本条例优先于欧洲议会和理事会的（EU）2016/1035 条例，直至该条例根据其第十八条适用。若在该日期后，外国政府补贴属于（EU）2016/1035 和本法规的适用范围，法规（EU）2016/1035 优先。但是，本条例中适用于公共采购和集中的规定会优先于法规（EU）2016/1035。

（5）本条例优先于理事会条例（EEC）No.4057/86。

（6）本条例不影响欧洲议会和理事会法规（EU）2019/712 的适用。本条例第十八条所规定的可识别集中，若涉及航空承运载客，则第三章的规定适用。本条例第二十七条规定的公共采购程序，若涉及航空承运载客，则第四章的规定适用。

（7）若根据本条例进行的调查或措施将违反欧盟根据其签订的任何相关国际协议承担的义务，则不得进行此类调查，或实施和维持此类措施。尤其是不得根据本条例采取任何违反《补贴和反补贴措施协定》第 32.1 条规定补贴的定义的具体行动。本条例不应阻止联盟依据国际协定行使其权利或履行其义务。

第七章　过渡性和最终条款

第四十一条　欧委会的决定程序

根据第九条、第二十四条（3）、第三十条作出的决定应根据第四十三条（2）所述的咨询程序通过。

第四十二条　执行法案的欧委会程序

（1）欧委会有权通过关于以下方面的实施法案：

（a）第十九条规定的集中通知的形式、内容和程序细节；

（b）根据第二十八条在公共采购程序中的外国政府财政资助通知的形式、内容和程序细节；

（c）根据第三十八条披露的详情；

（d）透明度要求的表格内容和程序细节；

（e）时限计算细则；

（f）根据第三十条提出承诺的条件和期限；

（g）第二十八条、第二十九条、第三十条、第三十一条规定的有关公共采购程序调查的程序步骤细则。

（2）（1）所提及的实施法案应根据第四十三条（2）中提及的咨询程序通过。

第四十三条　欧委会理事

（1）欧委会应由理事所协助。该理事应是欧盟条例第 182/2011 号含义的理事。

（2）当参照本条例时，欧盟条例第 182/2011 号第四条应当适用。

第四十四条　委托行为

（1）委员会有权通过委托行为，用以：

（a）根据本条例实施首五年欧委会的做法，并考虑到应用的有效性，修订第十八条和第二十七条规定的通知门槛；

（b）根据本条例实施首五年欧委会的做法，若此做法可查明外国政府补贴不太可能扭曲内部市场的经济活动，则免除某些有关企业行业根据第十九条和第二十八条通知的义务；

（c）修订第二十四条和第二十九条规定的审查和深入调查的时间表。

（2）（1）中所称的委托行为应依照第四十五条执行。

第四十五条　行使委托权

（1）根据本条例规定的条件，欧委会有权通过授权行为。

（2）第四十四条所述的委托行为通过权应自本条例生效之日起两年内由欧委会授予。

（3）欧洲议会或理事会可随时撤销第四十四条所述的委托权。撤销的决定应当终止该决定中规定的委托权。该决定应在《欧盟官方公报》上公布后的第二天或其指定日期生效。该决定不得影响已经生效的任何授权行为的有效性。

（4）在通过授权法案之前，欧委会应根据 2016 年 4 月 13 日《关于更好地制定法律的机构间协定》中规定的原则，请求每个成员国指定专家的意见。

（5）一旦通过授权法案，欧委会应同时将其决定通知欧洲议会和理事会。

（6）根据第四十四条通过的授权法案只有在欧洲议会或理事会在两个月内的通知期并未提出异议，或欧洲议会和理事会在该期届满之前通知欧委会他们不会反对的情况下，才能生效。在欧洲议会或理事会的倡议下，这一限期可被延长两个月。

第四十六条　检查

在本条例生效后的五年内，欧委会应根据有关立法建议，在适当情况下，向欧洲议会和理事会提交关于本条例适用情况的报告。

第四十七条　过渡性规定

（1）本条例适用于本条例实施日起前十年内的外国政府补贴，只要此类外国政府补贴在本条例实施日起有扭曲内部市场的效果。

（2）本条例适用于本条例实施日起三年内的外国财务资助，只要此类外国财务资助根据本条例公共采购程序规定的范围授予企业通知集中或通知财务资助。

（3）本条例不适用于在本条例生效前所签订的集中、公开招标或控制权。

（4）本条例不适用于本条例生效前启动的政府采购程序。

第四十八条　生效日期和适用日期

本条例自《欧盟官方公报》发表之日起第二十日生效。

它应自［日期：生效后六个月］开始适用。

本条例具有完整的约束力，并直接适用于所有成员国。

附录四 境外投资实务法律文件格式文本

（一）国家发改委境外投资项目核准备案文件[①]

（1）境外投资项目核准或备案申报文件格式文本

关于（项目名称）项目申请核准（或备案）的请示

国家发展改革委：

按照《企业境外投资管理办法》（国家发展改革委令第11号）有关规定，现将（项目名称）项目申请报告（或备案表）和有关附件提交你委。

请予以核准（或备案）。

附件：（项目名称）项目申请报告（或备案表）

申报单位名称或申报人姓名
（加盖单位公章或本人签名）
××××年××月××日

① 参见国家发改委：《企业境外投资管理办法配套格式文本（2018年版）》。

（2）境外投资项目备案表格式文本

境外投资项目备案表

项目代码：（网络系统自动赋码）

一、项目名称	（一般应包括投资主体、投资目的地和反映主要投资内容的关键词）				
二、投资主体情况（涉及多个投资主体的，参照以下格式，按出资额大小逐一填写）					
投资主体	企业名称			信用代码	
	注册地址			注册资本	万元
	成立日期			企业类型	（下拉菜单）
	经营范围				
	近两年信用情况				
	企业资产、经营状况（单位：万元人民币）				
	（最新）年末	总资产		净资产	
	（最新）年度	主营业务收入		净利润	
三、投资主体控制且本项目涉及的境外企业情况（如有）					
（项目不仅涉及投资主体直接投入资产、权益或提供融资、担保等，还涉及投资主体通过其控制的境外企业投入资产、权益或提供融资、担保的，说明该境外企业的基本信息、股权结构、经营情况等）					
四、投资地点	直接目的地	（下拉菜单） 国 省（州、市）			
	最终目的地	（下拉菜单） 国 省（州、市）			
	其他有关国家和地区				
五、投资行业领域	（下拉菜单）	六、投资方式	（下拉菜单）		
七、项目背景情况					
（项目必要性、前期已经开展的工作情况、项目涉及的审批情况等）					
八、项目主要内容和规模					
（新建类项目一般包括建设内容和规模、配套条件落实情况等；并购类项目一般包括收购标的情况、收购方案等）					
九、项目总投资额	美元计价金额（万美元）		美元兑人民币汇率	（如6.5）	
	实际使用币种和金额为	（如：× 万美元，× 万欧元）			
十、中方投资额	美元计价金额（万美元）		美元兑人民币汇率	（如6.5）	
	实际使用币种和金额	（如：× 万美元，× 万欧元）			
十一、中方投资额构成（逐一填写出资情况）					

续表

编号	企业名称	出资方式	来源	金额（万美元）	备注
①		（下拉菜单）	（下拉菜单）		
②					

<table>
<tr><td>十二、中方投资的用途说明</td></tr>
<tr><td>（说明中方投资的用途和使用计划）</td></tr>
<tr><td>十三、其他企业出资情况（如有）</td></tr>
<tr><td>（除投资主体、投资主体控制的境外企业之外，项目还涉及其他企业或自然人出资的，说明有关企业或自然人的基本信息、出资金额和出资方式）</td></tr>
<tr><td>十四、项目主要风险及防范应对措施</td></tr>
<tr><td>（简要分析项目面临的政治、安全、经济、社会、环境等主要风险因素，并提出防范和应对措施）</td></tr>
<tr><td>十五、项目对我国国家利益和国家安全的影响分析</td></tr>
<tr><td>（分析评价项目对我国国家利益和国家安全的影响，包括积极、有利的影响，也包括消极、不利的影响。比如：项目对行业发展的影响、对宏观经济的影响、对我国与有关国家关系的影响、是否存在威胁或损害我国国家利益和国家安全的情形等）</td></tr>
<tr><td>十六、下一步工作计划</td></tr>
<tr><td>（阐述投资主体履行完备案手续后，进一步推进项目的主要任务和进度安排）</td></tr>
<tr><td>十七、希望国家依法给予协助的事项（如有）</td></tr>
<tr><td></td></tr>
<tr><td>十八、投资主体认为需要说明的事项（如有）</td></tr>
<tr><td></td></tr>
<tr><td>十九、附件清单</td></tr>
<tr><td>（一）投资主体注册登记证明文件；（二）追溯至最终实际控制人的投资主体股权架构图；（三）最新经审计的投资主体财务报表；（四）投资主体投资决策文件；（五）具有法律约束力的投资协议或类似文件；（六）证明投资资金来源真实合规的支持性文件；（七）境外投资真实性承诺书</td></tr>
</table>

<table>
<tr><td>联系人</td><td></td><td>单位</td><td></td><td>职务</td><td></td></tr>
<tr><td>座机</td><td></td><td>手机</td><td></td><td>传真</td><td></td></tr>
<tr><td>地址</td><td colspan="3"></td><td>电邮</td><td></td></tr>
</table>

（3）境外投资项目变更申报文件格式文本

关于（项目名称）项目变更的请示

国家发展改革委：

（投资主体名称或姓名）于××××年××月××日取得（项目名称）项目（如有项目代码，则注明）核准文件（或备案通知书，注明文号）。现拟对项目进行变更，按照《企业境外投资管理办法》（国家发展改革委令第11号）有关规定，就有关事项说明如下：

一、项目基本情况

（一）项目核准或备案情况

经核准或备案的项目名称、投资主体、投资地点、主要内容和规模、中方投资额等信息。

（二）项目进展情况

项目自取得核准文件或备案通知书以来的进展情况。

二、拟变更事项

➤ 变更投资主体（如有）

（一）拟增加投资主体的：

1. 拟增加投资主体的原因。

2. 拟增加的投资主体情况。参照《境外投资项目申请报告通用文本》或《境外投资项目备案表格式文本》有关要求填写。

3. 增加投资主体之后的项目投融资方案。简要说明项目投资方案，中方投资额及其构成，中方投资额用途；重点说明拟增加的投资主体的出资金额、出资方式、资金来源等情况。

4. 拟增加投资主体的，应当附具有关文件：①项目核准文件或备案通知书；②该投资主体注册登记证明文件或身份证明文件；③追溯至最终实际控制人的该投资主体股权架构图（该投资主体非企业的除外）；④最新经审计的该投资主体财务报表（该投资主体是境内自然人的除外）；⑤该投资主体投资决策文件；⑥具有法律约束力的投资协议或类似文件；⑦证明该投资主体投资资金来源真实合规的支持性文件；⑧境外投资真实性承诺书。

（二）拟减少投资主体的：

1. 拟减少投资主体的原因。

2. 拟减少的投资主体情况。

3. 减少投资主体之后的项目投融资方案。说明项目投资方案，中方投资额及其构成，中方投资额用途等。

4. 拟减少投资主体的，应当附具有关文件：①项目核准文件或备案通知书；②该投资主体注册登记证明文件或身份证明文件；③该投资主体投资决策文件；④具有法律约束力的投资协议或类似文件；⑤因减少某个投资主体而造成其他投资主体出资额增加的，增加出资额的投资主体还应提供证明其投资资金来源真实合规的支持性文件；⑥境外投资真实性承诺书。

➤ 变更投资地点（如有）

投资最终目的地跨国调整的，视为开展新的项目，投资主体应按规定履行新项目有关核准或备案手续。除项目核准文件或备案通知书明确要求的之外，投资最终目的地在一国的一级行政区（类似我国的省级行政区）范围之内调整的，一般无须履行变更手续。投资最终目的地在一国范围之内、该国一级行政区之间调整的，视为投资地点发生重大变化。

1. 拟变更投资地点的原因。

2. 变更后的投资目的地情况。包括基本情况和投资环境情况（如投资目的地政治和安全状况是否适合开展该项目，投资目的地的法律法规和政策是否禁止或限制开展该项目）。

3. 投资地点变更对我国国家利益和国家安全的影响分析。

4. 变更投资地点的，应当附具有关文件：①项目核准文件或备案通知书；②投资主体投资决策文件；③具有法律约束力的投资协议或类似文件；④境外投资真实性承诺书。

➤ 变更主要内容和规模（如有）

项目主要内容和规模发生重大变化的，应说明以下情况。

1. 拟作的变更及原因。

2. 变更后的项目主要内容和规模。

3. 项目主要内容和规模变更后的投融资方案。

4. 项目主要内容和规模变更对我国国家利益和国家安全的影响分析。

5. 变更主要内容和规模的，应当附具有关文件：①项目核准文件或备案通知书；②投资主体投资决策文件；③具有法律约束力的投资协议或类似文件；④境外投资真实性承诺书。

➤ 变更中方投资额（如有）

中方投资额变化幅度达到或超过原核准、备案金额的 20%，或中方投资额变化 1 亿美元及以上的，应说明以下情况。

1. 拟作的变更及原因。

2. 拟增加中方投资额的，说明增加的金额和构成（包括出资人、出资形式和资金来源等）。

3. 拟减少中方投资额的，说明减少的金额和构成；有关资金已经出境的，说明后续安排。

4. 变更后项目的中方投资额及构成、用途。

5. 变更中方投资额的，应当附具有关文件：①项目核准文件或备案通知书；②投资主体投资决策文件；③中外方签署的具有法律约束力的协议或类似文件；④拟增加中方投资额的，还应提供证明投资资金来源真实合规的支持性文件；⑤境外投资真实性承诺书。

➤ 变更其他重要事项

需要对项目核准文件或备案通知书有关内容进行重大调整的其他情形，投资主体应对拟变更的原因、拟变更的内容、该变更对我国国家利益和国家安全的影响等进行说明，并根据情况附具有关文件。

请对上述变更予以核准 / 备案。

附件：（列明附件序号和名称）

申报单位名称或申报人姓名

（加盖单位公章或本人签名）

×××× 年 ×× 月 ×× 日

（4）境外投资项目延期申报文件格式文本

关于延长（项目名称）项目
核准文件（或备案通知书）有效期的请示

国家发展改革委：

（投资主体名称或姓名）于××××年××月××日取得（项目名称）项目（如有项目代码，则注明）核准文件（或备案通知书，注明文号），有效期至××××年××月××日。现申请延长核准文件（或备案通知书）有效期，按照《企业境外投资管理办法》（国家发展改革委令第11号）有关规定，就有关事项说明如下。

一、项目基本情况

（一）项目核准或备案情况

经核准或备案的项目名称、投资主体、投资地点、主要内容和规模、中方投资额等信息。

（二）项目进展情况

自取得核准文件或备案通知书以来的项目进展情况。

二、申请延期的原因

说明申请延长核准文件或备案通知书有效期的原因。

三、申请延期的时长

说明申请延长核准文件或备案通知书有效期的时间长度（比如：申请延长有效期一年）。

请予以延长核准文件（或备案通知书）有效期。

附件：1. 投资主体注册登记证明文件或身份证明文件

2. 项目核准文件或备案通知书

3. 投资主体关于延期的有关投资决策文件

4. 境外投资真实性承诺书

申报单位名称或申报人姓名
（加盖单位公章或本人签名）
××××年××月××日

（5）境外投资项目有关情况申报文件格式文本

关于境外投资项目有关情况的报告

国家发展改革委：

按照《企业境外投资管理办法》（国家发展改革委令第 11 号）有关规定，现将（大额非敏感类境外投资项目情况报告表、境外投资重大不利情况报告表、境外投资项目完成情况报告表）和有关附件提交你委。本单位（本人）承诺：提交的所有材料真实、合法，不存在虚假、误导性陈述和重大遗漏。

特此报告。

附件：（列明附件序号和名称）

申报单位名称或申报人姓名

（加盖单位公章或本人签名）

××××年××月××日

（6）大额非敏感类境外投资项目情况报告表格式文本

大额非敏感类境外投资项目情况报告表

项目代码：（网络系统自动赋码）

<table>
<tr><td colspan="2">一、项目名称</td><td colspan="4">（一般应包括投资主体、投资目的地、反映主要投资内容的关键词）</td></tr>
<tr><td colspan="6">二、投资主体情况（涉及多个投资主体的，参照以下格式逐一填写）</td></tr>
<tr><td rowspan="8">投资主体（企业）</td><td>企业名称</td><td colspan="2"></td><td>信用代码</td><td></td></tr>
<tr><td>注册地址</td><td colspan="2"></td><td>注册资本</td><td>万元</td></tr>
<tr><td>成立日期</td><td colspan="2"></td><td>企业类型</td><td>（下拉菜单）</td></tr>
<tr><td>经营范围</td><td colspan="4"></td></tr>
<tr><td>近两年信用情况</td><td colspan="4"></td></tr>
<tr><td colspan="5">企业资产、经营状况（单位：万元人民币）</td></tr>
<tr><td>（最新）年末</td><td>总资产</td><td></td><td>净资产</td><td></td></tr>
<tr><td>（最新）年度</td><td>主营业务收入</td><td></td><td>净利润</td><td></td></tr>
<tr><td rowspan="4">投资主体（自然人）</td><td>姓名</td><td colspan="2"></td><td>身份证号</td><td></td></tr>
<tr><td>户籍所在地</td><td colspan="4"></td></tr>
<tr><td>本人控制的主要境内企业情况</td><td colspan="4"></td></tr>
<tr><td>近两年信用情况</td><td colspan="4"></td></tr>
<tr><td colspan="6">三、投资主体控制且本项目涉及的境外企业情况（涉及多家的，参照以下格式逐一填写）</td></tr>
<tr><td rowspan="8">境外企业</td><td>企业名称</td><td colspan="2"></td><td>注册地</td><td></td></tr>
<tr><td>经营范围</td><td colspan="2"></td><td>注册资本</td><td>万美元</td></tr>
<tr><td>成立过程</td><td colspan="4"></td></tr>
<tr><td>股权结构</td><td colspan="4">（前五大股东名称、国籍或注册地、持股比例等基本情况）</td></tr>
<tr><td>近两年信用情况</td><td colspan="4">（近两年是否受到所在地行政、刑事处罚。如有，则说明有关情况）</td></tr>
<tr><td colspan="5">企业资产、经营状况（单位：万美元）</td></tr>
<tr><td>（最新）年末</td><td>总资产</td><td></td><td>净资产</td><td></td></tr>
<tr><td>（最新）年度</td><td>营业务收入</td><td></td><td>净利润</td><td></td></tr>
<tr><td colspan="2" rowspan="3">四、投资地点</td><td>直接目的地</td><td colspan="3">（下拉菜单） 国 省（州、市）</td></tr>
<tr><td>最终目的地</td><td colspan="3">（下拉菜单） 国 省（州、市）</td></tr>
<tr><td>其他有关国家和地区</td><td colspan="3"></td></tr>
<tr><td colspan="2">五、投资行业领域</td><td>（下拉菜单）</td><td colspan="2">六、投资方式</td><td>（下拉菜单）</td></tr>
<tr><td colspan="6">七、项目背景情况</td></tr>
</table>

续表

<table>
<tr><td colspan="9">（简要说明项目必要性、前期已经开展的工作情况、项目涉及的审批情况等）</td></tr>
<tr><td colspan="9">八、项目主要内容和规模</td></tr>
<tr><td colspan="9">（简要说明项目主要内容和规模。新建类项目一般包括建设内容和规模；并购类项目一般包括收购标的情况、收购方案等）</td></tr>
<tr><td colspan="3" rowspan="2">九、项目总投资额</td><td colspan="3">美元计价金额(万美元)</td><td></td><td colspan="2">美元兑人民币汇率</td><td>（如 6.5）</td></tr>
<tr><td colspan="3">实际使用币种和金额</td><td colspan="4">（如：× 万美元，× 万欧元）</td></tr>
<tr><td colspan="3" rowspan="2">十、中方投资额</td><td colspan="3">美元计价金额(万美元)</td><td></td><td colspan="2">美元兑人民币汇率</td><td>（如 6.5）</td></tr>
<tr><td colspan="3">实际使用币种和金额</td><td colspan="4">（如：× 万美元，× 万欧元）</td></tr>
<tr><td colspan="9">十一、中方投资额构成（项目涉及投资主体控制的多家境外企业的，逐一填写出资情况）</td></tr>
<tr><td>编号</td><td colspan="2">企业名称</td><td colspan="2">出资方式</td><td>来源</td><td colspan="2">金额（万美元）</td><td>备注</td></tr>
<tr><td>①</td><td colspan="2"></td><td colspan="2">（下拉菜单）</td><td>（下拉菜单）</td><td colspan="2"></td><td></td></tr>
<tr><td>②</td><td colspan="2"></td><td colspan="2"></td><td></td><td colspan="2"></td><td></td></tr>
<tr><td></td><td colspan="2"></td><td colspan="2"></td><td></td><td colspan="2"></td><td></td></tr>
<tr><td colspan="9">十二、中方投资的用途说明</td></tr>
<tr><td colspan="9">（简要说明中方投资的用途和使用计划）</td></tr>
<tr><td colspan="9">十三、项目主要风险及防范应对措施</td></tr>
<tr><td colspan="9">（简要分析项目面临的政治、安全、经济、社会、环境等主要风险因素，并提出防范和应对措施）</td></tr>
<tr><td colspan="9">十四、项目对我国国家利益和国家安全的影响分析</td></tr>
<tr><td colspan="9">（分析评价项目对我国国家利益和国家安全的影响，包括积极、有利的影响，也包括消极、不利的影响。比如：项目对行业发展的影响、对宏观经济的影响、对我国与有关国家关系的影响、是否存在威胁或损害我国国家利益和国家安全的情形）</td></tr>
<tr><td colspan="9">十五、下一步工作计划</td></tr>
<tr><td colspan="9">（简要阐述进一步推进项目的主要任务和进度安排）</td></tr>
<tr><td colspan="9">十六、希望国家依法给予协助的事项（如有）</td></tr>
<tr><td colspan="9"></td></tr>
<tr><td colspan="9">十七、投资主体认为需要说明的事项（如有）</td></tr>
<tr><td colspan="9"></td></tr>
<tr><td colspan="9">十八、附件清单</td></tr>
<tr><td colspan="9">（一）投资主体注册登记证明文件或身份证明文件；（二）追溯至最终实际控制人的投资主体股权架构图；（三）投资主体控制的境外企业的注册登记证明文件</td></tr>
<tr><td>联系人</td><td colspan="2"></td><td>单位</td><td colspan="2"></td><td>职务</td><td colspan="2"></td></tr>
<tr><td>座机</td><td colspan="2"></td><td>手机</td><td colspan="2"></td><td>传真</td><td colspan="2"></td></tr>
<tr><td>地址</td><td colspan="5"></td><td>电邮</td><td colspan="2"></td></tr>
</table>

（7）境外投资重大不利情况报告表格式文本

境外投资重大不利情况报告表

项目代码：（如有）

一、项目名称					
二、核准文件或备案通知书编号（如有）					
三、投资主体情况（涉及多个投资主体的，参照以下格式逐一填写）					
投资主体（企业）	企业名称			信用代码	
	注册地址			注册资本	万元
	成立日期			企业类型	（下拉菜单）
	经营范围				
	企业资产、经营状况（单位：万元人民币）				
	（最新）年末	总资产		净资产	
	（最新）年度	主营业务收入		净利润	
投资主体（自然人）	姓名			身份证号	
	户籍所在地				
四、投资主体控制且本项目涉及的境外企业情况（涉及多家的，参照以下格式逐一填写）					
境外企业	企业名称			注册地	
	经营范围			注册资本	万美元
	股权结构	（前五大股东名称、国籍或注册地、持股比例等基本情况）			
	企业资产、经营状况（单位：万美元）				
	（最新）年末	总资产		净资产	
	（最新）年度	营业务收入		净利润	
五、投资地点		直接目的地	（下拉菜单） 国 省（州、市）		
		最终目的地	（下拉菜单） 国 省（州、市）		
		其他有关国家和地区			
六、投资行业领域		（下拉菜单）		七、投资方式	（下拉菜单）
八、中方投资额		美元计价金额（万美元）		美元兑人民币汇率	
		实际使用币种和金额		（如：× 万美元，× 万欧元）	
九、项目基本情况					
（简要阐述项目的主要内容和进展情况）					
十、重大不利情况概述					
（阐述重大不利情况的起因、时间、地点、有关人员、主要经过、已经或可能造成的不利影响）					

续表

<table>
<tr><td colspan="6">十一、已经采取的应对措施和效果</td></tr>
<tr><td colspan="6">（阐述企业已经采取的应对措施和效果，获得国家有关方面协助情况）</td></tr>
<tr><td colspan="6">十二、下一步应对方案</td></tr>
<tr><td colspan="6">（阐述应对不利情况的下一步工作方案）</td></tr>
<tr><td colspan="6">十三、需要国家依法给予协助的事项（如有）</td></tr>
<tr><td colspan="6"></td></tr>
<tr><td colspan="6">十四、投资主体认为需要说明的事项（如有）</td></tr>
<tr><td colspan="6"></td></tr>
<tr><td colspan="6">十五、附件清单</td></tr>
<tr><td colspan="6">投资主体注册登记证明文件或身份证明文件</td></tr>
<tr><td>联系人</td><td></td><td>单位</td><td></td><td>职务</td><td></td></tr>
<tr><td>座机</td><td></td><td>手机</td><td></td><td>传真</td><td></td></tr>
<tr><td>地址</td><td colspan="3"></td><td>电邮</td><td></td></tr>
</table>

（8）境外投资项目完成情况报告表格式文本

境外投资项目完成情况报告表

项目代码：（如有）

一、项目名称	
二、核准文件或备案通知书编号	
三、投资主体	
经核准或备案的投资主体	（列明名称或姓名、注册地或国籍、信用代码或身份证号）
实际实施项目的投资主体	（列明名称或姓名、注册地或国籍、信用代码或身份证号）
有关情况说明	
四、投资地点	
经核准或备案的投资地点	（包括直接目的地和最终目的地）
实际实施项目的投资地点	（包括直接目的地和最终目的地）
有关情况说明	
五、项目主要内容和规模	
经核准或备案的主要内容和规模	（以核准文件或备案通知书为准）
实际完成的主要内容和规模	
有关情况说明	
六、中方投资额	
经核准或备案的中方投资额	（以核准文件或备案通知书为准）
实际支出的中方投资额	
有关情况说明	
七、项目完成情况概述	
（阐述项目完成情况）	
八、已经实现或预计取得的成效	
（阐述项目已经实现或预计取得的成效）	
九、下一步工作计划（如有）	

续表

十、需要国家依法给予协助的事项（如有）					
十一、投资主体认为需要说明的事项（如有）					
十二、附件清单					
（一）投资主体注册登记证明文件或身份证明文件；（二）项目核准文件或备案通知书；（三）证实项目完成的有关文件					
联系人		单位		职务	
座机		手机		传真	
地址				电邮	

（9）追溯至最终实际控制人的投资主体股权架构图示例

示例一：投资主体为公司

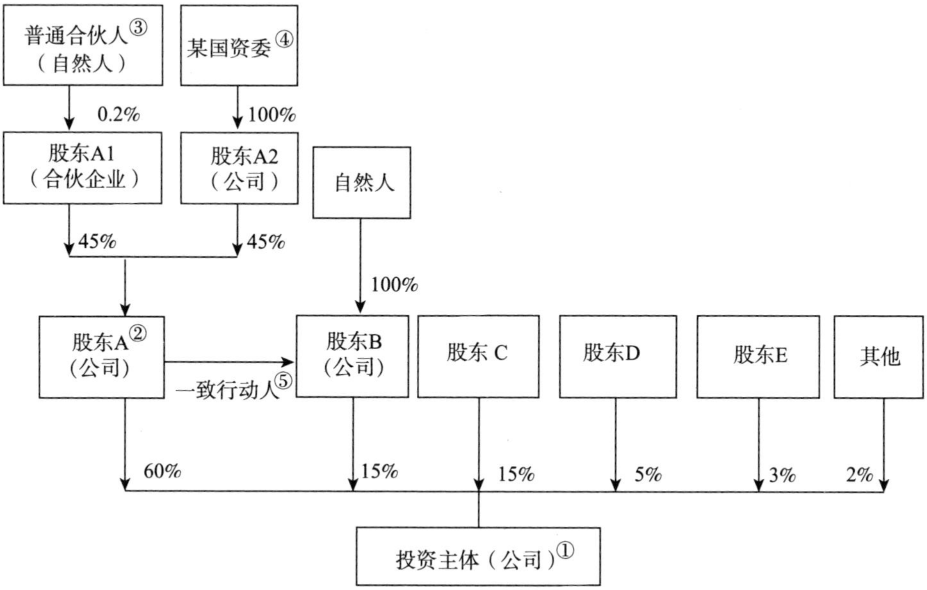

① 投资主体为公司制企业，应披露持股比例前五大的股东和持股比例10%及以上的股东，其余股东用其他表示（如有代持或协议控制等控制情形的，应同时披露控制方和控制方式，下同）；
② 投资主体的控股股东A为公司制企业，向上追溯A的控股股东，A没有控股股东，应追溯其第一大股东，A1和A2均为A的并列第一大股东，应同时追溯；
③ 股东A1为合伙制企业，向上追溯A1的普通合伙人，该普通合伙人为自然人，披露该自然人后，不再向上追溯；
④ 股东A2为公司制企业，其控股股东为某国资委，披露后不再向上追溯；
⑤ 股东B和股东A是一致行动人，应一并追溯股东B的控股股东，直至最终实际控制人。
* 相关实体或个人是境外实体或自然人的，应注明其注册地或国籍。香港特别行政区、澳门特别行政区、台湾地区实体或自然人也应相应注明。

示例二：投资主体为合伙企业

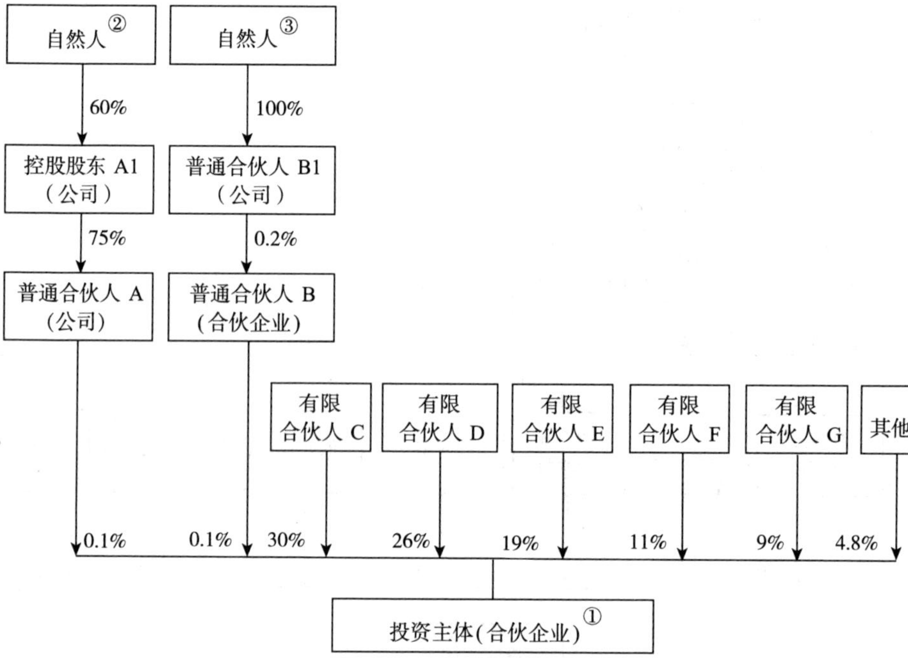

① 投资主体为合伙企业，应披露所有普通合伙人和出资比例前五大的有限合伙人，其余有限合伙人用其他表示（如有代持或协议控制等控制情形的，应同时披露控制方和控制方式，下同）；
② 普通合伙人A为公司制企业，向上追溯A的控股股东A1；A1为公司制企业，向上追溯A1的控股股东；A1的控股股东为自然人，披露该自然人后，不再向上追溯；
③ 普通合伙人B为合伙制企业，向上追溯B的普通合伙人B1；B1为公司制企业，其控股股东为自然人，披露该自然人后，不再向上追溯。
* 相关实体或个人是境外实体或自然人的，应注明其注册地或国籍。香港特别行政区、澳门特别行政区、台湾地区实体或自然人也应相应注明。

示例三：多个投资主体联合开展境外投资

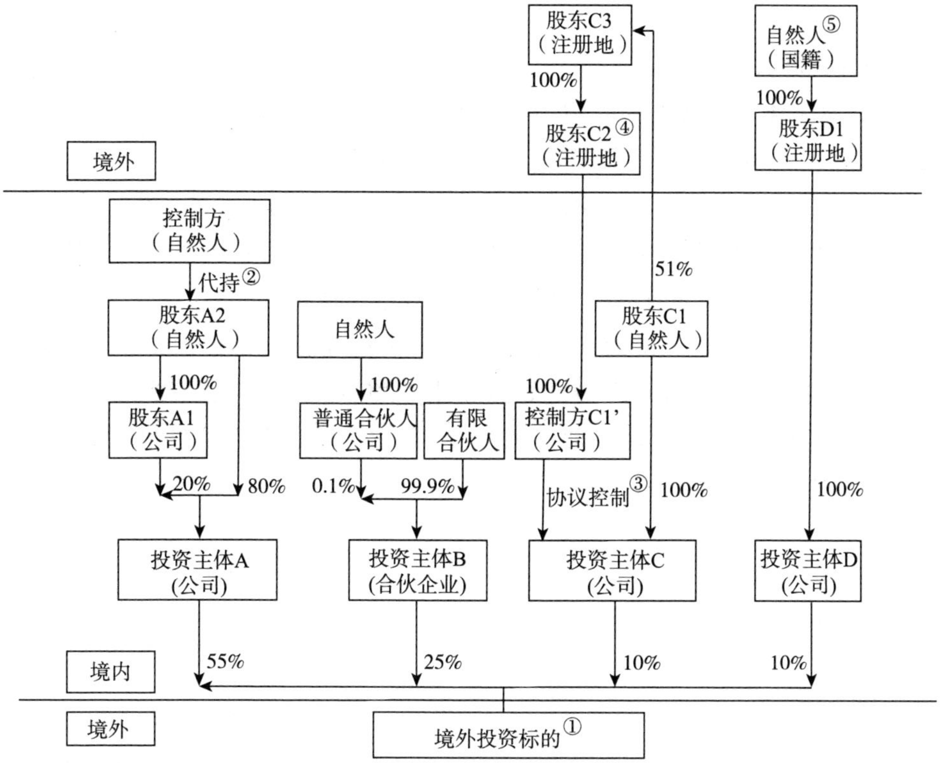

① 多个投资主体联合开展境外投资的，应提供各个投资主体追溯至最终实际控制人的投资主体股权架构图；
② 股东A2为自然人，原则上不再向上追溯，但控制方通过代持关系控制A2，因此，应进一步披露控制方和控制方式；
③ 投资主体C的唯一股东为自然人，但控制方C1'通过协议实际控制投资主体C，因此，应进一步披露控制方C1'和控制方式；
④ 控制方C1'的唯一股东C2为境外实体，应披露其注册地；
⑤ 投资主体D的最终实际控制人为境外自然人，应披露其国籍。
* 相关实体或个人是境外实体或自然人的，应注明其注册地或国籍。香港特别行政区、澳门特别行政区、台湾地区实体或自然人也应相应注明。

注：投资主体可参照上述示例，结合实际情况，提供追溯至最终实际控制人的投资主体股权架构图，披露最终实际控制人的基本信息。如果股权架构图难以追溯至最终实际控制人的，投资主体应作出合理、充分的说明，并补充提供必要信息。

（10）境外投资真实性承诺书格式文本

境外投资真实性承诺书

国家发展改革委：

（投资主体名称或姓名）（以下称 ××）拟开展（项目名称）项目（以下称本项投资）。为保证本项投资的顺利进行，×× 特此承诺如下：

×× 在履行（填写有关事项名称，如境外投资项目核准、备案、变更、延期等）等手续过程中，所提交的所有书面材料均真实有效，所有扫描件及复印件均与原件完全一致。×× 保证本项投资是真实存在的，投资决策程序符合有关规定，所有投资安排皆出于 ×× 的真实商业需求，不存在洗钱、虚假投资等违法违规行为。如果以上陈述有任何误导之处，×× 同意将 ×× 及本项投资决策人员（名单附后）纳入境外投资违法违规行为记录，录入全国信用信息共享平台，并承担由此导致的一切法律责任。

此致。

附件：本项投资决策人员签字单

单位名称或个人姓名

（加盖单位公章或本人签名）

×××× 年 ×× 月 ×× 日

附件

本项投资决策人员签字单

序号	姓名	职务	本人签名	身份证号
1				
2				
3				
4				
5				
……				

（二）商务部境外投资项目核准备案文件

申请书格式文本[1]

设立境外投资企业申请

（示范文本）

××××（申请单位文号）

关于××××公司（境内）在××××国家设立××××公司（境外）的请示

商务部：

××××公司（中方）拟在××××国注册设立××××公司（境外）（以下简称公司）。公司投资总额××××元，注册资本××××元。公司的经营范围为：__________________________。公司经营期限××年。

现报上公司设立申请材料，请予审核。

联系人：××××联系电话：××××

附件：（按规定提供完整申请材料，并逐一列明）

××××公司

（申请单位，加盖单位公章）

××××年××月××日

① 来源于中华人民共和国商务部官网，http://egov.mofcom.gov.cn/xzxksx/18006/，最后访问日期：2021年8月30日。

（三）法律尽职调查格式文件参考

1. 法律尽职调查清单

序号	文件名称
一、	公司的主体资格
1.	公司营业执照（公司设立时、历次变更以及最新的营业执照）
2.	公司章程（公司设立时、历次章程修正案、现行有效的章程）
3.	公司组织机构代码证
4.	公司税务登记证
5.	公司开户许可证
6.	公司社会保险登记证
7.	公司行政许可或特许经营权的资质证书（如有）
二、	公司的设立及历史沿革情况
8.	公司自成立以来所有工商档案资料
9.	公司设立后历次增资、减资、转让、收购兼并、对外投资所涉及的文件/协议/合同、验资报告、支付凭证等
10.	公司历次股东会、董事会、监事会决议等文件（如有）
三、	公司结构、股东及实际控制人的基本情况
11.	公司股权结构图以及实际控制人的背景情况介绍
12.	股东的基本情况（包含法人股东的营业执照等主体资格文件）
13.	公司股东所持公司股权的质押、冻结等权利限制的相关文件（如有）
14.	公司与其他方签署的代持协议（如有）
15.	公司的优先购买权协议、期权协议、表决权协议、股权托管协议、购买出售协议等资料（如有）
四、	公司组织机构及规范运作
16.	公司组织机构图
17.	控股子公司各部门人员设置及职能简介
18.	公司设立以来董事及高级管理人员变化情况的书面说明
19.	公司现任董事会成员、监事会成员、总经理、副总经理、财务负责人、各部门负责人及其他核心人员的名单、简历
20.	公司与其董事、高级管理人员分别签订之书面服务合同（聘用协议或劳动合同）
五、	公司业务情况
21.	公司近三年及最近一期的前十大客户及前十大供应商清单（附件1）

续表

序号	文件名称
22.	公司各营业场所清单、营业执照、行政许可和注册文件
23.	公司业务合同的模板 / 标准文本
六、	关联交易及同业竞争
24.	公司股东在其他与公司存在竞争关系的公司持有股份或担任职务（关联方调查表，附件 2）、最新营业执照、公司章程等
25.	与公司发生关联交易的关联方清单、合同等相关文件
26.	公司股东、董事、监事、经理、实际控制人是否在公司外正在或即将经营与公司业务构成竞争的业务
七、	公司主要资产
27.	公司的土地使用权清单、土地使用权证、土地租赁登记、抵押登记相关证明文件、协议等
28.	公司的房屋所有权清单、房屋所有权证、房屋购买协议、房屋租赁登记、抵押登记相关证明文件、协议等
29.	公司所有在建工程的清单、在建工程建设所需的审批或备案文件、环评报告、施工许可证、竣工验收报告、环保验收等相关批文及许可
30.	公司的固定资产清单、购买协议
31.	公司的车辆等交通运输工具清单、车辆行驶证、抵押登记相关证明文件、协议等
32.	公司的知识产权清单、权利证书、许可使用合同、转让合同、技术开发合同等相关文件（如有），以上知识产权的质押协议、质押登记等文件
八、	公司的重大债权债务
33.	公司的银行借款合同、抵押合同、担保合同及借款偿还情况说明
34.	公司向其他公司企业的对外借贷合同、担保合同
35.	公司的应收应付款、预收预付款及其他应收应付款明细表
九、	公司的财务和税务
36.	公司的审计报告及财务报表
37.	公司现行适用主要税种、税率的说明
38.	公司享受的税收优惠的政策依据及获得税收优惠的财务凭证（如有）
39.	公司获得的财政补贴的政策依据及获得补贴的财务凭证（如有）
40.	公司的完税证明 / 凭证
41.	公司已经或可能发生的税务处理决定书、税务处罚决定书、补缴税款及罚金凭证（如有）

续表

序号	文件名称
十、	劳动人事
42.	公司的劳动合同模板 / 标准文本
43.	公司与其员工签署的股权激励、保密协议、竞业禁止协议模板 / 标准文本
44.	公司的员工清单（区分部门，劳动 / 劳务合同，现实薪酬，缴纳社会保险和公积金的比例、基数等）
45.	公司的养老保险、医疗保险、失业保险、工伤险、住房公积金缴纳情况的书面说明，以及缴纳凭证
46.	公司的任何涉及公司劳动争议相关资料
十一、	公司的环境保护
47.	公司依法持有的与环境保护有关批准、许可等文件
48.	公司全部环保文件（包括但不限于环境影响报告书，环评批复文件，证明工厂排放废水、废气和废渣达到生态环境部的排放标准文件）
49.	公司设立以来发生的与环境保护有关的诉讼、仲裁、行政调查或罚款的相关材料
十二、	诉讼、仲裁或行政处罚
50.	公司在中国境内外涉及 / 可能涉及的诉讼、仲裁、行政调查或处罚的清单及相关证明文件
51.	公司控股股东、实际控制人、持有公司 5% 以上股权或股份的股东、董事、监事、高级管理人员现存尚未了结的诉讼、仲裁或行政处罚的相关资料
52.	无违法违规事项说明（附件 4）
十三、	其他重要文件
53.	公司认为对其经营具有重大影响的其他资料

2. 访谈大纲

（1）实际控制人访谈提纲

序号	参考问题
1.	请您介绍一下公司目前注册资本的缴纳情况如何？是否全部实缴
2.	请问公司自然人股东是否均为中国国籍
3.	请问公司的股东之间是否存在关联关系
4.	请您介绍下公司对外投资情况
5.	请您介绍下公司股权、财产是否存在权利限制的情况
6.	请问公司历史沿革过程中是否发生过股权变更？如有，请介绍具体情况

续表

序号	参考问题
7.	请您介绍一下公司股东对外投资的其他公司是否与公司存在同业竞争
8.	请问公司是否有员工持股或其他股权激励计划？如有，请介绍具体情况
9.	请问公司的主营业务是什么？是否具备必要的经营资质？如有，请介绍具体情况
10.	请问公司主要产品有哪些？是否有产品证书？请您介绍一下公司的业务模式
11.	请您介绍一下公司的安全生产情况
12.	请问公司是否存在境外投资经营活动？是否履行了境外投资审批 / 备案手续
13.	请您介绍一下公司自成立至今的重大资产变化情况。如有，请介绍具体情况
14.	请问公司主要经营场所是否依法办理了环评审批 / 备案手续
15.	请问公司自成立至今在经营过程中是否发生过重大安全生产事故？如有，请介绍具体情况
16.	请您介绍一下目前公司、公司股东、公司董事、监事、高级管理人员正在进行的、尚未了结的或可预见的诉讼、仲裁和行政处罚情况
17.	请您简单介绍一下目前公司的客户和供应商组成
18.	请问公司目前的重大债权债务主要有哪些
19.	请问公司目前是否有银行贷款、企业间借款？如有，请介绍具体情况
20.	请问公司自成立至今是否存在因经营活动违法而被主管部门处罚的情形

（2）人力资源访谈提纲

序号	参考问题
1.	请您介绍一下公司目前的员工人数，以及是否均签订劳动合同
2.	请您介绍一下公司研发部门的工作及人员设置情况，以及研发人员是否均签订劳动合同
3.	请问公司员工的劳动合同是统一签署在某公司名下还是分别签署
4.	请问公司是否存在劳务派遣及劳务外包的情形？如有，请介绍具体情况
5.	请您介绍一下公司为员工缴纳社会保险的情况，以及是否存在未缴纳或未按法定缴纳基数缴纳的情形
6.	请问公司是否有外聘顾问，是否有签署协议？若有，请问知识产权方面的约定如何
7.	请您介绍一下公司核心技术人员的组成情况，以及核心技术人员的认定标准。请问公司是否与核心人员签订保密协议及竞业限制协议？请问知识产权方面的约定如何
8.	请问公司是否就劳动用工、社保及公积金缴纳事宜与员工产生劳动纠纷或受到主管部门的处罚？如有，请介绍具体情况

（3）公司法务访谈提纲

序号	参考问题
1.	请您介绍一下法务部门的工作及人员设置情况
2.	请您介绍一下公司目前的知识产权的情况，以及发明专利的占比
3.	请您介绍一下公司的技术发明的保护方式。是否都申请专利，还是作为商业秘密
4.	请问公司是否存在从事合作开发？若有，请问知识产权方面的约定如何
5.	请您介绍一下公司名下的土地使用权、房屋所有权情况。若有，请问是否已经取得土地使用权证书、房屋所有权证？该等资产是否存在权利限制情形
6.	请问公司实际经营地址与注册地址是否一致？如不一致，实际经营地址为何？公司将如何解决实际经营地址与注册地址不一致的问题
7.	请问公司的租赁场地是否进行了租赁备案
8.	请问公司自成立至今在经营过程中是否发生过重大安全生产事故？如有，请介绍具体情况
9.	请您介绍一下目前公司、公司股东、公司董事、监事、高级管理人员正在进行的、尚未了结的或可预见的诉讼、仲裁和行政处罚情况
10.	请问公司自成立至今是否存在因经营活动违法而被主管部门行政处罚的情形

（4）公司财务访谈提纲

序号	参考问题
1.	请您介绍一下财务部门的工作及人员设置情况
2.	请问公司的注册资本是否已实缴
3.	请问公司是否存在股权代持情况？如存在，请提供股权代持协议
4.	请问公司是否存在关联交易
5.	请介绍下公司的主要资产情况，包括主要固定资产、土地使用权、房屋所有权、知识产权等
6.	请问公司是否已取得上述主要资产的权属证明
7.	请问公司的主要资产是否存在权利限制情形？如有，请介绍具体情况并提供相关文件
8.	请问公司目前的重大债权债务主要有哪些？如有，请介绍具体情况并提供相关文件
9.	请问公司目前是否有银行贷款、企业间借款？如有，请介绍具体情况，以及借款的偿还情况
10.	请您介绍一下公司目前的对外担保情况
11.	请您介绍一下公司的主要税种、税率
12.	请问公司是否享有税收优惠及政府补助？如有，请介绍具体情况并提供相关文件
13.	请您介绍一下公司自成立至今是否存在公司股东及执行董事、监事、高级管理人员违规占用公司资金、财产的情形？如有，请介绍具体情况
14.	请问公司是否有员工持股的情况？如有，请介绍具体情况并提供相关文件

3. 附件 1：十大客户及前十大供应商清单

××公司前十大供应商

（20×× 年度）

序号	供应商名称	合同金额 / 元	占比 （占全年与全部供应商签订的合同金额的比重）

××公司前十大客户

（20×× 年度）

序号	客户名称	合同金额 / 元	占比 （占全年与全部客户签订的合同金额的比重）

4. 附件 2：关联公司资料

（1）控股、参股或兼职的公司或其他组织

控股 / 参股的公司或其他组织的名称	持股比例	任职

兼职的公司或其他组织的名称	任职

（2）关系密切的家庭成员

关系密切的家庭成员（父母、配偶、配偶的父母、配偶的兄弟姐妹、兄弟姐妹、兄弟姐妹的配偶、子女、子女的配偶、子女配偶的父母，对应下表中的“关系”）及对外投资情况。

关系	姓名（身份证号）	对外投资的公司或其他组织名称	比例	任职

5. 附件 3：知识产权尽职调查清单

文件名称	主要内容
1. 著作权	
1.1 著作登记证书、时间戳等	著作权的权属情况（是否涉及职务作品、委托作品、合作作品等）；著作权最初取得时间、取得方式、保护期限等
1.2 证明文件	能够证明享有著作权的相关协议、作品创作底稿、软件代码及相关证明文件
1.3 作品清单	著作权的权利类型等
1.4 他项权利证书	是否存在他项权利
2. 商标权	
2.1 商标注册证、核准转让注册商标证明等	商标的权属情况、取得方式（如：原始取得、继受取得等）、取得时间、保护期限、续展费用等
2.2 商标申请资料及官方回执、批复文件等	商标被驳回申请不予公告的情况；商标初审公告后不被核准注册的情况等
2.3 他项权利证书	是否存在他项权利

续表

文件名称	主要内容
2.4 荣誉证书等	商标的使用情况及驰名状态等
2.5 核准续展注册证明	商标的缴费及续展情况等
3. 专利权	
3.1 专利证书、专利转让手续合格通知书等	专利的权属情况（是否涉及职务发明创造、委托发明创造、合作发明创造等）;专利权的取得时间、取得方式、保护期限、年费缴纳等
3.2 专利申请资料及官方回执、批复文件等	专利申请被撤回、被驳回的情况等
3.3 他项权利证书	是否存在他项权利
3.4 荣誉证书等	专利的使用情况
4. 商业秘密及管理	
4.1 商业秘密文件	商业秘密的内容、数量、范围、重要程度及采取的保护措施
4.2 保密协议、竞业限制协议、管理规章制度等	保密制度、人员管理、存档管理、反泄密机制、培训工作、奖惩措施、离职管理等商业秘密管理措施
5. 专有技术	
5.1 设计图纸、配方、数据公式等	目标公司的技术积累和知识经验等专有技术情况
5.2 技术许可协议	专有技术对外许可情况
5.3 管理规章制度	对专有技术的管理制度
6. 域名	
6.1 域名情况	域名的权属情况、取得时间、取得方式等
6.2 其他	是否存在质押或其他事项
7. 涉诉信息	
7.1 判决书、裁定书等	各项知识产权的取得及使用是否存在纠纷或侵犯他人知识产权的情形
7.2 政府网站等核查的案件信息、开庭信息、裁判结果等	
7.3 有关目标公司涉诉情况的新闻	
8. 实施及运营情况	
8.1 许可使用协议	各项知识产权的实施及运营情况，如：转让、许可、质押、出资等
8.2 转让协议、质押合同	
8.3 出资协议等	

6. 附件 4：无违法违规事项说明

关于 ×× 公司经营情况的声明

除 ×× 公司（以下简称本公司）已向 ×× 律师事务所披露的事项外，截至今日：

本公司自设立之日起至今，在生产经营中，能遵守国家有关市场监督管理方面的法律、法规、规章以及其他相关规定，本公司自设立之日起至今，未因违反有关市场监督管理方面相关规定而受到行政处罚。

本公司自设立之日起至今，在生产经营中，能遵守国家有关税务方面的法律、法规以及其他相关规定，依法纳税，没有偷税、漏税、逃税、欠税的不法情形。本公司自设立之日起至今，未因违反税收方面的相关规定而受到地方税务部门行政处罚。

本公司自设立之日起至今，能遵守国家有关环保政策、环境法律法规、环保规章及各级政府相关规定。本公司自设立之日起至今，未因违反环境保护方面法律、法规、规章的相关规定而受到行政处罚。

本公司自设立之日起至今，能遵守国家有关应急管理方面法律、法规、规章及各级政府相关规定。本公司自设立之日起至今，未因违反应急管理方面法律、法规、规章的相关规定而受到行政处罚。

本公司自设立之日起至今，在劳动保障方面已按法律、法规、规章的规定为员工提供劳动保障条件，并缴纳各项社会保险金。本公司自设立之日起至今，未因违反社保及劳动保障方面法律、法规、规章的相关规定而受到行政处罚。

本公司自设立之日起至今，能依照国家有关住房公积金方面法律、法规的规定为员工缴纳住房公积金。本公司自设立之日起至今，不存在因住房公积金缴存事宜而被追缴或被政府有关部门处罚的情形。

本公司自设立之日起至今，在日常生产经营中，能遵守有关海关监管方面的法律、法规、规章及各级政府相关规定，依法报关、纳税，没有走私、偷税、漏税、逃税、欠税等不法情形。本公司自设立之日起至今，未因违反海关监管方面的相关规定而受到行政处罚。

本公司自设立之日起至今，在生产经营中，能遵守国家有关土地管理方面法律、法规、规章及各级政府相关规定，无拖欠土地出让金、非法占用土地、违章建设等不法行为。本公司自设立之日起至今，未因违反土地管理相关规定而受到行政处罚。

本公司自设立之日起至今，在生产经营中，能遵守国家有关房屋管理方面法律、法规、规章及各级政府相关规定，不存在违章建设房产等不法行为。本公司自设立之日起至今，未因违反房屋管理相关规定而受到行政处罚。

本公司自设立之日起至今，不存在重大违法违规行为、失信行为及其他受到处罚的行为，亦不存在因环境保护、知识产权、产品质量、劳动安全、人身权等原因而发生的侵权之债。

特此声明！

××公司

××××年××月××日